城市轨道交通工程建设精细化管理丛书

# 车站与区间土建工程管理

广州地铁集团有限公司　组织编写

中国劳动社会保障出版社

**图书在版编目(CIP)数据**

车站与区间土建工程管理 / 广州地铁集团有限公司组织编写. -- 北京：中国劳动社会保障出版社，2017

（城市轨道交通工程建设精细化管理丛书）

ISBN 978-7-5167-3257-1

Ⅰ. ①车… Ⅱ. ①广… Ⅲ. ①城市铁路 - 铁路工程 - 工程施工 Ⅳ. ① U239.5

中国版本图书馆 CIP 数据核字（2017）第 277288 号

**中国劳动社会保障出版社出版发行**

（北京市惠新东街 1 号　邮政编码：100029）

*

三河市华骏印务包装有限公司印刷装订　　新华书店经销

787 毫米 ×1092 毫米　16 开本　21.75 印张　3 插页　276 千字

2017 年 11 月第 1 版　　2017 年 11 月第 1 次印刷

**定价：56.00 元**

读者服务部电话：（010）64929211/84209103/84626437

营销部电话：（010）84414641

出版社网址：http：//www.class.com.cn

## 《城市轨道交通工程建设精细化管理丛书》

### 编　委　会

《车站与区间土建工程管理》

# 编 审 人 员

编　著　孙成伟　朱　锋　陈　昊　贺　婷

　　　　陈树茂　毛建安　冯　凰　张陆华

执　笔（广州地铁集团有限公司）

　　　　陈树茂　任文滔　陈荣泰　任伟新

　　　　李靖坤　朱六兵　陈　和

　　　（西安铁一院工程咨询监理有限责任公司）

　　　　毛建安　冯　凰　张陆华

主　审　丁建隆

参　审　何　霖　钟学军

# 序

随着我国经济的快速发展和城市化进程的加快，城市的交通环境日益紧张，城市居民出行的需求和城市交通拥堵之间的矛盾日益突出，因此，城市轨道交通作为大运量、快速、舒适、环保、准时的公共交通工具越来越受到广大居民和政府部门的青睐，越来越多的城市开始兴建城市轨道交通。

广州地铁自1993年开工建设一号线以来，至今开通里程已近400千米，在第16届亚运会前一次就开通了6条新线，这在国内城市轨道交通建设史上是罕见的。

1993年广州地铁一号线开工，我曾带领团队参加建设，至1999年一号线正式通车。同年，广州地铁开始了二号线的建设，经过机构改革，2000年原广州市地下铁道总公司成立了建设事业总部，全面负责各条城市轨道交通新线的建设。2003年开始三号线的建设，并陆续开工建设四号线、五号线、六号线、二号线延长线、三号线延长线、四号线延长线、八号线、广佛线、珠江新城旅客自动输送系统等各条新线。高峰期共8条新线同时建设，建设工地达220余处，建设规模和建设强度可想而知。综观全国的城市轨道交通建设情况，广州地铁的地质条件最为复杂，断裂带、岩溶、深厚的粉细砂层、淤泥、花岗岩及其风化残积层、上软下硬的复合地层，等等，在广州地铁的建设中均有遇到。而且，广州市城区建筑物密集，交通极为繁忙，修建地铁对周边环境的保护非常困难但又极为重要。据我了解，广州地铁建设过程中的前期征地拆迁工作开展得异常艰难，曾多次迫不得已修改设计方案以避开无法拆迁的房屋。在如此困难的条件下，广州地铁的建设管理者们披荆斩棘，大力推行精细化管理，严格管理建设中的各个环节，克服了地质条件、环境保护、前期征地拆迁等诸多工作上的困难，使工程建设顺利推进，如期、高标准地开通了多条新线，工程进度、投资、安全、质量等都得到了很好的控制，做到这些实属不易。总结经验，我们看到广州地铁二十多年来之所以能够成功建设、开通各条新线，其核心在于他们践行精细化的管理，使建设过程的各个环节有章可循、有法可依。他们始终倡导“以人为本、科学地建造和谐地铁”，高度重视工程管理和技术决策，培养了大批集技术、管理于一身的高水平的轨道交通工程建设管理人才。这些经常与我共同深入研究工程技术问题的同行们，也在深入研究工程建设精细化的管理问题，他们一直孜孜不倦地学习、认真地钻研，为城市轨道交通工程建设默默地耕耘，无私地奉献他们的青春和才智，使城市轨道交通事业不断向前推进。这让我感到非常欣慰。

我欣喜地看到广州地铁集团有限公司经过二十多年城市轨道交通工程建设的积累，形成了适合广州地铁的城市轨道交通工程建设管理模式，制定了各种管理办法，推行实践精细化管理，规范了工程建设管理者和参与者的行为，使如此大规模、高强度的城市轨道交通建设得以顺利实施，令人刮目相看。实践证明，广州地铁建设的精细化管理是成功的，值得大家学习。

难能可贵的是，在大规模、高强度进行工程建设的同时，他们结合广州地铁的特点，编写了《城市轨道交通工程建设精细化管理丛书》，将他们成熟的精细化管理经验毫无保留地向全国同行推广，这种做法值得提倡。这套丛书从城市轨道交通工程勘测设计、前期工程管理、土建工程建设管理、机电工程建设管理、工程计划管理、合同管理、设备采购、运营调试等各方面进行了详细的介绍，贯穿整个建设管理过程，这在我国城市轨道交通领域尚属首次，填补了该领域的空白，是一套难得的城市轨道交通建设管理的工具书。虽然各城市的轨道交通建设管理模式不尽相同，但书中所述的管理办法和管理程序对国内同行们一定具有很好的借鉴作用。我相信这套丛书的陆续出版，一定会对我国城市轨道交通的建设和发展起到推动作用。

精细化的工程管理是一门科学，需要工程建设管理者们认真学习和研究。尽管每个城市的人口、地域、交通、经济情况都各不相同，要根据城市自身的特点来建设城市轨道交通，但不管怎样，在工程的建设过程中，除了要解决众多的技术问题外，高效、精细化的管理至关重要，它决定着能否科学、高效、按期完成建设开通任务，各城市工程建设管理者们应认真研究、对待。希望能如广州地铁的建设者一样，形成适合自己的精细化管理制度和程序。

我国城市轨道交通工程已经掀起了建设的高潮，我衷心希望全体建设者通过努力学习，技术水平、管理水平更上一层楼，人才辈出，使我国的城市轨道交通事业蒸蒸日上，造福社会、造福人民、造福子孙后代。

施仲衡

中国工程院院士　住房和城乡建设部科学技术委员会顾问

# 前　言

我国经济的快速发展，迫切呼唤与之相适应的发达、快捷的公共交通作为支撑。为缓解城市交通拥挤，从20世纪90年代起，我国许多城市相继开展了轨道交通规划和建设。截至2016年年底，我国已开通运营轨道交通的有30个城市，总运营线路4153千米。无论是建设速度，还是建设规模，我国的城市轨道交通发展正经历一个前所未有的发展期，中国已成为名副其实的世界上最大的城市轨道交通建设市场。

城市轨道交通工程是一项十分复杂而庞大的系统工程，具有地质条件多变、施工工艺复杂、专业接口繁多、投资规模巨大、建设周期较长等特点。有效控制各种风险，客服重重困难，“多、快、好、省”地完成建设任务是轨道交通建设业主们一致的目标。广州地铁的建设者一直践行科学规范的管理理念，推行精细化管理手段，不断完善制度建设，规范管理流程，逐步形成了适应广州市轨道交通工程建设的管理体系。目前，广州市轨道交通工程建设，从前期准备、勘测设计到工程实施，直至竣工验收、结算，整个建设环节均建立了系统的操作规范，确保了大规模、高强度的工程建设得以顺利实施。

《城市轨道交通工程建设精细化管理丛书》是广州地铁集团有限公司城市轨道交通建设工程管理经验的结晶，立足于广州市城市轨道交通，集工程管理和技术管理于一体，对工程建设中的岩土勘察、工程测量、工程设计、前期征地拆迁、土建工程、机电设备工程、系统工程、安全、质量、工程计划、工程投资、竣工验收等方面的管理进行了全面阐述，是一套专业性和操作性很强的城市轨道交通建设工程管理著作。

本书是《城市轨道交通工程建设精细化管理丛书》的第二册，总结和沉淀广州地铁集团有限公司二十多年来车站和区间土建工程建设管理方面的成功经验，从开工前管理、车站工程施工阶段工程管理、区间工程施工阶段工程管理、附属工程施工阶段工程管理、工程质量验收阶段管理和工程结算管理六方面进行了全面详细阐述，具有较强的针对性和指导性。

本书可作为城市轨道交通工程建设管理人员的参考用书，也可以作为高校城市轨道交通工程专业的教学用书。

广州地铁集团有限公司董事长、党委书记丁建隆一直关心支持本书的编写和出版，集团公司副总经理竺维彬、总工程师张志良、副总经理刘靖多次指导本书的编写，在此一并表示衷心的感谢。

由于水平有限，书中的各种疏漏和不足之处在所难免，敬请广大读者和同行批评指正。

编著者

# 目　　录

车站与区间土建工程管理

## 一、精细化管理的基本概念、原则与特征

### 1. 精细化管理的基本概念

精细化管理是一种理念，一种文化。它是源于发达国家（20世纪50年代的日本）的一种企业管理理念，是社会分工的精细化和服务质量的精细化对现代管理的必然要求，是建立在常规管理的基础上，并将常规管理引向深入的基本思想和管理模式，是一种以最大限度地减少管理所占用的资源和降低管理成本为主要目标的管理方式。

精细化管理是管理者用来调整产品、服务和运营过程的技术方法。它以专业化为前提、技术化为保证、数据化为标准、信息化为手段，把服务者的焦点聚集到满足被服务者的需求上，以获得更高的效率、更高的效益和更强的竞争力。“精”就是切中要点，抓住运营管理中的关键环节；“细”就是管理标准的具体量化、考核、督促和执行。精细化管理的核心在于，实行刚性的制度，规范人的行为，强化责任的落实，以形成优良的执行文化。

被誉为科学管理之父的泰勒，早年做过学徒，从杂工、技工、技师、维修工长成长为总工程师。1881年，25岁的泰勒在钢铁厂工作期间，通过对工人操作动作的研究和分析，消除不必要的动作，改正错误的动作，确定合理的操作方法，选定合适的工具，从而总结出来一套合理的操作方法和工具，用来培训工人，使大多数人都能达到或超过定额。1911年，泰勒出版了《科学管理原理》一书，这是世界上第一本精细化管理著作。

第二次世界大战后，企业规模不断扩大，生产技术日趋复杂，产品更新换代周期缩短，生产协作要求更高，这就对企业经营者的管理提出了更加精细化的要求。于是，包括决策理论、运筹学、系统工程在内的很多理论被引入经济管理领域。这些理论和方法以决策过程为着眼点，特别注重定量分析与数学的应用，以及系统结构与整体协调，所以被称为管理科学。

在我国，精细化管理概念是汪中求先生在 2005 年提出的。所谓精细化管理，是一种管理理念和管理技术，通过规则的系统化和细化，运用程序化、标准化、数据化和信息化的手段，使组织各单元精确、高效、协同和持续运行。

对于精细化管理，我们可以从以下八个方面进行理解：

(1) 精细化管理首先是一种科学的管理方法。管理是组织将有限的资源发挥最大效能的过程。要实现精细化管理，必须建立科学量化的标准和可操作、易执行的作业程序，以及基于作业程序的管理工具。

(2) 精细化管理也是一种管理理念。它体现了组织对管理的完美追求，是组织严谨、认真、精益求精思想的贯彻。

(3) 精细化管理排斥人治，崇尚规则意识。规则包括程序和制度，它要求管理者实现从监督、控制为主的角色向服务、指导为主的角色转变，更多关注满足被服务者的需求。

(4) 精细化管理研究的范围是组织管理的各单元和各运行环节，更多的是基于原有管理基础之上的改进、提升和优化。

(5) 精细化管理研究的对象是各类社会组织，但更多关注的是企业，特别是面临转型期、管理提升期的企业。

(6) 实施精细化管理的目的是在组织战略清晰化、内部管理规范化、资源效益最大化的基础上提出的，它是组织个体利益和整体利益、短期利益和长期利益的综合需要。

(7) 精细化管理最终的解决方案只能是通过训练达到组织成员素质提升的方式实现。

(8) 精细化管理不是一场运动，而是永续精进的过程，是自上而下的积极引导和自下而上的自觉响应的常态式管理模式。

### 2. 精细化管理的基本原则

精细化管理有三大原则：注重细节，立足专业，科学量化。只有做到这三点，才能使精细化管理落实到位。

精细化是一种意识、一种观念、一种认真的态度、一种精益求精的文化。

现代企业对精细化管理的定义是“五精四细”。所谓“五精”是指：精华（文化、技术、智慧），精髓（管理的精髓、掌握管理精髓的管理者），精品（质量、品牌），精通（专家型管理者和员工），精密（各种管理、生产关系链接有序、精准）；“四细”是指：细分对象，细分职能和岗位，细化分解每一项具体工作，细化管理制度的各个落实环节。“精”可以理解为更好、更优，精益求精；“细”可以解释为更加具体，细针密缕，细大不捐。

### 3. 精细化管理的特征

精细化管理最基本的特征就是重细节、重过程、重基础、重具体、重落实、重质量、重效果，讲究专注地做好每一件事，在每一个细节上精益求精、力争最佳。

精细化管理的特征可以用“精、准、细、严”四个字来概括。

精：精是做精，精益求精，追求最好，不仅把产品做精，也把服务和管理工作做到极致，挑战极限。

准：准是准确的信息与决策，准确的数据与计量，准确的时间衔接和正确的工作方法。

细：细是指工作细化、管理细化，特别是执行细化（这是管理中最简单也是最难的部分，需要根据长时间的经验来制定标准）。

严：严是严格控制偏差，严格执行标准和制度。

## 二、城市轨道交通工程基本建设程序

城市轨道交通建设必须严格执行国家基本建设程序，现行基本建设程序包括以下工作环节：

(1) 线网规划。

(2) 线网近期建设规划。

(3) 项目可行性研究报告。

(4) 工程勘察设计。

(5) 工程施工。

(6) 试运行。

(7) 试运营。

(8) 竣工验收。

(9) 项目后评价。

其中线网规划、建设规划、可行性研究报告、初步设计文件、施工图设计文件、试运行应依据国家有关法规取得相关政府授权部门的审批或许可。

城市轨道交通工程可行性研究阶段除做客流预测专题报告外，应依据项目具体情况和国家相关法规规定同时进行环境影响评价、地质灾害评估、地震安全性评估、土地预审、安全预评价、抗灾设防专项论证等专题研究报告，作为可行性研究报告的支持性文件。

城市轨道交通工程项目设计应依次做好总体设计、初步设计和施工图设计工作。对工程复杂的项目，可做试验段工程，试验段工程应在总体设计指导下进行。

城市轨道交通项目竣工验收后，应依据国家政府投资建设项目监管有关规定由地方政府组织进行后评价。后评价应遵循“客观、独立、科学、实用”的原则。

在规划、设计、施工各个环节上必须严格执行国家颁布的强制性标准，保证安全设施的资金投入，确保安全设施同步规划、同步设计和同步建设。

## 三、城市轨道交通工程建设精细化管理的意义

城市轨道交通工程是一项复杂的系统工程，是岩土、建筑、结构、机电设备、通信、信号、车辆、轨道、自动控制等各专业的高度集成，需要规划、勘测、设计、施工、监理、供货等众多管理、技术人员的紧密合作，自始至终需要高效、细致的管理。建设过程中的各个环节都需要建设管理人员的运筹帷幄和果断决策，管理中的任何纰漏都会导致严重的后果，甚至是无法挽回的灾难。由于管理的失误以及管理的不到位导致发生工程事故、延误建设工期、增加工程投资等事例在建设中屡见不鲜。因此，城市轨道交通工程建设过程中，管理必须做到精细、高效，才能保证整个建设过程顺利进行。

城市轨道交通工程建设管理人员必须熟悉城市轨道交通工程建设的程序，清楚各个专业之间的衔接、每个专业的关键因素、在不同的建设阶段管理的重点，精通各个建设阶段的管理程序。只有精细化的管理，严格控制每个建设环节，才能使城市轨道交通建设工程按质按期顺利实施。因此，在城市轨道交通工程建设中，必须实行精细化管理。

## 四、广州地铁集团有限公司建设事业总部的组织架构与管理职责

广州地铁集团有限公司的管理为轨道交通建设、运营、经营开发“一体化”的管理模式，其特点是多条线路运营统一管理、多条线路经营统一管理、多条线路同时建设统一管理。下设建设事业总部、运营事业总部、房地产事业总部、国家工程实验室四大事业总部。职能总部分别有办公室、人力资源部、党群工作部、工会、监察审计部、总工程师室、战略发展部、财务管理部、企业管理部、安全监察部、市场部等，同时有广州地铁设计院、广州地铁监理公司等二级公司。

广州地铁集团有限公司建设事业总部负责城市轨道交通所有新线建设的全过程管理，工程竣工后移交运营事业总部，运营事业总部负责综合联调、试运营、正式运营。

新线建设过程中涉及的重大技术问题，由集团公司总工程师室审定；涉及招投标及合同原则的问题，由集团公司企业管理部确定。

广州地铁集团有限公司的所有部门均在集团公司的领导下，统一目标，各司其职，相互支持与协调，共同推进广州轨道交通新线的建设。

建设事业总部下设办公室、党群工作部、总体信息部、总工程师室、质量安全部、合同预算部、工程前期部、土建工程一中心、土建工程二中心、机电工程中心、车辆段及后续工程中心、十一号线工程建设管理部。

### （一）建设事业总部组织架构设置

建设事业总部按照设计任务的要求，负责广州市轨道交通线路从总体设计到竣工验收全过程的建设管理工作。

建设事业总部

| 办公室 | 土建工程一中心 | 土建工程二中心 | 机电工程中心 | 车辆段及后续工程中心 | 十一号线工程建设管理部 |
|---|---|---|---|---|---|
| 党群工作部 | 土建工程一部 | 土建工程一部 | 系统工程部 | 车辆段工程一部 | |
| 总体信息部 | 土建工程二部 | 土建工程二部 | 车站设备工程一部 | 车辆段工程二部 | |
| 总工程师室 | 土建工程三部 | 土建工程三部 | 车站设备工程二部 | 后续工程部 | |
| 质量安全部 | 技术部 | 技术部 | 技术部 | 技术部 | |
| 合同预算部 | 综合管理部 | 综合管理部 | 综合管理部 | 综合管理部 | |
| 工程前期部 | | | | | |

## （二）各部门管理职责

### 1. 办公室

负责总部层面的会务、接待、行政管理、文件资料管理、行政类报告及文件的起草；负责人力资源规划及管理、计划生育、企业文化建设管理工作；负责管理费用预算制订及执行管理、固定资产、办公场所管理、投标保证金核算、招标场地使用费、工程零星费用等非合同类费用支付与核算工作。

### 2. 党群工作部

负责协助总部党组织建设、思想建设、作风建设、精神文明建设等工作；负责总部中层人才培养、选拔、管理和考核工作；负责总部纪检信访、廉政管理、效能监察；督办审计整改工作；负责党委、纪委、工会工作报告、决议、决定等文件的起草及管理工作；负责总部宣传管理、宣传媒介管理工作；负责总部工会工作、共青团及青年工作。

3. 总体信息部

负责总部新线工程策划管理、计划下达、完成情况统计；负责总部经营目标和全面预算管理、城建固定资产投资及资金支付计划的编制及上报；负责总部新线建设目标责任状管理、内控评价、合作企业诚信评价等相关工作；负责总部战略规划、组织架构、组织绩效等管理；负责计算机资产及信息化系统管理等工作。

4. 总工程师室

负责总部的科研管理工作；组织工程建设全线性的设计原则、技术标准、技术要求、重大技术方案、总体设计、初步设计审查；负责总体总包、工点设计、设计咨询、地质勘察与测量的招投标管理；组织编制设计变更及方案变更实施细则，审定设计变更申请；负责全线规划、建筑方案协调；负责各线各阶段的规划报建及变更协调；负责各线的规划验收工作。

5. 质量安全部

负责总部工程建设质量、安全、信访的考核工作；负责工程质量检测的招标管理工作；负责组织对各单位工程的质量验收工作；负责消防、公共卫生、职业卫生、防雷、人防等专项验收管理工作；负责专项业务报批、相关政府部门的沟通协调等工作。

6. 合同预算部

负责新线合同范本的编制与管理，参与新线招标文件、谈判文件的编写，审核新线招标文件、谈判文件和合同文件；负责办理公司外招标文件报审、招标评标相关手续及对外的沟通协调工作；主持或参与授权内合同变更审查；负责工程保险、设备采购管理；参与工程结算的审核，组织工程结算外送与协调；负责预结算内部复核；负责总部全面风险管理工作；负责法律风险审查等工作。

### 7. 工程前期部

负责工程前期对外关系的宏观协调；负责工程征地拆迁、管线迁改、临时用电等工作的统一协调和合同管理；负责新线工程用地预审、土地使用证、用地审批等工作；负责临时用电供应服务商的招标及临时用电供应服务管理；参与工程用电报装、交通疏解等方案研究、指导；督促各工程中心做好前期工程资料的汇总上报移交工作；组织完成前期各项工程的结案、结算工作。

### 8. 土建工程一中心

负责广州轨道交通八号线北延段、十四号线等多条新线的土建工程质量、安全、进度、投资等项目管理工作，负责监督并有效落实总部确定的新线土建工程包括关键工期目标在内的各项工期计划目标。

### 9. 土建工程二中心

负责广州轨道交通二十一号线等多条新线的土建工程质量、安全、进度、投资等项目管理工作，负责监督并有效落实总部确定的新线土建工程包括关键工期目标在内的各项工期计划目标。

### 10. 机电工程中心

负责广州轨道交通目前所有新线的机电系统工程、车站设备安装与装修工程的质量、安全、进度、投资等项目管理工作，负责与运营总部对接，实现总部的新线建成开通目标。

11. 车辆段及后续工程中心

负责广州轨道交通目前所有新线的车辆段、停车场、控制中心、与车辆段同步实施的上盖建筑等项目以及后续工程的质量、安全、进度、投资等项目管理工作。

12. 十一号线工程建设管理部

负责广州轨道交通十一号线土建工程、机电系统工程、车站设备安装与装修工程、车辆段的质量、安全、进度、投资等项目的全过程管理工作。

# 开工前管理

## §1—1 合同签订管理

### 一、合同条款澄清

土建工程施工、监理、第三方监测等项目招标结束后，在合同签订之前，需要与中标单位针对合同中有异议的条款或者未明确的要求进行合同澄清，双方达成一致意见。

#### （一）工作内容

(1) 对照招标文件中合同条款，与合同预结算部门、企业管理部门等列出需澄清的问题。

(2) 召开合同澄清会，约请甲、乙双方领导及合同经办人员参会，就需要澄清的问题进行协商，达成一致意见，以业主名义出具会议纪要。

(3) 督促中标人提交澄清问题书面资料，份数（正、副本）与合同一致，并纳入正式合同。

#### （二）工作依据及验收表格

(1) 招标文件中的合同条款及工程量清单。

(2) 类似工程合同澄清问题样式。

### （三）重点关注

（1）需澄清的问题事先经合同预结算部门、企业管理部门审核，一般采用一问一答形式。

（2）澄清问题的书面资料需中标人逐页盖法人章，并与投标人名称一致。

## 二、施工、监理、第三方监测合同签订

### （一）工作内容

（1）经办部门安排专人依据招标答疑、合同澄清等，修改相应合同条款并负责核实工程量清单。

（2）经办部门负责将合同送合同预结算部门、企业管理部门等会签，按会签意见修改整理成合同最终版，经办部门经办人、合同预结算部门经办人页签，将验证的履约保函纳入合同，并填写合同印刷申请表付印。

（3）取回印刷合同正、副本（份数按合同规定），送合同对方签字盖章，取回后送集团公司签字盖章（需附会签表格）。

### （二）工作依据及验收表格

（1）招标文件中合同条款及工程量清单。

（2）招标澄清、答疑及合同澄清问题。

（3）合同会签表、合同印刷申请表。

### （三）重点关注

（1）是否按招标澄清、答疑、合同澄清问题及会签部门意见修改合

同条款、工程量清单。

(2) 合同对方签字盖章是否法人（章），是否有委托书。

(3) 合同正、副本份数是否满足合同规定要求。

(4) 按招标文件要求开具履约保函，并对履约保函进行验证。

## 三、采购供应合同签订

### （一）盾构机采购或维修改造合同

施工合同签订后，土建工程管理经办部门应督促承包商签订盾构机采购合同，送监理、业主审批。

#### 1. 工作内容

(1) 承包商签订盾构机采购或维修改造协议。

(2) 督促承包商将盾构机采购或维修改造协议送监理、业主审批。

#### 2. 工作依据及验收表格

(1) 盾构机采购或维修改造协议（按承包商企业自身标准版本）。

(2) 承包商申报表。

#### 3. 重点关注

(1) 审查盾构机采购厂家、型号或维修改造协议是否与投标一致。

(2) 申报表是否经总监理工程师签字并盖监理项目章。

### （二）钢筋、商品混凝土及防水材料供应合同

土建工程管理经办部门应督促承包商与钢筋、商品混凝土及防水材料供应商签订合同，送监理审批，报业主备案。

1. 工作内容

(1) 承包商与业主招标的钢筋、商品混凝土及防水材料供货商签订合同。

(2) 承包商将钢筋、商品混凝土及防水材料采购供应合同送监理审批，报业主备案。

2. 验收表格及依据

(1) 业主统一合同版本。
(2) 承包商申报表。

3. 重点关注

钢筋、商品混凝土及防水材料供应商是否为业主招标的中标单位。

## 四、分包协议签订

### (一) 补充勘探等专业或劳务分包协议

土建工程管理经办部门应督促承包商与补充勘探等有资质单位签订专业或劳务合同，送监理审批，报业主备案。

1. 工作内容

(1) 承包商与补充勘探等有资质单位签订专业或劳务合同。
(2) 承包商将补充勘探等合同送监理审批，报业主备案。

2. 验收表格及依据

(1) 承包商企业自身标准版本。

(2) 承包商申报表。

#### 3. 重点关注

补充勘探等单位的资质是否满足规定要求。

### (二) 盾构管片生产专业分包协议

土建工程管理经办部门应督促承包商与盾构管片生产厂家签订专业分包合同，送监理、业主审批。

#### 1. 工作内容

(1) 签订合同前，承包商组织业主、监理考察盾构管片生产厂场地、设备满足施工要求后，承包商与盾构管片生产厂签订合同。

(2) 承包商将盾构管片生产合同送监理、业主审批。

#### 2. 验收表格及依据

(1) 承包商企业标准版本。

(2) 承包商申报表。

#### 3. 重点关注

盾构管片生产厂的生产条件是否满足投标及现场施工的要求。

## 五、地铁工程资金专用银行账户

土建工程管理经办部门应督促承包商开设地铁工程资金专用银行账户，报业主备案。

（一）工作内容

(1) 督促承包商自行到银行开设地铁工程资金专用银行账户。

(2) 承包商将所开设地铁工程资金专用银行账户报业主备案。

（二）验收表格及依据

承包商企业自身标准版本。

（三）重点关注

开设地铁工程资金专用银行账户是否满足业主财务专业的要求。

## §1—2 方案编制管理

### 一、土建工程各标段方案编制

土建工程划分的每个标段中一般包括多个单位工程（车站、区间），在工程开工前，各中标土建施工单位应按照中标的标段编制总体施工方案。

（一）总体计划

土建工程管理经办部门应督促承包商编制标段总体计划，报监理、业主审批。

1. 工作内容

(1) 承包商按合同工期要求、合同承诺及业主下发的总体工期要求编制总体计划。

(2) 承包商将总体计划送监理、业主审批。

#### 2. 验收表格及依据

(1) 总体计划用横道图及图表清晰表示。
(2) 承包商申报表。

#### 3. 重点关注

(1) 是否按招标文件工期要求及业主下发的总体工期要求编制。
(2) 关键工期能否满足总体工期要求。

### (二) 工程重点、难点及风险报告

土建工程管理经办部门应督促承包商编制该工程重点、难点及风险报告，送监理、业主审批。

#### 1. 工作内容

(1) 承包商按合同要求、设计文件及现场实际考察情况编制工程重点、难点及风险报告。
(2) 总监理工程师组织相关单位开会审查，报业主审批。

#### 2. 验收表格及依据

(1) 承包商企业自身标准版本。
(2) 承包商申报表。

#### 3. 重点关注

(1) 是否按合同要求、设计文件及现场实际考察情况要求编制。
(2) 承包商企业技术负责人组织审查、报监理审批后，业主组织专家对安全风险点进行分析。

## （三）专项安全方案

土建工程管理经办部门应督促承包商编制专项安全方案，送监理、业主审批。

### 1. 工作内容

(1) 承包商按合同要求、设计文件及现场实际考察情况编制专项安全方案。

(2) 承包商将专项安全方案送监理、业主审批。

### 2. 验收表格及依据

(1) 承包商企业自身标准版本。

(2) 承包商申报表。

### 3. 重点关注

是否按合同要求、设计文件及现场实际考察情况要求编制。

## （四）信访方案

土建工程管理经办部门应督促承包商编制信访方案，报监理、业主审批。

### 1. 工作内容

(1) 承包商按合同要求及现场实际可能发生的信访源编制信访方案。

(2) 承包商将信访方案送监理、业主审批。

### 2. 验收表格及依据

(1) 承包商企业自身标准版本。

(2) 承包商申报表。

### 3. 重点关注

全面考虑可能出现的信访问题。

## (五) 共建活动方案

土建工程管理经办部门应督促承包商编制共建活动方案，送监理、业主审批。

### 1. 工作内容

(1) 承包商按合同要求及工程周边实际情况编制共建活动方案及计划表。

(2) 承包商将共建活动方案送监理、业主审批。

### 2. 验收表格及依据

(1) 承包商企业自身标准版本。

(2) 承包商申报表。

(3) 广州地铁集团有限公司建设事业总部共建指导方案。

### 3. 重点关注

全面考虑工程周边社区、政府部门等因素，每年计划是否可实施。

## (六) 建筑物保护方案

土建工程管理经办部门应督促承包商编制建筑物保护方案，送监理、业主审批。

1. 工作内容

（1）承包商按合同要求、设计图纸及工程周边实际情况编制建筑物保护方案。

（2）承包商将建筑物保护方案送监理、业主审批。

2. 验收表格及依据

（1）承包商企业自身标准版本。

（2）承包商申报表。

3. 重点关注

全面考虑工程周边建筑物基础、现状等因素，方案是否可行。

### （七）项目组织架构

土建工程管理经办部门应督促承包商按合同要求上报项目组织架构与主要管理人员名单，送监理、业主审批。

1. 工作内容

（1）承包商按合同要求及招标承诺上报项目组织架构与主要管理人员名单，主要管理人员如有变更需先单独办理变更手续。

（2）承包商将项目组织架构送监理、业主审批。

2. 验收表格及依据

（1）投标文件组织架构及管理人员名单格式。

（2）承包商申报表。

#### 3. 重点关注

（1）项目经理、项目总工程师是否更换，如有更换，对照合同条款要求，其资质不得低于原投标要求。

（2）项目经理、项目总工程师更换需要单独办理变更手续，并在市政府建设管理主管部门完成更换备案手续。

### （八）安全措施费使用计划

土建工程管理经办部门应督促承包商按合同要求编制安全措施费使用计划，送监理、业主审批。

#### 1. 工作内容

（1）承包商按合同要求编制安全措施费使用计划，细化到年、季、月。

（2）承包商将安全措施费使用计划送监理、业主审批。

#### 2. 验收表格及依据

（1）承包商企业自身标准版本。

（2）承包商申报表。

#### 3. 重点关注

（1）安全生产措施费是否符合工程量清单数量要求，是否细化到年、季、月。

（2）安全生产措施费使用是否与施工合同内容清单一致。

### （九）开工报告

土建工程管理经办部门应督促承包商上报单位工程（或者子单位工

程）开工报告，送监理、业主审批。

1. 工作内容

（1）开工前，承包商以一个车站、一个区间为单位工程（或者子单位工程）上报开工报告。

（2）承包商将开工报告送监理、业主审批。

2. 验收表格及依据

（1）《单位工程开工报告》。

（2）业主单位关于建设工程开工报告审批的有关要求。

3. 重点关注

（1）承包商是否以单位工程（或者子单位工程）上报开工报告。

（2）开工前准备工作是否完成并符合开工条件。

## 二、土建工程各单位工程方案编制

土建工程管理经办部门应督促承包商按照一个车站、一个区间为单位工程（或者子单位工程）编制具体、详细的施工组织方案，并送监理、业主审批。

### （一）总体施工组织设计

1. 工作内容

（1）承包商按合同要求、设计文件及现场实际考察情况编制单位工程（或者子单位工程）总体施工组织设计，并经企业技术负责人审批。

(2) 承包商将总体施工组织设计送监理、业主审批。

#### 2. 验收表格及依据

(1) 承包商企业自身标准版本。
(2) 承包商申报表。

#### 3. 重点关注

(1) 总体施工组织设计是否满足合同与招标、设计文件及现场实际考察要求。
(2) 企业技术负责人是否审批签字并盖企业法人章。

### （二）建筑物基础调查报告

#### 1. 工作内容

(1) 开工前，承包商按合同要求、设计文件及现场实际考察情况编制建筑物基础调查方案。
(2) 承包商将建筑物基础调查报告送监理、业主审批。

#### 2. 验收表格及依据

(1) 承包商企业自身标准版本。
(2) 承包商申报表。

#### 3. 重点关注

(1) 是否满足合同与招标、设计文件及现场实际考察要求。
(2) 所有建（构）筑物基础形式是否已调查清楚。

### （三）补充地质勘察方案

#### 1. 工作内容

(1) 开工前，承包商按合同要求、设计文件及现场实际考察情况编制补充地质勘察方案。

(2) 承包商将补充地质勘察方案送监理、业主审批。

#### 2. 验收表格及依据

(1) 承包商企业自身标准版本。

(2) 承包商申报表。

#### 3. 重点关注

(1) 是否满足合同与招标、设计文件及现场实际勘察要求。

(2) 是否与详勘进行比较，地质条件是否有较大差异，如有较大差异需组织原详勘单位、设计单位开会，对地质情况进行确认。

(3) 对于特殊地质情况，按照业主下发的地质补勘管理办法执行。

### （四）周边管线调查保护方案

#### 1. 工作内容

(1) 开工前，承包商按业主要求及现场实际调查情况编制周边管线调查保护方案。

(2) 承包商将周边管线调查保护方案送监理、业主审批。

#### 2. 验收表格及依据

(1) 承包商企业自身标准版本。

(2) 承包商申报表。

#### 3. 重点关注

(1) 现场管线是否全部调查清楚，是否查清规格、型号、埋设等情况。
(2) 如与地铁线路、车站冲突，是否有保护措施及预案。

### （五）房屋鉴定报告

#### 1. 工作内容

(1) 开工前，承包商委托有资质的房屋鉴定单位，按设计要求及现场实际调查情况编制房屋鉴定报告。
(2) 承包商将房屋鉴定报告送监理、业主审批。

#### 2. 验收表格及依据

(1) 房屋鉴定单位版本。
(2) 承包商申报表。

#### 3. 重点关注

(1) 是否与当地政府相关部门沟通协调确定鉴定范围，鉴定范围是否满足工程需要。
(2) 鉴定结果是否出现异常房屋，是否有处理意见及措施。
(3) 房屋鉴定结果需房屋所有者确认，或送属地政府机构留存。

### （六）应急预案

#### 1. 工作内容

(1) 开工前，承包商按合同要求、设计文件等资料，针对工程重大安全隐患及现场实际调查情况编制应急预案。
(2) 承包商将应急预案送监理、业主审批。

2. 验收表格及依据

(1) 承包商企业自身标准版本。

(2) 承包商申报表。

3. 重点关注

(1) 根据承包商申报及监理、业主审批的重大安全风险点制定应急预案。

(2) 应急预案是否与工程实际情况相符合，是否包含经各方讨论确定的重大安全风险点。

(3) 应急预案是否可行，是否层层分解并落实责任人。

## (七) 测量方案

1. 工作内容

(1) 开工前，承包商按业主要求编制测量方案。

(2) 承包商将测量方案送监理、业主审批。

2. 验收表格及依据

(1) 承包商企业自身标准版本。

(2)《广州轨道交通施工测量管理办法（2015 年修改版）》(穗铁建总总工〔2015〕274 号)。

(3) 承包商申报表。

3. 重点关注

是否与业主方测量管理办法相符，是否满足工程施工需要。

## （八）总平面布置方案

### 1. 工作内容

(1) 开工前，承包商按合同要求及现场围蔽实际情况编制总平面布置方案。

(2) 承包商将总平面布置方案送监理、业主审批。

### 2. 验收表格及依据

(1) 承包商企业自身标准版本。

(2)《安全文明施工图册》。

(3) 承包商申报表。

### 3. 重点关注

是否与《安全文明施工图册》相符，是否满足工程施工需要。

## （九）施工现场临时用电专项方案

### 1. 工作内容

(1) 开工前，承包商按业主要求及实际场地情况编制施工现场临时用电专项方案，并经企业技术负责人审批。

(2) 承包商将施工现场临时用电专项方案送监理、业主审批。

### 2. 验收表格及依据

(1) 承包商企业自身标准版本。

(2)《安全文明施工图册》。

(3) 承包商申报表。

3. 重点关注

(1) 编制人是否为电气工程师，方案是否满足工程施工需要。

(2) 是否经企业技术负责人审批签字及盖企业法人章。

### (十) 施工现场临时用水专项方案

1. 工作内容

(1) 开工前，承包商按合同要求及实际场地情况编制施工现场临时用水专项方案。

(2) 承包商将施工现场临时用水专项方案送监理、业主审批。

2. 验收表格及依据

(1) 承包商企业自身标准版本。

(2)《安全文明施工图册》。

(3) 承包商申报表。

3. 重点关注

是否按《安全文明施工图册》要求编制，方案是否满足工程施工需要。

### (十一) 围护结构施工专项方案

1. 工作内容

(1) 围护结构开工前，承包商按合同、设计文件要求编制围护结构施工专项方案。

(2) 承包商将围护结构施工专项方案送监理、业主审批。

#### 2. 验收表格及依据

(1) 承包商企业自身标准版本。
(2) 有关施工规范。
(3) 承包商申报表。

#### 3. 重点关注

是否按会审的施工图纸要求编制，人、机、物、料、法配置是否满足工程施工需求。

### (十二) 吊装专项方案

#### 1. 工作内容

(1) 围护结构开工前，承包商按安全管理办法、设计文件及现场实际情况编制吊装专项方案，经 5 名以上外部专家审查后，报企业技术负责人审批。
(2) 承包商将吊装专项方案送监理、业主审批。

#### 2. 验收表格及依据

(1) 承包商企业自身标准版本。
(2) 有关施工规范。
(3) 承包商申报表。

#### 3. 重点关注

(1) 须经 5 名以上广州市专家库专家审查。
(2) 是否经企业技术负责人审批签字及盖企业法人章。

## （十三）视频监控系统施工方案

### 1. 工作内容

(1) 开工前，承包商按合同、安全管理办法、设计图纸及现场实际情况编制视频监控系统施工方案。

(2) 承包商将视频监控系统施工方案送监理、业主审批。

### 2. 验收表格及依据

(1) 承包商企业自身标准版本。

(2) 招标文件及工程量清单、合同。

### 3. 重点关注

须委托业主另外招标确定的视频监控系统实施单位进行审核、实施。

## （十四）施工监测方案及第三方监测方案

### 1. 工作内容

(1) 围护结构开工前，承包商按安全管理办法、设计文件及现场实际情况编制施工监测方案，送第三方监测单位审核。

(2) 第三方监测单位编制第三方监测方案，须经专家审查。

(3) 承包商将施工监测方案及第三方监测方案送监理、业主审批。

### 2. 验收表格及依据

(1) 承包商企业自身标准版本。

(2) 承包商申报表。

(3)《广州市城乡建设委员会关于加强地下工程和深基坑安全监测方案管理的通知》(穗建质〔2014〕750 号)。

3. 重点关注

(1) 是否满足现场实际情况要求及施工需要，在围护结构施工前上报方案并实施。

(2) 第三方监测方案需在承包商审查土方开挖专项方案时，邀请7名以上广州市专家库专家（其中2名为监测专业专家，5名为土方开挖专项方案审查专家）共同审查。

## （十五）交通疏解施工方案

1. 工作内容

(1) 开工前，承包商按交通疏解方案、设计文件及现场实际情况编制交通疏解施工方案。

(2) 承包商将交通疏解施工方案送监理、业主审批。

2. 验收表格及依据

(1)《广州市轨道交通项目交通疏解管理办法》。

(2) 交通疏解方案及设计文件。

3. 重点关注

交通疏解方案是否经交警部门审批通过，是否满足现场需求及施工需要。

## （十六）精密导线点与水准点复测结果

1. 工作内容

(1) 开工前承包商自行复测，并上报精密导线点与水准点复测结果。

(2) 承包商将复测结果送监理、业主审批。

2. 验收表格及依据

(1)《广州轨道交通施工测量管理办法》(穗铁建总总工〔2015〕274 号)。

(2) 承包商申报表。

3. 重点关注

承包商自行复测，结果满足工程要求；监理单位单独复测。

# §1—3　证件、手续办理管理

## 一、公路占道开挖许可证办理

土建工程施工若需要占用公路，应办理并取得公路占道开挖许可证。

### (一) 工作内容

(1) 根据相关政府文件开展工作，以建设单位名义进行申报。

(2) 承包商应根据审批部门的要求，配合完成建设单位的签字盖章，分别为：

1) 路政许可申请书。

2) 申请单位组织结构代码证、法人身份证明书、授权委托书、受托人身份证明书。

3) 建设工程规划许可证。

4) 施工单位企业法人营业执照、施工单位安全生产许可证、组织结构代码证、资质证书。

5）设计方案平面图、剖面图。

6）交通疏导方案。

7）施工组织方案。

8）关于临时占用公路文明施工承诺书。

9）公路施工审批表。

10）符合保障公路、公路附属设施质量和安全的技术评价报告的设计单位资质证书（由具有公路、建设工程安全评价资质的机构出具）。

(3) 配合审查部门查看现场。

(4) 完成申报，取得证照。

## （二）工作流程

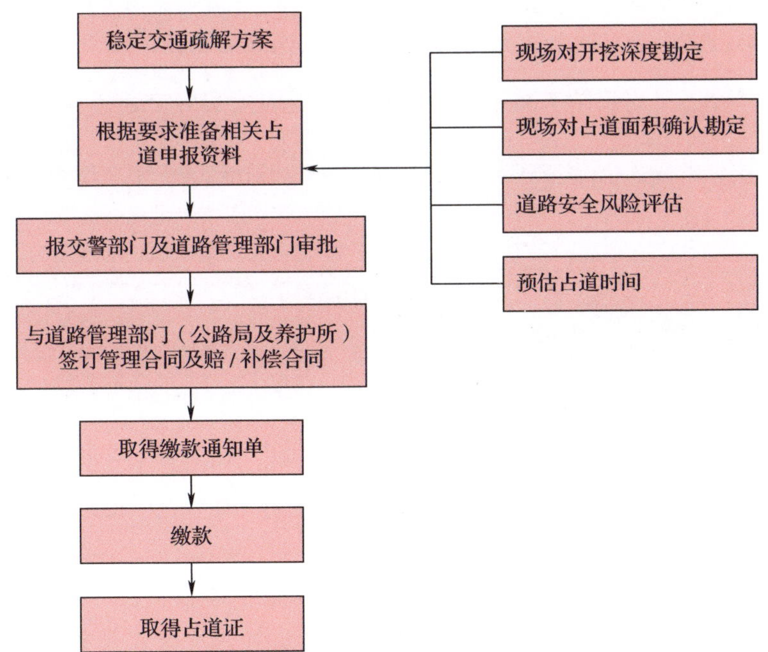


公路占道开挖许可证办理工作流程

### （三）工作依据

(1)《广东省公路管理局关于公路路政许可的实施办法》(粤公路函〔2016〕829号)。

(2)《损坏公路路产赔偿标准》(粤交路〔1998〕38 号)。

(3)《广州市城市道路占用挖掘许可管理试行办法》(穗府〔2012〕5号)。

(4)《关于降低标准征收轨道交通新线建设工程占用利用公路路产补（赔）偿费的通知》(穗财综〔2011〕174号)。

### （四）重点关注

(1) 对占道面积及开挖面积需认真复核，特别注意分期实施的土建项目，合理安排计划占道面积及时间。

(2) 控制好安全风险评估报告的出具时间。

(3) 在交通疏解方案最终确定后，需提前落实好交通标示标牌的实施单位。

(4) 注意施工完成后道路回填的标准。

## 二、市政道路占道开挖许可证办理

土建工程施工若需要占用市政道路，应办理并取得市政道路占道开挖许可证。

### （一）工作内容

(1) 根据相关政府文件开展工作，以建设单位名义进行申报。

(2) 承包商应根据审批部门的要求，配合完成建设单位的签字盖章，分别为：

1）挖掘城市道路申请表，应当包括挖掘的期限和面积。

2）施工方案，应当包括施工计划、机械配置、施工污水排放方式、余泥处理以及现场围蔽等内容。

3）市或者区规划管理部门核发的建设工程规划许可证及其附件。

4）挖掘施工单位资质证明文件。

5）施工方案。

6）其他有关资料。

## （二）工作流程

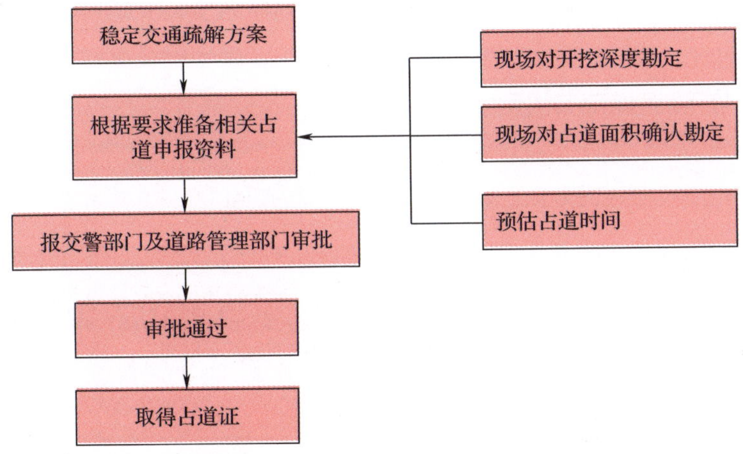


市政道路占道开挖许可证办理工作流程

## （三）相关文件依据

(1)《广州市城市道路挖掘管理办法》(广州市人民政府令第 9 号)。

(2)《广州市城市道路临时占用管理办法》(广州市人民政府令第 114 号)。

(3)《省物价局关于城市道路临时占用费和挖掘修复费有关问题的复函》(粤价函〔2013〕686 号)。

(4)《广州市城市道路占用挖掘许可管理试行办法》(穗府〔2012〕5号)。

(5)《轨道交通前期工作2014年第九次联席会议的纪要》(穗轨前期办〔2014〕29号)。

### (四)重点关注

(1)对占道及开挖面积需认真复核,特别注意分期实施的土建项目,合理安排计划占道面积及时间。

(2)控制好安全风险评估报告的出具时间。

(3)在交通疏解方案最终确定后,需提前落实好交通标示标牌的实施单位。

(4)注意施工完成后道路回填的标准。

## 三、安全监督登记手续办理

土建工程管理部门应督促承包商在围护结构工程开工前向政府安全监督管理部门完成安全监督报监手续办理工作。

### (一)工作内容

(1)明确工程项目所属的安全监督单位。

(2)收集准备资料

1)广州市建设工程安全监督登记申请表一式一份原件(在网站上填报、打印并加盖建设单位、施工单位、监理单位、勘察单位、设计单位公章)。

2)招、投标备案表一式一份(施工单位、监理单位的中标通知书复印件,需加盖公司的公章,同时需核对原件)。

3)工程明细表一式一份原件(在网站上填报、打印并加盖建设单位公章）。

4）岩土工程勘察资料一式一份（复印件，加盖勘察单位公章，需核对原件，也可直接提交原件）。

5）施工组织设计一式一份（已完成监理、业主审批的单位工程总体施工组织设计复印件，需核对原件）。

6）监理规划、监理细则和旁站监理方案一式一份（复印件，需核对原件）。

7）工程质量保证体系文件一式一份（单位工程质量保证体系文件复印件，需核对原件）。

8）施工安全措施文件一式一份（安全生产责任制、应急预案、专项安全方案复印件，需核对原件）。

9）意外伤害保险合同一式一份（复印件，需核对原件）。

10）施工单位及分包单位安全生产许可证一式一份（复印件，需核对原件）。

11）中标的建造师证、中标的总监理工程师证、中标的安全员证一式一份（项目经理资质证书、安全生产考核证书及身份证，总监理工程师资质证书及身份证，专职安全员安全生产考核合格证及身份证，均是复印件，需核对原件）。

12）基坑支护设计方案审查文件一式一份（复印件，需核对原件）。

（3）承包商上传完相关资料后点选保存，然后通知建设单位，由建设单位专人利用广州市城乡建设委员会企业网上申报系统用户登录 CA 密码进行上报。

（4）办理报监手续并同时或先后取得监督号。

（5）开工前完成安全监督的现场交底工作。

## （二）工作流程

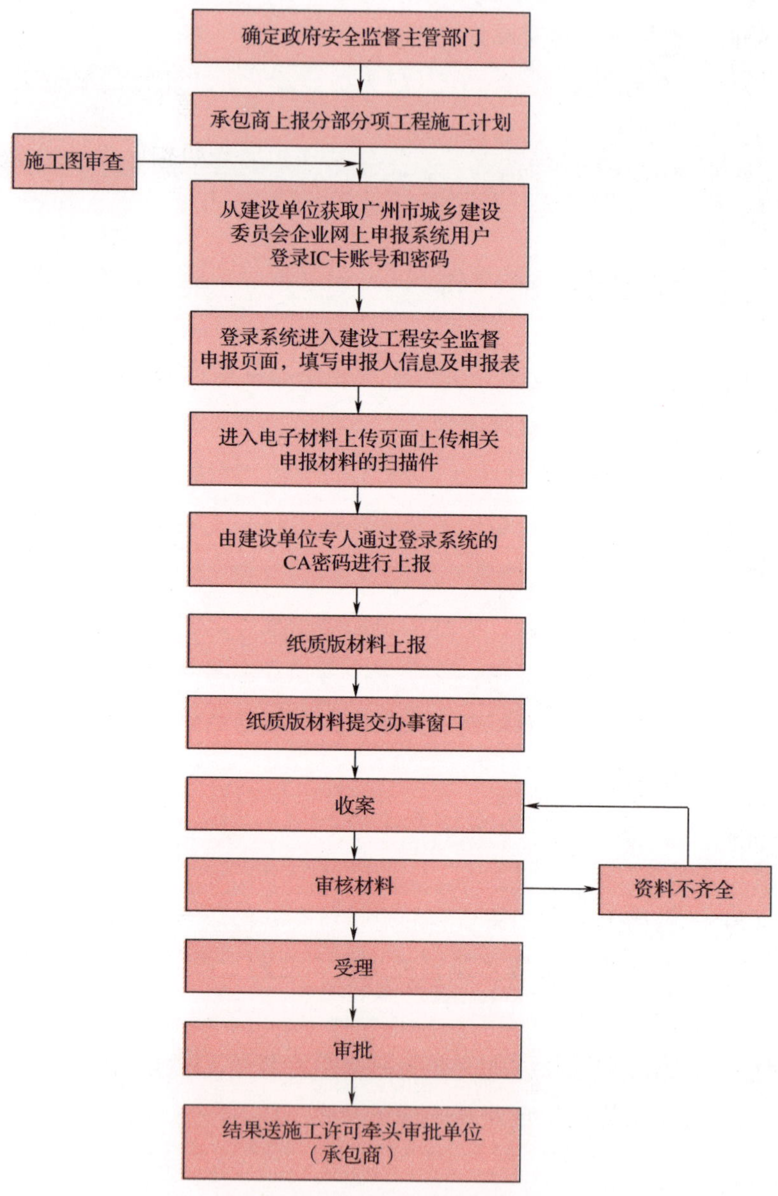


安全监督登记手续办理工作流程

### （三）相关文件依据

（1）《建设工程安全生产管理条例》（国务院令第 393 号）。

（2）《建筑工程施工许可管理办法》（住建部令第 18 号）。

（3）《关于印发〈建筑施工企业安全生产管理机构设置及专职安全生产管理人员配备办法〉的通知》（建质〔2008〕91 号）。

### （四）重点关注

（1）开工前需完成安全报监手续。

（2）报监工作均需要主体结构施工蓝图，需督促工点设计单位做好出图计划，并落实设计咨询单位出具施工图纸的审查报告。

（3）因故无法同时办理质量安全监督手续，单独办理质量安全监督登记的，按以下情形申请：申请先行办理安全监督登记的工程，可不提交第 3）、4）和 7）项资料。

## 四、质量监督登记手续办理

土建工程管理部门应督促承包商在主体结构开工前向政府质量监督管理部门完成质量监督报监手续办理工作。

### （一）工作内容

（1）明确工程项目所属的质量监督单位。

（2）收集准备资料。

1）广州市建设工程质量监督登记申请表一式一份原件（在网站上填报、打印并加盖建设单位、施工单位、监理单位、勘察单位、设计单位公章）。

2）招、投标备案表一式一份（施工单位、监理单位的中标通知书复印件，需加盖公司的公章，同时需核对原件）。

3）工程明细表一式一份原件（在网站上填报、打印并加盖建设单位公章）。

4）岩土工程勘察资料一式一份（复印件，加盖勘察单位公章，需核对原件，也可直接提交原件）。

5）施工组织设计一式一份（已完成监理、业主审批的单位工程总体施工组织设计复印件，需核对原件）。

6）监理规划、监理细则和旁站监理方案一式一份（复印件，需核对原件）。

7）工程质量保证体系文件一式一份（单位工程质量保证体系文件复印件，需核对原件）。

8）施工质量措施文件一式一份（质量管理责任制、应急预案、专项安全方案复印件，需核对原件）。

9）意外伤害保险合同一式一份（复印件，需核对原件）。

10）施工单位及分包单位安全生产许可证一式一份（复印件，需核对原件）。

11）中标的建造师证、中标的总监理工程师证、中标的安全员证一式一份（项目经理资质证书、安全生产考核证书及身份证，总监理工程师资质证书及身份证，专职安全员安全生产考核合格证书及身份证，均为复印件，需核对原件）。

(3) 承包商上传完相关资料后点选保存，然后通知建设单位，由建设单位专人利用广州市城乡建设委员会企业网上申报系统用户登录 CA 密码进行上报。

(4) 办理报监手续并同时或先后取得监督号。

(5) 开工前完成质量监督的现场交底工作。

（二）工作流程

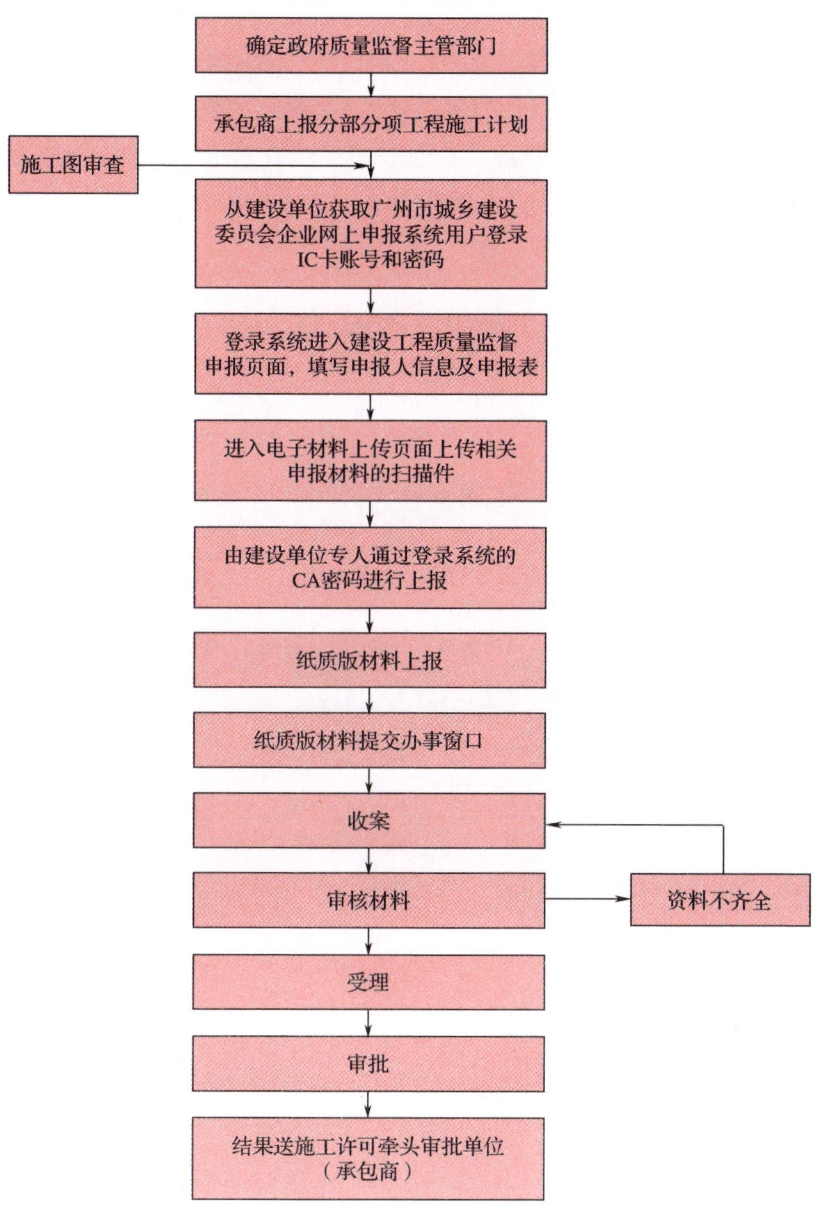


质量监督登记手续办理工作流程

### （三）相关文件依据

(1)《建设工程质量管理条例》(国务院令第 279 号)。

(2)《建筑工程施工许可管理办法》(住建部令第 18 号)。

(3)《关于印发〈建筑施工企业安全生产管理机构设置及专职安全生产管理人员配备办法〉的通知》(建质〔2008〕91 号)。

### （四）重点关注

(1) 主体结构工程开工前需完成质量报监手续。

(2) 报监工作均需要主体结构施工蓝图，需督促工点设计单位做好出图计划，并落实设计咨询单位出具施工图纸的审查报告。

(3) 同时办理质量安全监督登记的，应补充提交施工图审查文件。

(4) 已办理安全监督登记的，办理质量监督登记时可提交上述安全监督手续办理中的第 1) ~ 11) 项、安全监督登记告知书和施工图审查文件。

(5) 办理质量监督登记时，应提交单位工程清单（原件加盖建设单位公章）。

## 五、生产废水排放许可证办理

### （一）工作内容

工程开工前，土建工程管理部门应督促承包商及时办理好生产废水排放许可证，并配合完善申报资料的签字盖章工作。

## （二）工作流程

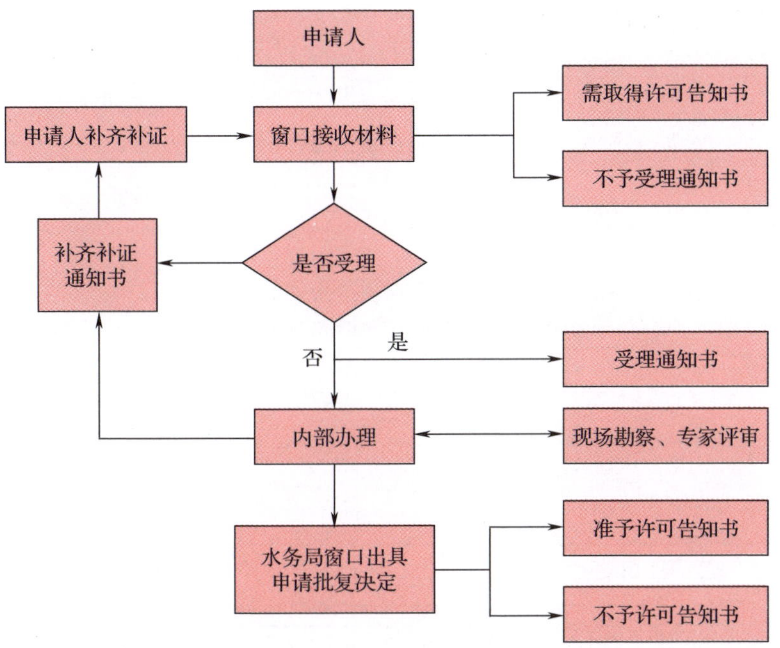


生产废水排放许可证办理工作流程

## （三）相关文件依据

(1)《城市排水许可管理办法》(建设部令第 152 号)。

(2)《广州市排水管理办法》。

(3)《广州市市政设施管理条例》。

## （四）重点关注

(1) 现场必须按照批复的排污许可证相关要求进行排放，严禁在批复范围外随意排放。

(2) 开工前必须办理完成。

## 六、淤泥渣土排放证办理

### （一）工作内容

(1) 审查土方外运单位的资质，并对分包合同进行备案。

(2) 督促承包商在土方开挖之前完成淤泥排放证办理，并上报备案。

### （二）工作流程

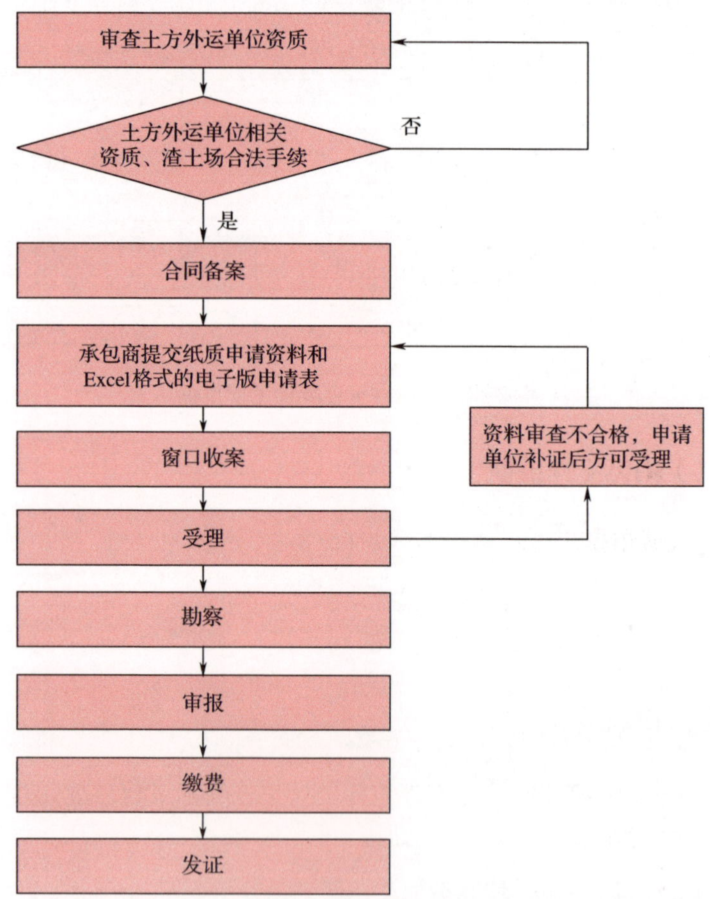


淤泥渣土排放证办理工作流程

### （三）相关文件依据

(1)《国务院对确需保留的行政审批项目设定行政许可的决定》(国务院令第 412 号)。

(2)《广州市建筑废弃物管理条例》。

(3) 广东省物价局颁发的《广东省收费许可证》(粤费 FJ0716)。

(4) 广州市物价局《关于收取建筑垃圾处置费问题的复函》(穗价函〔1998〕178 号)。

(5)《城市建筑垃圾处置（排放）核准办事指南》。

### （四）重点关注

(1) 严格核查渣土分包单位手续资质是否符合要求，渣土场是否具备合法手续；淤泥渣土收纳场相关协议必须包含在上报的审批资料当中。

(2) 通过监理单位及人员核实弃土场。

## 七、夜间施工许可证办理

土建工程施工需要在夜间 10 时至次日凌晨 6 时进行夜间施工的，需要向当地建设主管部门办理夜间施工许可证。

### （一）工作内容

(1) 督促承包商根据施工计划按规定时间提前准备好需提交的资料，尽量提前办理夜间施工许可证。

(2) 承包商提前准备延长施工作业时间申请表及降噪措施表，填写完毕加盖项目章后依次送至监理单位、建设单位、安监站审批盖章，最后送至地铁集团公司质量安全部，报市建设工程主管部门审批。

## （二）工作流程

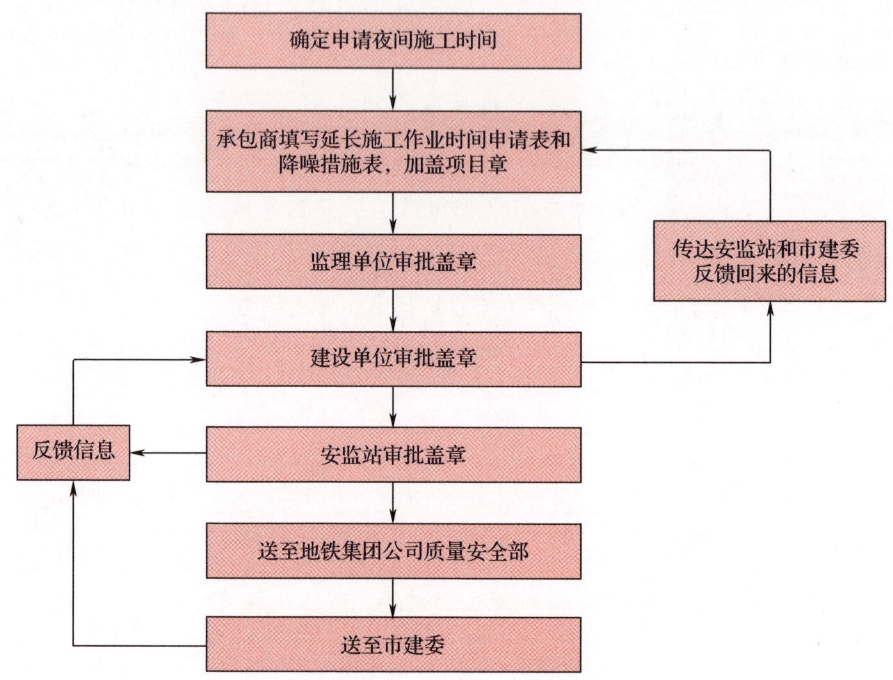

夜间施工许可证办理工作流程

## （三）相关文件依据

(1)《广州市建设工程文明施工管理规定》(广州市人民政府令第62号)。

(2)《广州市城乡建设委员会关于严格延长夜间施工时间证明管理的通知》(穗建质函〔2014〕1218号)。

## （四）重点关注

(1) 在夜间10时至次日凌晨6时需要施工的工程，必须办理夜间施工许可证。

(2) 夜间施工许可证为每半月批复一次，有效期半个月，需提前办理。

(3) 监管部门每月收到三次以上（含三次）投诉，将取消申报资格。

## 八、平安卡办理

为加强现场施工作业人员的教育和管理，广东省、广州市颁布规定，现场施工人员必须办理平安卡后才能进入施工现场作业。

### （一）工作内容

开工前，监理、承包商需对新进人员办理平安卡。

### （二）工作流程图

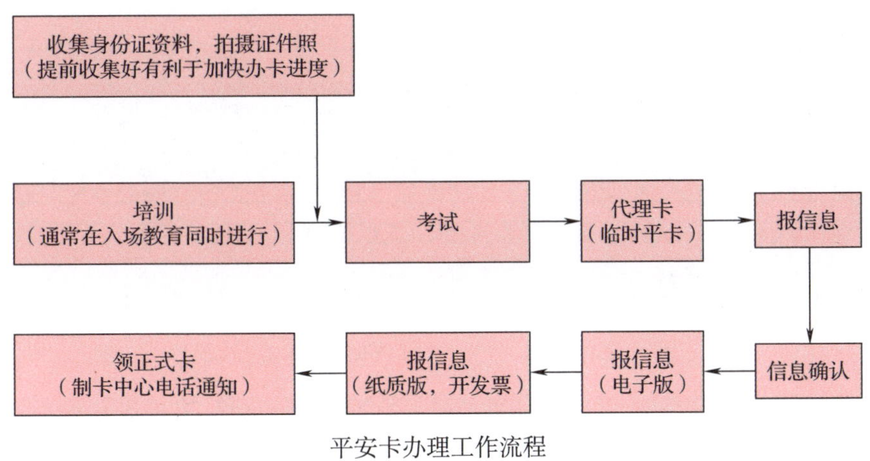


平安卡办理工作流程

### （三）相关文件依据

(1)《关于推行建设工程平安卡制度的通知》（穗建筑〔2006〕635

号)。

(2)《广东省建设厅关于做好建筑工人“平安卡”管理制度试点工作的通知》(粤建管函〔2006〕149号)。

(3)《广州市建设工程平安卡考勤设备使用要求》。

### (四)重点关注

(1)施工项目部必须建立平安卡台账，并将资料上报监理部备案。

(2)督促和落实工作贯穿整个施工过程，因此需定期和不定期督促检查。

# §1—4　现场准备管理

## 一、临时设施修建及验收

承包商应根据现场场地条件，结合施工安排，按照合同要求修建现场临时设施，完成后申请验收，按照临时设施验收标准得分需达80分以上。

### (一)工作内容

(1)检查监理是否对照方案和图册严格要求承包商实施。

(2)不定时现场巡视，抽查临建平面布置、材料、主要尺寸等，若不符合要求则要求承包商和监理整改。

(3)督促监理组织验收，其间自行查验，协调相关部门进行验收。

### （二）工作流程

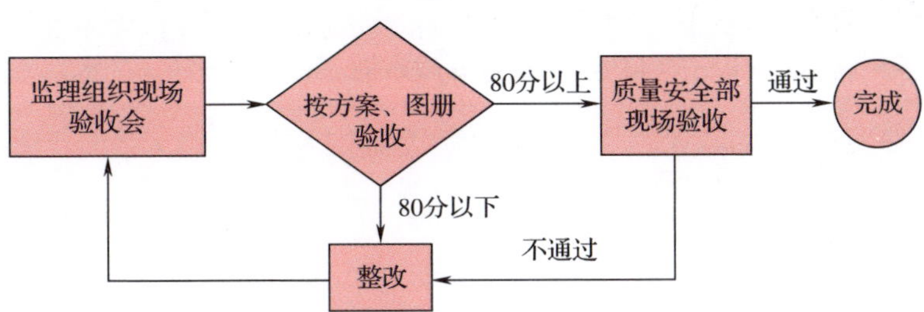


临时设施修建及验收工作流程

### （三）工作依据

（1）《广州市轨道交通工程建设工地开工前文明施工设施验收管理办法》（穗铁建总前期〔2011〕315号）。

（2）《广州市轨道交通安全文明施工评分表》。

（3）经业主审批的临建方案。

（4）《安全文明施工标准图册》。

### （四）重点关注

（1）临建验收需达80分以上才能申请开工。

（2）监理在作业过程发现问题需立即提出整改，避免成形后整改。

## 二、监理用房管理

现场临时设施搭建后，承包商应按照合同要求的房间数量及配置标准提供给现场驻地监理使用。

### （一）工作内容

（1）检查监理是否对照方案和图册严格要求承包商实施。

（2）不定时现场巡视，抽查临建平面布置、材料、主要尺寸等，不符合要求则要求承包商和监理整改。

（3）督促监理组织验收，其间自行查验。

### （二）验收依据

（1）承包合同。

（2）经业主审批的临建方案。

（3）《安全文明施工标准图册》。

### （三）重点关注

是否按承包合同约定的房间数量及配置标准提供。

## 三、工地食堂及餐饮服务许可证办理

工地食堂必须办理“餐饮服务许可证”，工作人员必须持健康证上岗。

### （一）工作内容

（1）检查监理是否对照方案严格要求承包商搭建食堂。

（2）督促承包商及时办理“餐饮服务许可证”。

（3）抽查上岗人员持有健康证情况，上班时间必须穿戴口罩、白衣帽及袖套。

### （二）重点关注

工地食堂办理“餐饮服务许可证”和工作人员持健康证上岗情况。

## 四、施工围蔽

承包商应按照设计图纸给出的工程控制用地红线，满足文明施工要求，采用全封闭围蔽方式进行现场围蔽施工。

### （一）工作内容

（1）检查监理是否对照方案和图册严格要求承包商实施。

（2）不定时现场巡视，抽查围蔽位置、材料等，不符合要求则要求承包商和监理整改。

（3）督促监理组织验收，其间自行查验，协调相关部门进行验收。

### （二）验收依据

（1）经业主审批的临建方案。

（2）《安全文明施工标准图册》。

（3）《广州市轨道交通工程建设安全生产文明施工管理办法》（穗铁建总质安〔2010〕270号）

### （三）重点关注

（1）按照设计图纸给出的工程控制用地红线应满足文明施工要求，采用全封闭围蔽方式。

（2）是否按市建委相关文件要求进行围蔽。

（3）监理在作业过程发现问题需立即要求整改，避免成形后整改。

（4）围墙墙面简洁、整齐，无商业性宣传广告等。

（5）出入口设置门卫并落实门卫制度，对出入人员及车辆进行登记。

## 五、施工场地硬化

### （一）工作内容

(1) 检查监理是否对照方案和规定严格要求承包商实施。

(2) 不定时现场巡视，抽查场地硬化区域、混凝土标号、厚度等，不符合要求则要求承包商和监理整改。

(3) 抽查硬化地面平整度、标高控制、场内排水设施设置等。

### （二）验收依据

(1) 经业主审批的临建方案。

(2)《安全文明施工标准图册》。

(3)《广州市轨道交通工程建设安全生产文明施工管理办法》(穗铁建总质安〔2010〕270 号)。

### （三）重点关注

(1) 是否按《关于统一地铁施工场地围蔽标准的通知》(穗铁建总质安〔2009〕1135 号) 要求进行硬化。

(2) 监理在作业过程发现问题需立即要求整改，避免成形后整改。

## 六、施工便道修建

承包商应按照安全文明施工管理办法的规定进行施工场地硬化及施工便道修建。

### （一）工作内容

(1) 检查监理是否对照方案和规定严格要求承包商实施。

(2) 不定时现场巡视，抽查施工便道修建位置、混凝土标号、厚度等，不符合要求则要求承包商和监理整改。

(3) 抽查施工便道平整度、标高控制、排水设施设置等。

### （二）验收依据

(1) 经业主审批的临建方案。

(2)《安全文明施工标准图册》。

(3)《广州市轨道交通工程建设安全生产文明施工管理办法》(穗铁建总质安〔2010〕270 号)。

### （三）重点关注

(1) 是否按《关于统一地铁施工场地围蔽标准的通知》(穗铁建总质安〔2009〕1135 号) 要求进行施工便道修建。

(2) 施工便道修建位置、便道修建质量、纵横坡、排水设施设置等。

## 七、防洪措施

承包商应按照当地防洪标准落实防洪措施，保证工程安全。

### （一）工作内容

(1) 检查施工单位成立防汛抗洪指挥领导小组及防洪应急预案编制情况。

(2) 检查监理是否对照方案和规定严格要求承包商实施。

(3) 检查场地四周是否设置顺畅的排水系统以确保雨水随时排出，排水是否经沉淀池。

(4) 不定时现场巡视排水沟砌筑、基坑内排水设备配备，不符合要求责令监理及施工单位及时整改。

### （二）验收依据

（1）经业主审批的临设方案。

（2）《防洪应急预案》。

### （三）重点关注

（1）基坑周边排水沟砌筑、基坑内抽排水设备配备是否满足要求。

（2）基坑周边防截排水设施的清理、疏通及沉淀池设置是否满足要求。

## 八、洗车槽修建及验收

### （一）工作内容

（1）不定时现场巡视，检查承包商是否按照方案和规定严格要求实施，不符合要求则要求承包商整改。

（2）检查洗车槽修建位置及尺寸、沉淀池、洗车设备配备等情况；抽查沉淀池清理、车辆清洗情况等。

### （二）验收依据

（1）经业主审批的临建方案。

（2）《安全文明施工标准图册》。

（3）《广州市轨道交通工程建设安全生产文明施工管理办法》（穗铁建总质安〔2010〕270 号）。

### （三）重点关注

定期清理沉淀池，配备高压冲洗水枪，驶出工地的机动车辆必须冲洗干净方可上路行驶。

## 九、现场“七牌一图”

### （一）工作内容

督促监理检查承包商现场张挂“七牌一图”情况，“七牌一图”包括施工标牌、组织机构牌、安全制度牌、防火管理牌、文明施工管理牌、危险源公示牌、民工维权公示牌和施工现场平面图。

### （二）检查依据

(1) 经业主审批的临建方案。

(2)《安全文明施工标准图册》。

### （三）重点关注

“七牌一图”张挂的及时性及显示内容的完整性、真实性。

## 十、现场会议室布置

### （一）工作内容

(1) 检查监理是否对照方案和规定严格要求承包商实施。

(2) 检查会议室面积、装修规格、投影仪配置等，不符合要求则要求承包商和监理整改。

(3) 检查会议室内质量管理、文明施工、安全生产制度和组织机构框图、施工现场平面布置图、形象进度图等的张贴情况。

### （二）验收依据

(1) 经业主审批的临建方案。

(2)《安全文明施工标准图册》。

### （三）重点关注

(1) 会议室面积、投影仪配置。

(2) 室内各类图表上墙情况。

## 十一、混凝土试件标准养护室

开工前，建立符合相关规定的混凝土试件标准养护室，经检查验收合格后方可投入使用。

### （一）工作内容

(1) 检查监理是否对照方案和规定严格要求承包商实施。

(2) 检查标准养护室面积、室内恒温空调、喷淋设备、放置试块支架、温／湿度计、试件制作设备，不符则要求承包商整改。

### （二）验收依据

《普通混凝土力学性能试验方法标准》(GB/T 50081—2016)。

### （三）重点关注

(1) 标准养护室面积、相关设备配备。

(2) 温／湿度计记录情况。

(3) 试件制作及养护情况。

## 十二、工人进场安全教育

施工前承包商应对所有进场工人进行三级安全教育。

### （一）工作内容

（1）抽查进场工人三级安全教育是否留有记录。

（2）检查进场工人办理平安卡情况。

（3）督促监理定期进行安全检查。

### （二）检查依据

（1）《生产经营单位安全培训规定》（国家安全生产监督管理总局令第80号）。

（2）《安全生产法》。

### （三）重点关注

（1）未进行安全教育的人员不得进场施工。

（2）检查总监理工程师是否按要求对现场全员进行月度安全教育，业主代表是否对现场全员进行季度安全教育。

## 十三、视频监控系统验收使用

承包商在现场施工区域内应按照承包合同要求布设视频监控系统。

### （一）工作内容

（1）检查监理是否对照方案和规定严格要求承包商实施。

（2）检查视频监控、语音对讲及门禁管理的监控室的搭设情况。

（3）检查监控室的面积及监控设备的配置情况。

（4）配合专业咨询服务单位组织相关单位进行现场验收。

### （二）验收依据

（1）经业主审批的《视频监控系统专项方案》。

(2)《安全文明施工标准图册》。

### （三）重点关注

(1) 视频监控室面积、视频监控设备的配置。
(2) 施工现场视频监控系统的布设情况，及时跟进至作业面。
(3) 视频监控室应有专人值班。

## 十四、农民工业余学校建立

承包商应按照要求在工地现场建立农民工业余学校，定期或者不定期地对现场农民工进行安全和施工作业规程教育。

### （一）工作内容

(1) 准备教材、建立台账等。
(2) 实施三级安全教育。
(3) 安全技术交底。
(4) 各种施工作业规程教育。
(5) 相关地铁知识教育。

### （二）验收依据

《广州市农民工业余学校创建工作指引》。

### （三）重点关注

(1) 是否有固定教学场所。
(2) 平安卡办理情况。
(3) 农民工业余学校制度建设情况。
(4) 农民工业余学校师资力量。
(5) 开展有关载体活动情况。

## 十五、安全生产交底

开工前，按照相关要求由建设单位对承包商进行安全生产交底，否则不能开工。

### （一）工作内容

(1) 督促承包单位必须建立健全安全生产责任制。

(2) 督促承包单位必须设立项目安全管理机构。

(3) 督促驻地监理部必须履行监理合同承诺。

(4) 督促承包单位必须制定和落实安全生产例会制度。

(5) 要求专业分包和劳务分包的分包单位必须具有相应资质及安全生产许可证。

(6) 督促承包单位、驻地监理部按《广东省建筑施工安全管理资料统一用表》规范建立安全管理资料。

(7) 要求承包单位必须完成开工前的“四个报告”，即建筑物基础调查报告、管线调查报告、地质补勘报告、周边环境调查报告。

(8) 要求承包单位应保障安全措施费的正确使用，满足施工现场的安全生产要求，专款专用。

(9) 要求第三方监测单位按规定频率进行监测，及时提交报告，遇变形超过标准时，应加密监测。

(10) 要求所有进场作业人员必须与在广州市住建委注册备案的企业签订用工合同，并参加工伤保险。

### （二）验收依据

(1)《广州地铁集团有限公司建设工程开工前安全交底记录》。

(2)《关于进一步规范地铁工程建设开工前安全交底工作的通知》。

### （三）重点关注

(1) 未完成安全生产交底的工点不能开工。

(2) 对安全生产交底内容落实是否到位。

(3) 承包商向业主安全监管部门申报，由安全监管部门主持进行开工前的安全生产交底，安全生产交底对象应包括：承包商项目经理、项目总工程师及专职安全员，监理单位总监理工程师、总监理工程师代表及安全监理工程师，设计单位、第三方监测单位。

## 十六、施工设备进场

承包商在施工设备进场时需要向监理单位进行施工设备进场报验，报验手续应符合要求。

### （一）工作内容

(1) 抽查施工设备及操作人员的合法证明文件。

(2) 检查施工设备的日常维修保养记录。

(3) 检查施工单位施工设备进场报验情况，督促监理及时验收并完善设备进场台账。

(4) 督促监理定期进行检查。

### （二）验收依据

(1) 投标承诺。

(2) 承包商设备进、退场计划。

### （三）重点关注

对进场施工设备进行抽查，设备及操作人员无合法证明文件的不得进场施工。

## 十七、原材料进场

承包商应按照相关规定在施工原材料进场时向监理单位进行报验，报验手续应符合要求。

### （一）工作内容

（1）督促监理检查进场材料出厂质量证明文件。

（2）检查施工单位材料进场报验情况，督促监理及时验收并完善材料进场台账。

### （二）检查依据

（1）承包商材料进场计划。

（2）承包合同。

### （三）重点关注

（1）对进场材料进行严格检查，进场材料质量证明文件不全、未进行检验或检验不合格的不得使用。

（2）报验的及时性。

## 十八、安全管理内业档案管理

### （一）工作内容

（1）检查安全管理内业资料归档情况，不符合的要求承包商和监理整改。

(2) 督促监理不定期进行安全管理内业资料检查。

(3) 检查是否配备统一文件柜。

(4) 检查安全管理内业资料的真实性、及时性。

### (二) 工作流程

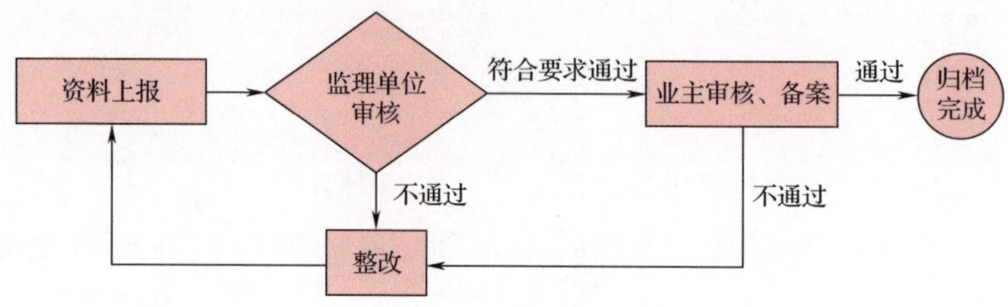


安全管理内业档案工作流程

### (三) 验收依据

(1) 广州地铁集团《工程管理办法汇编》(安全分册)。

(2)《广东省建筑施工安全管理资料统一用表》。

### (四) 重点关注

内业资料的真实性、完整性、及时性。

## 十九、现场临时用电验收

现场临时用电必须符合要求，通过验收。

### (一) 工作内容

检查是否按批准的《临时用电施工组织设计》实施，是否符合《施工现场临时用电安全技术规范》。

### （二）验收依据

(1)《施工现场临时用电安全技术规范》。

(2) 经业主审批的《临时用电施工组织设计》。

### （三）重点关注

(1) 是否按施工现场临时用电专项方案实施。

(2) 按照《施工现场临时用电安全技术规范》及《临时用电施工组织设计》进行施工，采用“三相五线制”系统。

(3) 是否按照《临时用电施工组织设计》要求实施总体布设，用电档案资料齐全。

(4) 现场配电箱接地情况。

(5) 现场施工配电箱必须有醒目的标志，各送出回路要有明显的标识。

(6) 配电箱要符合“一机、一闸、一漏、一箱”要求，箱内无杂物。

(7) 露天变压器设置符合规范要求，配电间安全防护措施和安全用具、警告标志齐全，配电闸门要朝外开。

## 二十、周边建（构）筑物沉降观测点埋设

地下工程开工前，承包商应按照施工监测的要求，在周边建（构）筑物进行沉降观测点埋设，埋设点应符合相关要求，并及时真实地采集初始数据。

### （一）工作内容

(1) 检查承包商对人员、仪器设备的配备是否符合要求。

(2) 检查周边建（构）筑物沉降观测点的埋设是否满足要求（埋设位置、通视情况）。

### (二) 验收依据

《第三方监测管理办法》。

### (三) 重点关注

(1) 在地下工程开工前，初始值采集的及时性、真实性、可靠性。

(2) 沉降观测成果整理情况。

# §1—5　分包队伍管理

## 一、专业施工分包队伍资质管理

承包商应按照国家及地方政府的相关法规要求选择专业分包队伍，确保专业分包合法依规。

### (一) 工作内容

(1) 审查分包单位是否具有有效的法定工商营业执照及承揽业务范围和规模。

(2) 审查分包单位是否具备有效的拟分包专业工程的专业承包资质。

(3) 审查分包单位是否具备有效的安全生产许可证。

(4) 审查分包单位拟分包专业工程的项目负责人、技术负责人、专职安全员的资质证书。

(5) 审查分包单位近三年业绩证明。

## （二）工作流程

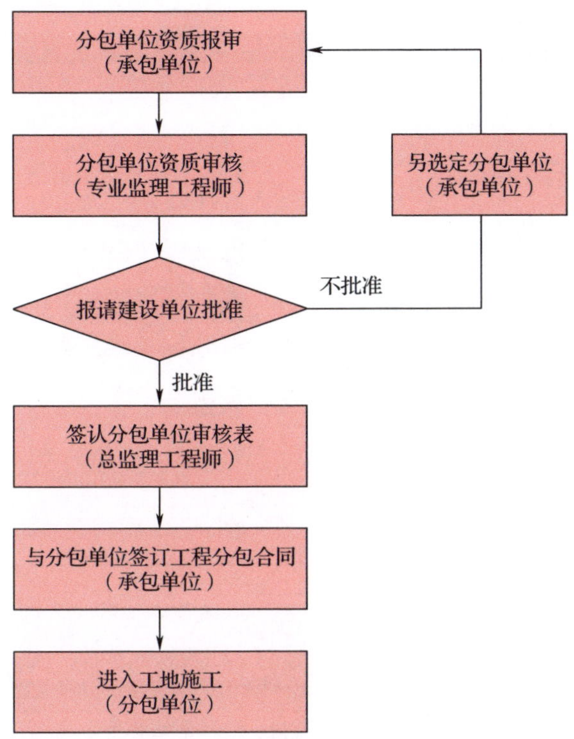


专业施工分包队伍资质管理工作流程

## （三）验收依据

《建筑法》《合同法》《建设工程施工合同》。

## （四）重点关注

（1）审查是否存在违法分包、转包等情况。

（2）审查分包合同金额、内容是否与分包单位注册资金和资质相符。

## 二、劳务分包队伍资质管理

承包商应按照国家及地方政府的相关法规要求选择劳务分包队伍，确保劳务分包合法依规。

### （一）工作内容

(1) 审查分包单位是否具有有效的法定工商营业执照及承揽业务范围和规模。

(2) 审查分包单位是否具备有效的拟分包工程的劳务分包资质。

(3) 审查分包单位是否具备有效的安全生产许可证。

(4) 审查分包单位近三年业绩证明。

### （二）工作流程

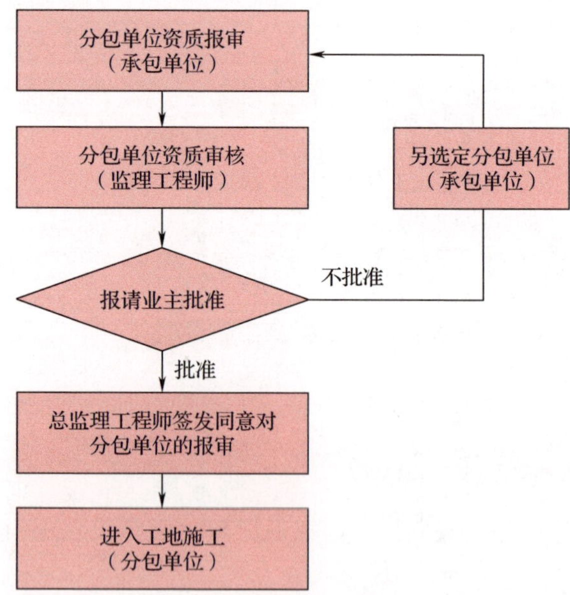


劳务分包队伍资质管理工作流程

### （三）验收依据

《建筑法》《合同法》《建设工程施工合同》。

### （四）重点关注

(1) 审查是否存在违法分包、转包等情况。

(2) 审查分包合同金额和内容是否与分包单位注册资金和资质相符。

# 车站工程施工阶段工程管理

在城市中修建轨道交通车站工程，其施工方法受到地面建筑物、道路、城市交通、水文工程地质、环境保护、施工机具以及资金条件等因素的影响较大，目前国内外修建轨道交通车站的施工方法主要有明挖法、盖挖法、暗挖法等。

## §2—1　明挖法地下车站工程施工管理

明挖法是指先对车站基坑施作围护结构，再将基坑内的岩（土）体全部挖除、架设内支撑，然后施作车站结构，再进行回填的施工方法。明挖法造价低，速度快，施工工艺相对简单，具有施工简单、快捷、经济、安全的优点，是各国轨道交通工程施工的首选方法，在地面交通和环境允许的地方通常采用明挖法施工。明挖法的缺点是对交通和周围环境的影响较大，如阻断交通时间较长，噪声与震动等对环境的影响大。

### 一、明挖法地下车站施工管理流程

明挖法地下车站土建工程为一个子单位工程，包含围护工程、地基基础工程、主体结构工程、主体结构外防水工程以及附属工程五个分部工程。

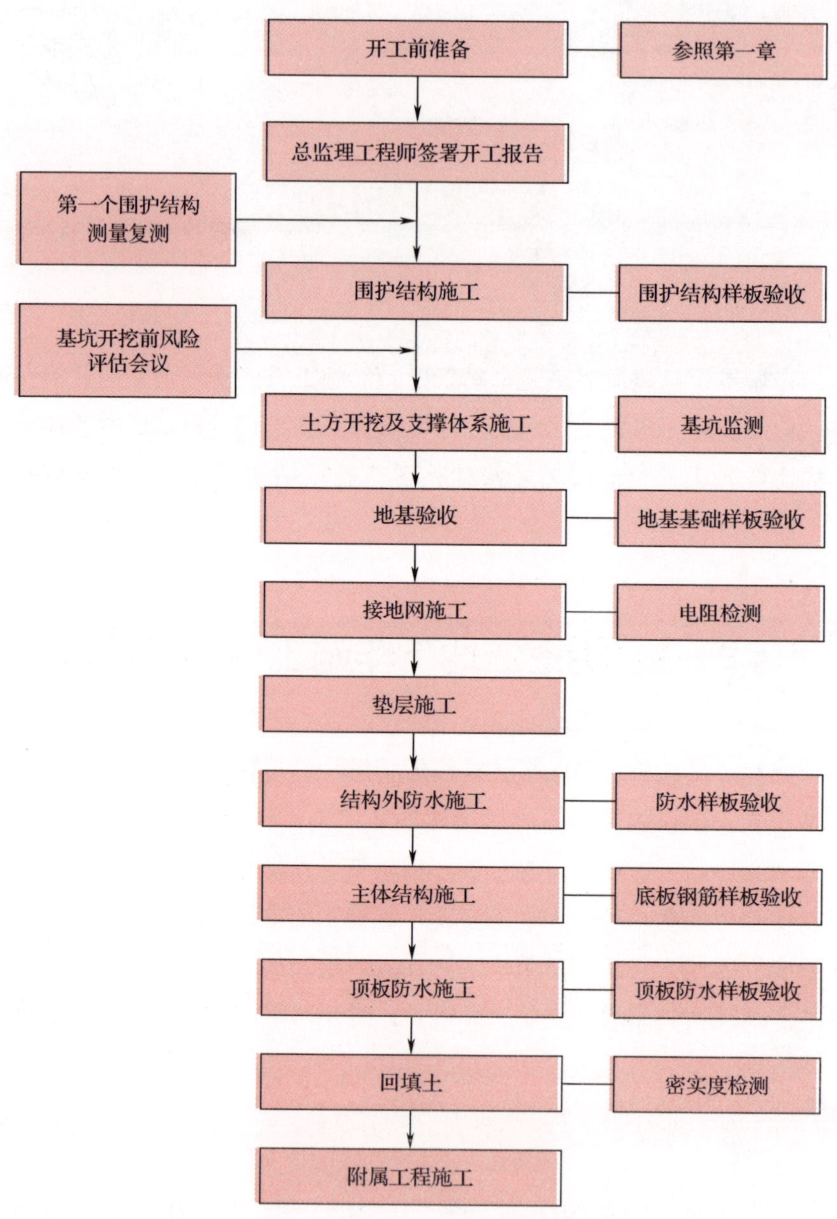


明挖法地下车站施工管理流程

## 二、地下连续墙施工

### （一）工作目标

地下连续墙质量应符合设计标准及验收规范要求，墙幅间无渗漏水，施工期间安全、无事故。

### （二）工作内容

(1) 地下连续墙施工主要工作包括筑导墙、泥浆配制、成槽施工、钢筋笼制作及吊放、混凝土浇筑。

(2) 检查监理单位是否按照审批的专项施工方案和设计图纸要求施工单位开展工作。

(3) 检查监理单位是否落实样板验收制度，督促监理单位及时进行工序验收，其间不定期进行检查。

(4) 不定期巡视工地现场，检查施工单位是否按图施工，督促监理单位按设计图纸验收。

(5) 检查施工单位、监理单位是否及时组织工序验收，上传一体化管理平台的资料，并按照规定上传旁站记录及工程照片等相关监理资料。

(6) 检查监理单位、施工单位是否按照业主管理办法进行安全管理。

## （三）工艺流程

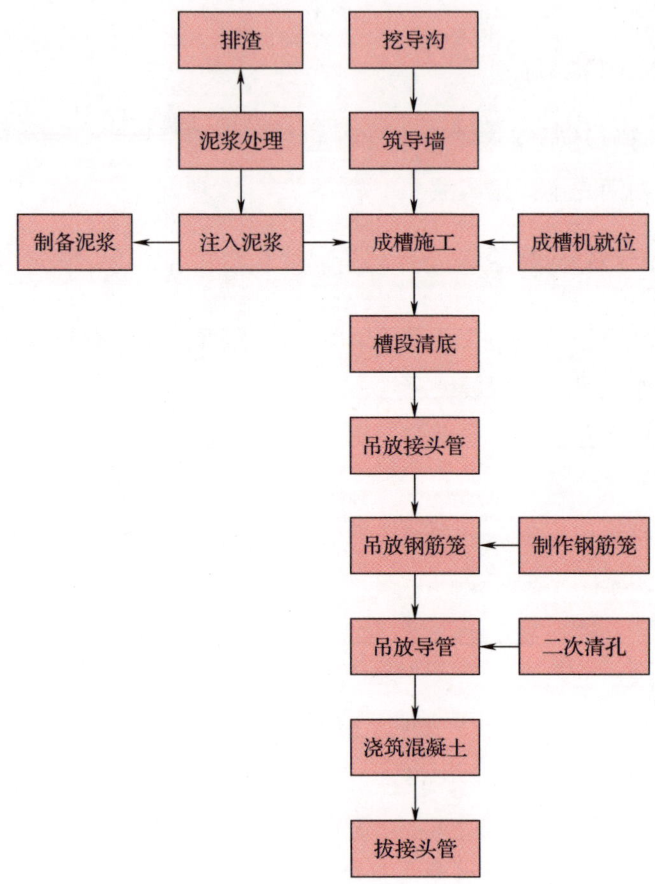

地下连续墙施工工艺流程

## （四）验收依据及表格

### 1. 验收依据

(1)《地下铁道工程施工及验收规范（2003 年版）》(GB 50299—1999)，以及相关工序规范和建筑施工强制性条文。

(2) 设计施工图纸以及图纸会审记录。

2. 验收表格

(1) 采用《轨道交通工程质量技术资料统一用表(土建分册)》中D质检－02、D质检－03、D质检－04、D质检－05、D质检－06、D验收－03、D验收－14以及D验收－15。

(2) 第一幅连续墙设计中心点及整个车站围护结构角点坐标按《轨道交通工程质量技术资料统一用表(土建分册)》D施管－14、D测量－02、D测量－03执行验收。

### (五)重点关注

(1) 专项施工方案及专项安全方案是否按规定要求进行审批，特别是起重吊装专项安全方案，必须要求承包商组织满足规定人数的专家组进行论证，通过后报监理、业主审批。

(2) 施工过程应按审批的专项施工方案落实施工作业技术交底、安全技术交底，驻地监理应监督并参加。

(3) 检查监理单位是否按照规定要求的频率和数量对进场原材料、半成品构件见证取样，并建立台账。

(4) 第一幅导墙和连续墙应按照《广州轨道交通施工测量管理细则》进行测量放线复核，将测量成果报业主审批，并联系业主测量队到现场复测。

(5) 监理单位应组织政府质量监督机构、业主、勘察单位、设计单位、施工单位等召开第一幅地下连续墙样板验收会议，并编写验收会议纪要。后续工序应严格按照样板工序要求开展工作。

## （六）地下连续墙施工控制重点

### 1. 泥浆配备

地下连续墙施工用泥浆多采用由搅拌方法制备的钠土泥浆，新拌制泥浆和循环泥浆常用指标应符合下表的规定：

新拌制泥浆指标

| 指标 | 范围 | 测定方法 |
|---|---|---|
| 黏度 | 19 ~ 21 s | 500 mL/700 mL 漏斗法 |
| 相对密度 | <1.05 | 泥浆比重计 |
| pH 值 | 8 ~ 9 | pH 试纸 |

循环泥浆指标

| 指标 | 范围 | 测定方法 |
|---|---|---|
| 黏度 | 19 ~ 25 s | 500 mL/700 mL 漏斗法 |
| 相对密度 | <1.20 | 泥浆比重计 |
| pH 值 | <11 | pH 试纸 |

泥浆配合比满足现场地质要求；每幅槽段对泥浆指标（比重、黏度、pH 值、含砂率）检查不少于 4 次，即成槽前、成槽中、第一次清孔、第二次清孔（浇筑混凝土前）；控制对循环（废弃）泥浆的处理。

### 2. 成槽垂直度和沉渣厚度

槽壁垂直度是影响地下连续墙质量的关键因素。成槽前要用水平仪调整成槽机的水平度，用经纬仪控制成槽机抓斗的垂直度。成槽过程中，抓斗入槽、出槽应慢速、稳当，要随时用成槽机上的垂直度仪表及自动纠偏装置来保证成槽垂直度，地下连续墙作为永久结构的垂直度要求为 1/300H 以内。

沉渣厚度应不大于 100 mm。

### 3. 钢筋笼制作质量及吊放

对钢筋焊接人员培训、持证上岗情况进行核查。

监理应仔细核对图纸，检查钢筋型号、规格、排距、间距、绑扎及焊接质量、钢板的厚度等是否符合设计要求与验收标准：主筋需同心焊接，加强筋与主筋全部焊接连接；纵向和横向钢筋点焊质量、钢筋桁架焊接质量、吊点焊接质量、吊筋长度等；预埋件（如钢筋接驳器）位置、数量、规格和安装固定情况；保护层垫块位置、数量。检查混凝土导管位置、通道是否顺畅，钢筋笼入槽是否顺利，入槽后平面位置、标高和固定情况。

除按设计要求外，钢筋笼的制作允许偏差应符合下表规定：

钢筋笼制作允许偏差及检验方法

| 序号 | 项目 | 允许偏差 | 检验方法 |
|---|---|---|---|
| 1 | 钢筋骨架长度 | ±100 mm | 尺量检查 |
| 2 | 钢筋骨架直径 | ±20 mm | |
| 3 | 主筋间距 | ±10 mm | 尺量检查不少于 5 处 |
| 4 | 加强筋间距 | ±50 mm | |
| 5 | 箍筋间距或螺旋筋间距 | ±20 mm | |
| 6 | 钢筋骨架垂直度 | 1% | 吊线、尺量检查 |

4．水下混凝土灌注

混凝土导管总长度；第一次使用前做气（水）密性试验；导管吊放拼接顺利，位置正确固定；混凝土浇筑前第二次清孔；混凝土初灌量满足要求；确保连续浇筑，控制浇筑面高差、浇筑速度和最终混凝土面标高；试块制作。

## 三、钻孔灌注桩施工

### （一）工作目标

钻孔灌注桩质量应符合设计标准及验收规范要求，桩间无渗漏水，施工期间安全、无事故。

### （二）工作内容

(1) 钻孔灌注桩施工主要工作包括测量定位埋设护筒、泥浆配制、成孔、钢筋笼制作及吊放、混凝土浇筑。

(2) 检查监理单位是否按照审批的专项施工方案和设计图纸要求施工单位开展工作。

(3) 检查监理单位是否落实样板工序验收制度，督促监理单位及时进行工序验收，其间不定期进行检查。

(4) 不定期巡视工地现场，检查施工单位是否按图施工，督促监理单位按设计图纸验收。

(5) 检查施工单位、监理单位是否及时组织工序验收，上传一体化管理平台的资料，并按照规定上传旁站记录及工程照片等相关监理资料。

(6) 检查监理单位、施工单位是否按照业主管理办法进行安全管理。

## （三）工艺流程

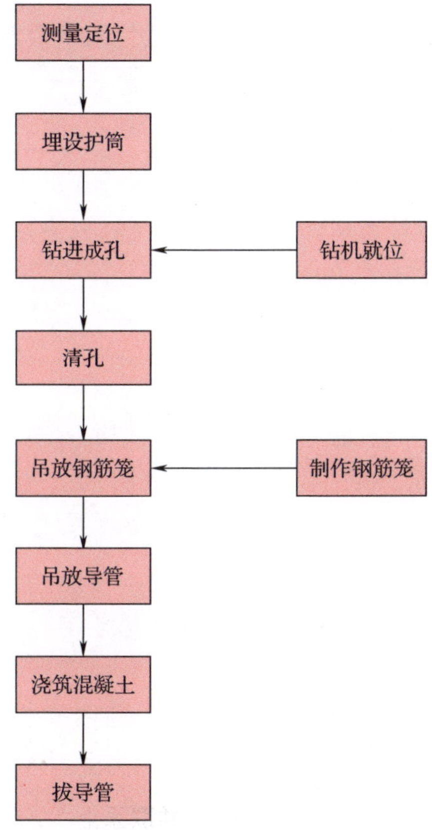


钻孔灌注桩施工工艺流程

## （四）验收依据及表格

### 1. 验收依据

(1)《地下铁道工程施工及验收规范（2003 年版）》(GB 50299—1999) 以及相关工序规范和建筑施工强制性条文。

(2) 设计施工图纸以及图纸会审记录。

2. 验收表格

(1) 采用《轨道交通工程质量技术资料统一用表（土建分册）》中D验收–01、D质检–01、D质检–02、D验收–02、D质检–03、D验收–12以及D验收–13。

(2) 第一根钻孔灌注桩设计中心点及整个车站围护结构角点坐标按《轨道交通工程质量技术资料统一用表（土建分册）》D施管–14、D测量–02、D测量–03执行验收。

## （五）重点关注

(1) 专项施工方案及专项安全方案是否按规定要求进行审批，起重吊装专项安全方案是否组织专家论证。

(2) 施工过程应按审批的专项施工方案落实施工作业技术交底、安全技术交底，驻地监理应监督并参加。

(3) 检查监理单位是否按照规定要求的频率和数量对进场原材料、半成品构件见证取样，并建立台账。

(4) 第一根护筒、钻孔灌注桩应按照《关于修改〈广州轨道交通施工测量管理细则〉的通知》(穗铁建总总工〔2013〕1316号) 文件进行测量放线复核，将测量成果报业主审批，并联系业主测量队到现场复测。

(5) 监理单位应组织政府监督机构、业主、勘察单位、设计单位、施工单位等召开第一根钻孔灌注桩样板验收会议，并编写验收会议纪要。后续工序应严格按照样板工序要求开展工作。

## （六）钻孔灌注桩施工控制重点

1. 埋设护筒

护筒埋设位置要正确、稳定，桩位中心与护筒误差应小于等于

20 mm，护筒上口应保持水平。底部应位于原状土上，埋置深度在黏土层不小于 1.0 m，砂质或杂填土层不小于 1.5 m，四周用黏土夯实，并重新复测桩位中心。

### 2. 泥浆配备

钻孔灌注桩施工用泥浆多采用搅拌方法制备的泥浆，新拌制泥浆和循环泥浆常用指标应符合下表的规定：

新拌制泥浆指标

| 指标 | 范围 | 测定方法 |
| --- | --- | --- |
| 黏度 | 19 ～ 21 s | 500 mL/700 mL 漏斗法 |
| 相对密度 | <1.05 | 泥浆比重计 |
| pH 值 | 8 ～ 9 | pH 试纸 |

循环泥浆指标

| 指标 | 范围 | 测定方法 |
| --- | --- | --- |
| 黏度 | 19 ～ 25 s | 500 mL/700 mL 漏斗法 |
| 相对密度 | <1.20 | 泥浆比重计 |
| pH 值 | <11 | pH 试纸 |

泥浆配合比满足现场地质要求；每根桩对泥浆指标（比重、黏度、pH 值、含砂率）检查不少于 4 次，即钻孔前、钻孔中、第一次清孔、第二次清孔（浇筑混凝土前）；控制对循环（废弃）泥浆的处理。

### 3. 成孔垂直度和沉渣厚度

成孔垂直度是影响钻孔灌注桩质量的关键因素。施工前要用水平仪调整钻孔桩机的水平度，钻进过程中经常检查钻孔桩机的垂直度，如发现垂直度超标要立即纠正，保证垂直度要求为 1/150H 以内。

钻孔至设计高程经检查后，立即进行清孔。清孔标准应符合下列规定：孔底 500 mm 以内的泥浆相对密度小于 1.25，含砂率小于等于 8%，黏度小于等于 28%，灌注混凝土前孔底沉渣厚度应不大于 100 mm。

### 4. 钢筋笼制作与吊放

按设计尺寸制作钢筋笼，对弯曲、变形的钢筋应做校直处理，要用控制工具标定主筋间距，以便在下笼对接时保持钢筋笼垂直度。钢筋笼运送过程中应防止变形弯曲，确保钢筋笼垂直度。钢筋笼制作允许偏差见下表：

**钢筋笼制作允许偏差** mm

| 项目 | 允许偏差 |
| --- | --- |
| 钢筋笼长度 | ±100 |
| 钢筋笼直径 | ±10 |
| 钢筋间距 | ±10 |
| 箍筋间距 | ±20 |

吊放钢筋笼时应对准孔位，垂直轻放，避免碰撞孔壁。若下笼中途遇阻，不得强行下放、晃动，应查明原因并处理后再继续下笼。对分节下放的钢筋笼焊接完毕应补足连接部位的螺旋筋，方可继续下笼。

### 5. 水下混凝土灌注

混凝土导管总长度；第一次使用前做气（水）密性试验；导管吊放拼接顺利，位置正确固定；混凝土浇筑前第二次清孔，清孔时间不短于

30 min；混凝土初灌量要保证导管埋入深度大于1.0 m，应随时测量混凝土面高度，并据此提升、拆卸导管，但严禁将导管提离混凝土面；确保连续浇筑，控制浇筑面高差、浇筑速度和最终混凝土面标高，浇筑过程中应防止钢筋笼上浮，要适当放慢浇筑速度，提升导管时要平稳、缓慢，避免出料冲击太大或钩带钢筋笼；试块制作。

## 四、旋喷桩施工

### （一）工作目标

旋喷桩质量应符合设计标准及验收规范要求，施工期间安全无事故。

### （二）工作内容

(1) 旋喷桩施工主要工作包括水泥进场检测、旋喷桩试桩（水泥浆配比）、桩位测量放线、配备浆液、钻进注浆。

(2) 检查监理单位是否按照审批的专项施工方案和设计图纸要求施工单位开展工作。

(3) 督促监理单位及时进行工序检验批验收，其间不定期进行检查。

(4) 不定期巡视工地现场，检查施工单位是否按图施工，督促监理单位按设计图纸验收。

(5) 检查施工单位、监理单位是否及时组织工序验收，上传一体化管理平台的资料，并按照规定上传旁站记录及工程照片等相关监理资料。

(6) 检查监理单位、施工单位是否按照业主管理办法进行安全管理。

## （三）工艺流程

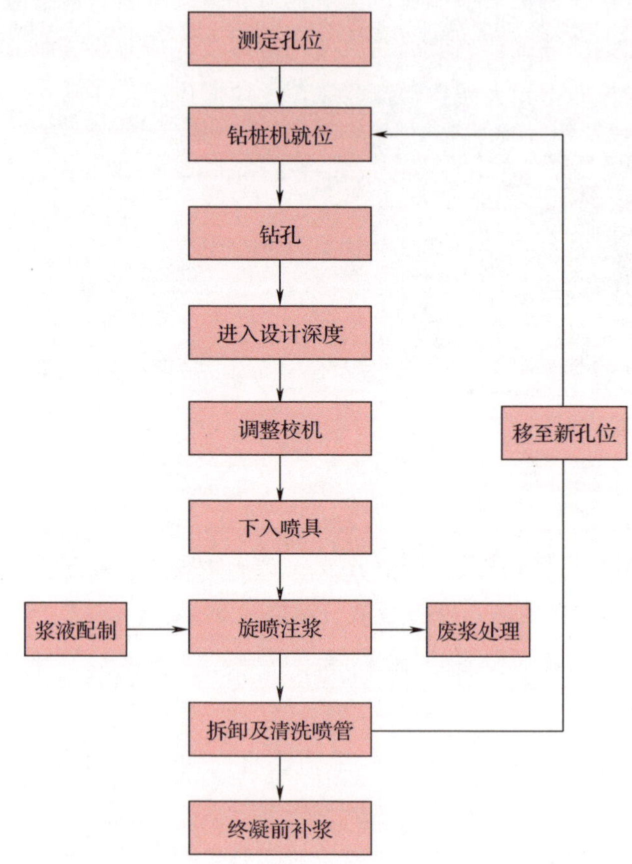


旋喷桩施工工艺流程

## （四）验收依据及表格

### 1. 验收依据

(1)《地下铁道工程施工及验收规范（2003年版）》(GB 50299—1999）以及相关工序规范和建筑施工强制性条文。

（2）设计施工图纸以及图纸会审记录。

2. 验收表格

采用《轨道交通工程质量技术资料统一用表（土建分册）》中D质检–22、D验收–29。

## （五）重点关注

（1）专项施工方案是否按规定要求进行审批。

（2）施工过程应按审批的专项施工方案落实施工作业技术交底、安全技术交底，驻地监理应监督并参加。

（3）旋喷桩检测是否满足设计图纸要求。

## （六）旋喷桩施工控制重点

1. 施工前控制重点

（1）审查旋喷桩专项施工方案、施工技术作业交底书。

（2）测量放样，平整地表，设置回浆池。

（3）通过配合比试验确定浆液最佳配比。

（4）水泥和外加剂等各种材料符合设计要求，并有产品合格证，“三证”齐全。检查监理单位是否按照业主相关规定对进场水泥进行检查、验收以及见证取样送检，水泥检测合格后方可用于工程。

（5）设备仪表是否进行标定。

（6）施工前进行成桩工艺试验，确定各项技术参数，试桩数量不得低于2根。

2. 施工中控制重点

（1）钻桩机就位平稳，立轴、转盘与孔位对正，高压设备与管路系统符合设计要求及安全要求，防止管路堵塞，密封良好。

(2) 喷射注浆应注意开动顺序，二重管和三重管的水、气、浆供应有序进行，衔接紧密。

(3) 对深层长桩根据地质条件，分层选择适宜的喷射参数，保证成桩一致。

(4) 注浆完毕应迅速拔出注浆管，桩顶凹坑及时用水泥浆补灌。

(5) 高压旋喷桩施工允许偏差见下表：

**高压旋喷桩施工允许偏差**

| 序号 | 项目 | 允许偏差 |
|---|---|---|
| 1 | 桩位（纵横向） | 50 mm |
| 2 | 桩身垂直度 | 1% |
| 3 | 桩长 | 不小于设计值 |
| 4 | 桩体有效直径 | 不小于设计值 |
| 5 | 桩体无侧限抗压强度 | 不小于设计规定 |

## 五、搅拌桩施工

### （一）工作目标

搅拌桩质量应符合设计标准及验收规范要求，施工期间安全无事故。

### （二）工作内容

(1) 搅拌桩施工主要工作包括水泥进场检测、搅拌桩试桩（水泥浆配比）、桩位测量放线、配备浆液、搅拌喷浆。

(2) 检查监理单位是否按照审批的专项施工方案和设计图纸要求施工单位开展工作。

(3) 督促监理单位及时进行工序检验批验收，其间不定期进行检查。

(4) 不定期巡视工地现场，检查施工单位是否按图施工，督促监理单位按设计图纸验收。

(5) 检查施工单位、监理单位是否及时组织工序验收，上传一体化管理平台的资料，并按照规定上传旁站记录及工程照片等相关监理资料。

(6) 检查监理单位、施工单位是否按照业主管理办法进行安全管理。

## （三）工艺流程

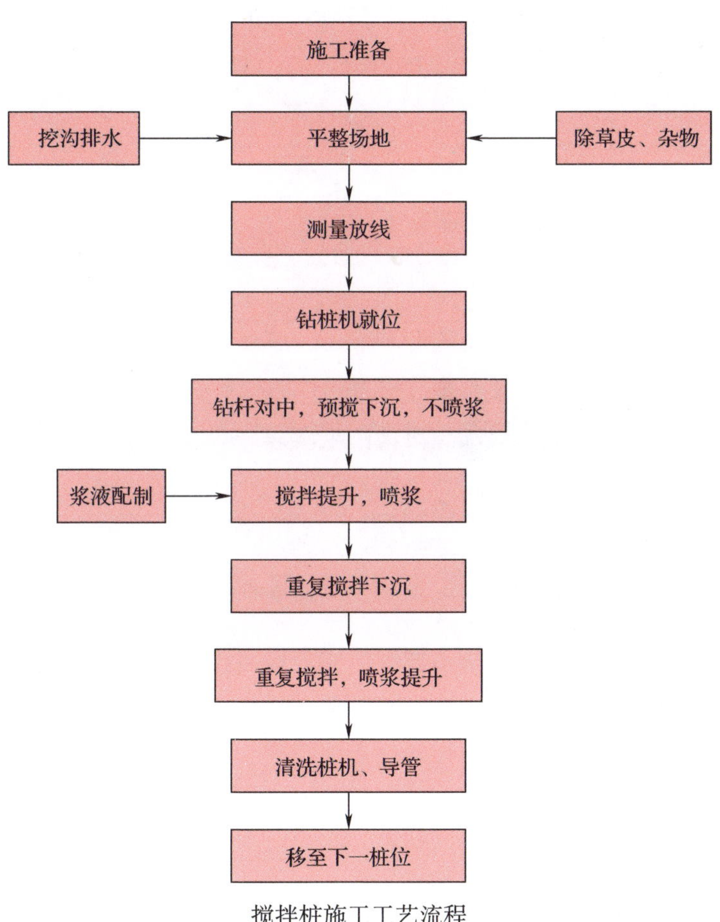


搅拌桩施工工艺流程

## （四）验收依据及表格

### 1. 验收依据

(1)《地下铁道工程施工及验收规范（2003 年版）》(GB 50299—1999）以及相关工序规范和建筑施工强制性条文。

(2) 设计施工图纸以及图纸会审记录。

### 2. 验收表格

采用《轨道交通工程质量技术资料统一用表（土建分册）》中 D 质检 –21、D 验收 –22。

## （五）重点关注

(1) 专项施工方案是否按规定要求进行审批。

(2) 施工过程应按审批的专项施工方案落实施工作业技术交底、安全技术交底，驻地监理应监督并参加。

(3) 搅拌桩检测是否满足设计图纸要求。

## （六）搅拌桩施工控制重点

### 1. 施工前控制重点

(1) 审查搅拌桩专项施工方案、施工技术作业交底书。

(2) 测量放样，平整地表。

(3) 通过配合比试验确定浆液最佳配比。

(4) 水泥和外加剂等各种材料符合设计要求，并有产品合格证，“三证”齐全。检查监理单位是否按照业主相关规定对进场水泥进行检查、验收以及见证取样送检，水泥检测合格后方可用于工程。

(5) 施工前进行成桩工艺试验，确定各项技术参数，试桩数量不得低于 2 根。

2. 施工中控制重点

(1) 钻机就位平稳，清除地上、地下障碍物。

(2) 测量放线搅拌轴与孔位对正，设备运转正常。

(3) 搅拌桩成桩要控制搅拌机的提升速度和次数，确保连续、均匀，以控制注浆量，保证搅拌均匀，同时泵送必须连续。

(4) 检查机头提升速度、水泥浆或水泥注入量、搅拌桩长度及标高。

(5) 搅拌桩施工允许偏差见下表：

**搅拌桩施工允许偏差**

| 序号 | 项目 | 允许偏差 |
| --- | --- | --- |
| 1 | 桩位偏差 | <50 mm |
| 2 | 桩身垂直度 | ≤ 1.5% |
| 3 | 桩长 | 不小于设计值 |
| 4 | 桩体有效直径 | 不小于设计值 |
| 5 | 提升速度 | ≤ 0.5 m/min |

## 六、降水井施工

### （一）工作目标

降水井质量应符合设计标准及验收规范要求，施工期间安全无事故。

### （二）工作内容

(1) 降水井施工主要工作包括钻机安装、钻进成孔、清孔换浆、下井管、回填砾料、洗井、安装抽水设备。

(2) 检查监理单位是否按照审批的专项施工方案要求施工单位开展工作。

(3) 不定期巡视工地现场，检查施工单位、监理单位降水井施工管理是否到位。

(4) 检查监理单位、施工单位是否按照业主管理办法进行安全管理。

## (三)工艺流程

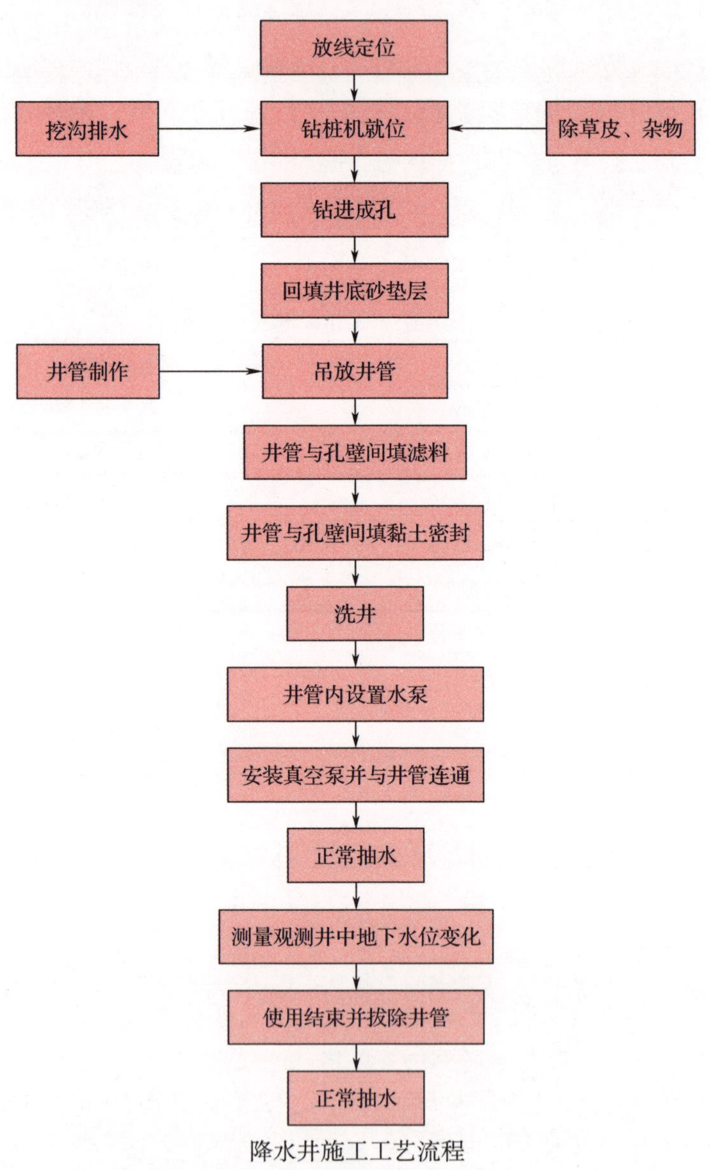


降水井施工工艺流程

## （四）验收依据及表格

### 1. 验收依据

（1）《地下铁道工程施工及验收规范（2003 年版）》（GB 50299—1999）以及相关工序规范和建筑施工强制性条文。

（2）设计施工图纸以及图纸会审记录。

### 2. 验收表格

无。

## （五）重点关注

（1）专项施工方案是否按规定要求进行审批。

（2）施工过程应按审批的专项施工方案落实施工作业技术交底、安全技术交底，驻地监理应监督并参加。

## （六）降水井施工控制重点

### 1. 测放井位

根据井点平面布置，使用全站仪测放井位，井位测放误差小于 30 cm。当布设的井点受地面障碍物或施工条件影响时，现场可适当调整。

### 2. 护孔管埋设

护孔管应插入原状土层中，管外应用黏性土封堵，防止管外返浆，造成孔口坍塌，护孔管应高出地面 10 ～ 30 cm。

### 3. 钻机安装

钻机底座应安装稳固、水平，大钩对准孔中心，大钩、转盘与孔中心应成三点一线。

4. 钻机成孔

降水井结构严格按照设计要求施工。

开孔时应轻压慢转，以保证开孔的垂直度。钻进时一般采用自然造浆钻进，遇砂层较厚时，应人工制备泥浆护壁，泥浆相对密度控制在1.10～1.15。当提升钻具和临时停钻时，孔内应压满泥浆，防止孔壁坍塌。

钻进时按指定钻孔、指定深度采取土样，核对含水层深度、范围及颗粒组成。

5. 清孔换浆

钻至设计标高后，将钻具提升至距孔底20～30 cm处，开动泥浆泵以清除孔内沉淤，孔内沉淤深度应小于20 cm，同时调整泥浆相对密度至1.10左右。

6. 下井管

采用直接提吊法下井管。下井管前应检查井管及滤水管是否符合质量要求，不符合质量要求的管材须及时予以更换。下井管时滤水管上下两端应设置扶正器，以保证井管居中，井管应焊接牢固、垂直、不透水，下到设计深度后井口固定居中。

7. 回填滤料

采用动水投滤料。先将钻杆提至滤水管下端，井管上口加闷头密封，从钻杆内泵送泥浆，使泥浆由井管和孔壁之间上返，并逐渐调小泵量，待泵量稳定后开始投放滤料。投送滤料的过程中，应边投边测投料高度，直至滤料下入预定位置为止。

8. 止水与回填

疏干降水井，在地表以下回填 2.00 m 厚黏性土。

9. 洗井

采用活塞和空压机联合洗井法。先采用活塞法洗井，通过钻杆向孔内边注水边拉动活塞，以冲击孔壁泥皮，清除滤料段泥沙，待孔内泥沙基本出净后改用空压机洗井，直至水清砂净。

10. 安装抽水设备

成井施工结束后，下入井泵并连接真空管路，排设排水管道，安装真空泵，接通电源，安装完毕进行安装效果检查。

11. 抽水

先采用真空泵与潜水泵交替抽水，真空抽水时管路系统的真空度不小于 −0.06 MPa，以确保真空抽水的效果。

12. 成井施工质量控制标准

井深误差：小于井深的 2‰；
孔斜：每 50 m 小于 0.5°；
井水含砂量：抽水稳定后，小于 1/20 000（体积比）。
井中水位降深：抽水稳定后，井中水位处于安全水位以下。

## 七、冠梁施工

### （一）工作目标

冠梁质量应符合设计标准及验收规范要求，施工期间安全无事故。

## （二）工作内容

(1) 冠梁施工主要工作包括桩头浮浆凿除、测量放线、钢筋制作及安装、模板安装、混凝土浇筑、混凝土养护。

(2) 检查监理单位是否按照审批的专项施工方案和设计图纸要求施工单位开展工作。

(3) 督促监理单位及时进行工序验收，其间不定期进行检查。

(4) 不定期巡视工地现场，检查施工单位是否按图施工，督促监理单位按设计图纸验收。

(5) 检查施工单位、监理单位是否及时组织工序验收，上传一体化管理平台的资料，并按照规定上传旁站记录及工程照片等相关监理资料。

(6) 检查监理单位、施工单位是否按照业主管理办法进行安全管理。

## （三）工艺流程

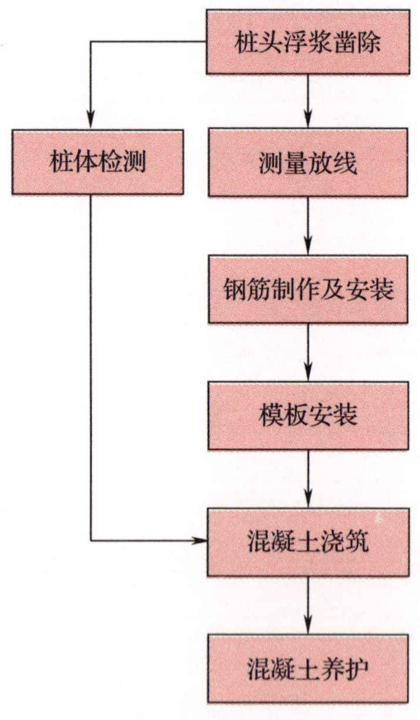


冠梁施工工艺流程

### （四）验收依据及表格

#### 1. 验收依据

（1）《地下铁道工程施工及验收规范（2003年版）》（GB 50299—1999）以及相关工序规范和建筑施工强制性条文。

（2）设计施工图纸以及图纸会审记录。

#### 2. 验收表格

采用《轨道交通工程质量技术资料统一用表（土建分册）》中D验收−17。

### （五）重点关注

（1）专项施工方案是否按规定要求进行审批。

（2）施工过程应按审批的专项施工方案落实施工作业技术交底、安全技术交底，驻地监理应监督并参加。

### （六）冠梁施工控制重点

（1）清除连续墙或钻孔桩顶的余土、浮浆，将墙、桩顶混凝土凿毛，并用清水清洗干净。

（2）检查钢筋数量、规格、尺寸、间距是否与设计相符，钢筋焊接质量及与预留筋连接是否一致。

（3）检查模板刚度、支撑是否与施工方案符合。

（4）浇筑混凝土时，检查混凝土坍落度、和易性，混凝土振捣应均匀、密实，不得漏振或过振。浇筑混凝土施工中监理应全过程旁站，并做好旁站记录。

（5）混凝土浇筑过程中应按规定比例留存标准养护和同条件养护试件。

(6) 混凝土浇筑施工完成后，监理应督促承包商及时养护，特别是夏季气温较高时更应加强混凝土的养护。混凝土养护一般不少于 14 天，以保证混凝土质量。

## 八、基坑开挖及支撑施工

### （一）工作目标

基坑应随挖随撑，严禁超挖，确保开挖顺利，无涌砂、涌水现象，基坑监测数据变化在设计监测控制值范围内，未对周边构（建）筑物造成影响，支撑施工质量符合设计标准及验收规范要求，施工期间安全无事故。

### （二）工作内容

(1) 基坑开挖及支撑施工包括土方开挖、支撑施工、基坑监测。

1) 基坑土方开挖施工工作内容：基坑开挖和支撑安装要紧密配合，随挖随撑，先撑后挖。

2) 支撑施工工作内容包括混凝土支撑、混凝土腰梁、钢支撑、钢立柱、钢围檩。

3) 基坑监测工作内容：由于围护结构施工及主体土方开挖、降水时对地层产生扰动，可能引起地表、周边建筑物变形或沉降，危及附近建筑物的安全，因此，在施工过程中必须进行监测。

监测主要范围及监测项目包括支护结构墙（桩）顶水平位移、支护结构（墙体或桩体）变形、支撑轴力、支撑立柱沉降、地下水位、土体侧向位移、周边建筑物沉降、裂缝监测、爆破振速等。

(2) 检查监理单位是否按照审批的专项施工方案和设计图纸要求施工单位开展工作。

(3) 督促监理单位及时进行工序验收，其间不定期进行检查。

(4) 不定期巡视工地现场，检查施工单位是否按图施工，督促监理单位按设计图纸验收。

(5) 检查施工单位、监理单位是否及时组织工序验收，上传一体化管理平台的资料，并按照规定上传旁站记录及工程照片等相关监理资料。

(6) 检查监理单位、施工单位是否按照业主管理办法进行安全管理。

## （三）工艺流程

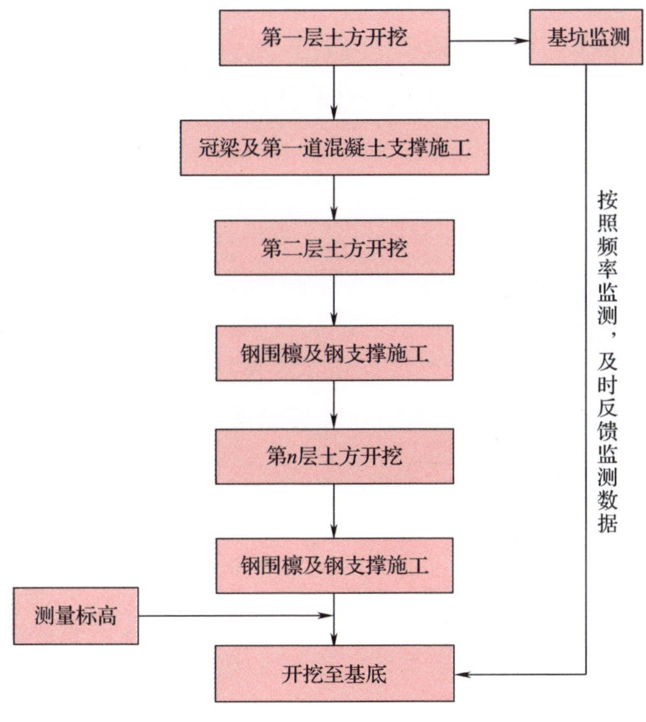


基坑开挖及支撑施工工艺流程

## （四）验收依据及表格

### 1. 验收依据

(1)《地下铁道工程施工及验收规范（2003 年版）》(GB 50299—1999) 以及相关工序规范和建筑施工强制性条文。

(2) 设计施工图纸以及图纸会审记录。

### 2. 验收表格

(1) 基坑土方开挖施工验收表格采用《轨道交通工程质量技术资料统一用表（土建分册）》中 D 质检 –27、D 验收 –10。

(2) 支撑施工验收表格采用《轨道交通工程质量技术资料统一用表（土建分册）》中 D 验收 –17、D 验收 –18。

(3) 基坑监测无验收表格。

## （五）重点关注

### 1. 基坑开挖施工

(1) 专项施工方案是否按规定要求进行审批，特别是深基坑土方开挖及支护体系专项施工方案，必须要求承包商组织满足规定人数的专家组（广州市建设科学技术委员会）进行论证，通过后报监理、业主审批。

(2) 施工过程应按审批的专项施工方案落实施工作业技术交底、安全技术交底，驻地监理应监督并参加。

(3) 检查监理单位是否按照规定对进场设备、特种作业人员证件进行检查，并建立台账。

2. 支撑施工

(1) 专项施工方案是否按规定要求进行审批。

(2) 施工过程应按审批的专项施工方案落实施工作业技术交底、安全技术交底，驻地监理应监督并参加。

(3) 检查监理单位是否按照规定要求的频率和数量对进场原材料见证取样，并建立台账。

(4) 检查监理单位是否对混凝土配比进行审批，混凝土配比是否能满足设计图纸和规范要求。

3. 基坑监测

(1) 第三方监测单位和施工单位专项监测方案是否按规定要求进行审批。

(2) 施工过程应按审批的专项施工方案落实施工作业技术交底、安全技术交底，驻地监理应监督并参加。

(3) 检查监理单位是否对第三方监测单位监测数据和施工单位监测数据进行对比分析，并建立台账。

(4) 检查监理单位是否对基坑周边各监测点巡查，检查各监测点是否处于正常状态，督促施工单位对监测点进行保护。

## (六) 控制重点

1. 基坑开挖

(1) 基坑开挖必须在围护结构、冠梁、基底加固均达到设计强度及第一道混凝土支撑达设计强度的 75% 以后方可进行。

(2) 土方开挖过程中不得超挖，必须及时架设支撑，确保基坑安全。

(3) 土方开挖过程中需合理组织基底抽、排水，避免基底土方长时间浸泡在水中。

(4) 基坑开挖应分段分层进行，严格控制分段开挖时两头的土体坡度，确保土坡稳定。严禁挖成锅底状，每开挖一小段后及时架设支撑。基坑开挖和支撑安装要紧密配合，随挖随撑，先撑后挖。

(5) 在开挖至基坑底面标高以上 300 mm 处应进行基坑验收，并改用人工开挖至基底，及时封底，以尽量减少对基底地基土的扰动。挖出的土必须及时运走，严禁在基坑 1 倍深度范围内堆放弃土，基坑开挖必须严格按照建工行业标准《建筑基坑支护技术规程》(JGJ 120—2012)中的要求施工。

(6) 采用机械挖土时，严禁挖土机械碰撞支撑、井点管和围护墙，作用于支撑顶面的施工活动载荷不大于 2 kPa。

### 2. 支撑施工

(1) 督促监理单位对施工单位支撑位置测量标高、坐标数据复核、复测，严格控制土方开挖面，不得超挖，及时架设支撑。

(2) 混凝土支撑施工控制重点，可参考冠梁施工控制重点。

(3) 钢支撑施工控制重点。

1) 钢支撑安装紧随挖土进度进行，基坑开挖和支撑安装要紧密配合，随挖随撑，先撑后挖。

2) 钢支撑需按设计要求及时施加支撑预应力。

3) 钢支撑与地下连续墙或钻孔桩之间的缝隙必须用快硬细石混凝土浇筑密实。

4) 所有支撑连接处均应垫紧贴密，防止钢管支撑偏心受压。

5) 端头斜撑处钢围檩及支撑头必须严格按设计尺寸和角度加工、焊接、安装，保证支撑为轴心受力。

6) 钢管支撑安装技术标准见下表：

钢管支撑安装技术标准

| 项目 | 横撑中心标高及层顶面的标高差 | 支撑两端的标高差 | 支撑挠曲度 | 主柱垂直度 | 横撑与立柱的轴线偏差 | 横撑水平轴线偏差 |
|---|---|---|---|---|---|---|
| 允许值 | ±30 mm | ≤ 20 mm<br>≤ 1/600 *L* | ≤ 1/1 000 *L* | ≤ 1/3 000 *H* | ±30 mm | ≤ 30 mm |

注：*L* 为支撑长度，*H* 为基坑开挖深度。

### 3. 基坑监测

基坑监测主要范围及项目为支护结构墙顶水平位移、支护结构（墙体）变形、支撑轴力、支撑立柱沉降、地下水位、土体侧向位移、周边建筑物沉降、裂缝监测、爆破振速等，监测频率见下表：

基坑监测项目及监测频率

| 序号 | 监测项目 | 仪器设备 | 监测精度 | 监测频率（开挖） | 控制值 |
|---|---|---|---|---|---|
| 1 | 基坑周边建（构）筑物沉降 | 电子水准仪 | 1.0 mm | 2 次 / 天 | 30 mm |
| 2 | 基坑围护结构变形 | 测斜仪 | 1.0 mm | 2 次 / 天 | 30 mm |
| 3 | 基坑围护结构顶部位移 | 全站仪 | $(1+1\times10^{-3})$ mm | 2 次 / 天 | 30 mm |
| 4 | 基坑周边土体变形 | 测斜仪 | 1.0 mm | 2 次 / 天 | 30 mm |
| 5 | 支撑轴力监测 | 频率读数仪 | ≤ 1/100（F·S） | 2 次 / 天 | 不同的位置根据图纸 |
| 6 | 基坑周边水位变化 | 水位计 | 1.0 mm | 2 次 / 天 | 100 cm |
| 7 | 基坑周边土体沉降 | 电子水准仪 | 1.1 mm | 2 次 / 天 | 30 mm |

## 九、垫层施工

### （一）工作目标

垫层质量应符合设计标准及验收规范要求，施工期间安全无事故。

### （二）工作内容

(1) 垫层施工主要工作包括基底平整、测量放线、混凝土浇筑、混凝土养护。

(2) 检查监理单位是否按照审批的专项施工方案和设计图纸要求施工单位开展工作。

(3) 督促监理单位及时进行工序验收，其间不定期进行检查。

(4) 不定期巡视工地现场，检查施工单位是否按图施工，督促监理单位按设计图纸验收。

(5) 检查施工单位、监理单位是否及时组织工序验收，上传一体化管理平台的资料，并按照规定上传旁站记录及工程照片等相关监理资料。

(6) 检查监理单位、施工单位是否按照业主管理办法进行安全管理。

### （三）工艺流程

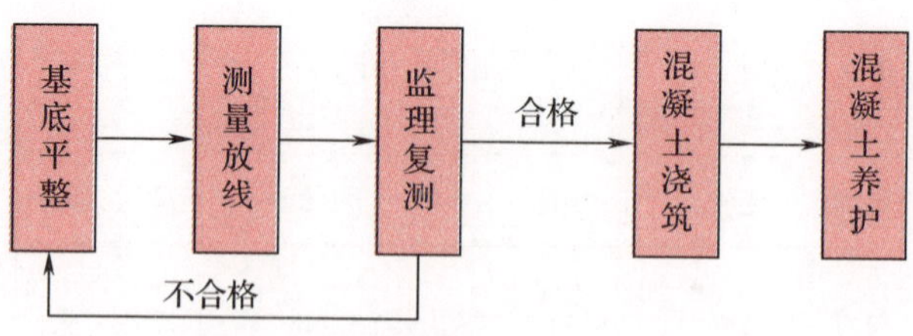


垫层施工工艺流程

## （四）验收依据及表格

### 1. 验收依据

（1）《地下铁道工程施工及验收规范（2003 年版）》（GB 50299—1999）以及相关工序规范和建筑施工强制性条文。

（2）设计施工图纸以及图纸会审记录。

### 2. 验收表格

采用《轨道交通工程质量技术资料统一用表（土建分册）》中 D 质检 –33、D 验收 –33。

## （五）重点关注

（1）检查监理单位对专项施工方案和混凝土配比是否按规定要求进行审批，混凝土配比是否能满足设计图纸和规范要求。

（2）施工过程应按审批的专项施工方案落实施工作业技术交底、安全技术交底，驻地监理应监督并参加。

## （六）垫层施工控制重点

（1）督促监理复核基底标高，检查施工单位地基承载力检测试验结果是否满足设计图纸要求。

（2）垫层混凝土浇筑前，对于基底软弱土层进行处理。

（3）浇筑混凝土时，检查混凝土坍落度、和易性，混凝土振捣应均匀、密实，不得漏振或过振。混凝土浇筑施工中监理应全过程旁站，并做好旁站记录。

（4）混凝土浇筑过程中应按规定比例留存标准养护和同条件养护试件。

（5）混凝土浇筑施工完成后，监理应督促承包商及时养护，特别是夏季气温较高更应加强混凝土的养护。

## 十、综合接地施工

### （一）工作目标

综合接地质量应符合设计标准及验收规范要求，电阻检测符合设计图纸要求，施工期间安全无事故。

### （二）工作内容

（1）综合接地施工主要工作包括基底挖沟槽、钻孔、接地铜牌焊接、沟槽回填降阻剂、检测电阻值。

（2）检查监理单位是否按照审批的专项施工方案和设计图纸要求施工单位开展工作。

（3）督促监理单位及时进行工序验收，其间不定期进行检查。

（4）不定期巡视工地现场，检查施工单位是否按图施工，督促监理单位按设计图纸验收。

（5）检查施工单位、监理单位是否及时组织工序验收，上传一体化管理平台的资料，并按照规定上传工程照片等相关监理资料。

（6）检查监理单位、施工单位是否按照业主管理办法进行安全管理。

### （三）工艺流程

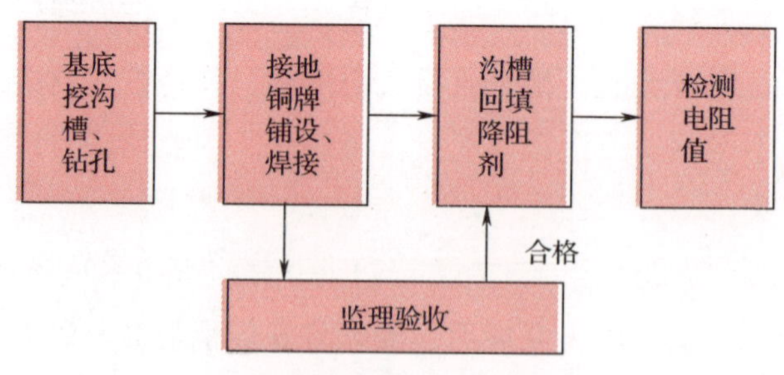


综合接地施工工艺流程

### （四）验收依据及表格

#### 1. 验收依据

(1)《地下铁道工程施工及验收规范（2003 年版）》(GB 50299—1999) 以及相关工序规范和建筑施工强制性条文。

(2) 设计施工图纸以及图纸会审记录。

#### 2. 验收表格

采用《轨道交通工程质量技术资料统一用表（土建分册）》中 D 质检 –28、D 验收 –08。

### （五）重点关注

(1) 专项施工方案是否按规定要求进行审批。

(2) 施工过程应按审批的专项施工方案落实施工作业技术交底、安全技术交底，驻地监理应监督并参加。

### （六）综合接地施工控制重点

(1) 督促监理检查及验收沟槽、钻孔深度是否满足设计图纸要求。

(2) 督促监理检查接地电阻值是否满足设计图纸要求。

## 十一、车站底板施工

### （一）工作目标

车站底板质量应符合设计标准及验收规范要求，施工期间安全无事故。

### （二）工作内容

(1) 车站底板施工主要工作包括测量放线、施工缝凿毛及清理、钢筋制作及安装、防迷流钢筋焊接、钢板止水带安装、混凝土浇筑、混凝土养护。

(2) 检查监理单位是否按照审批的专项施工方案和设计图纸要求施工单位开展工作。

(3) 检查监理单位是否落实样板验收制度，督促监理单位及时进行工序验收，其间不定期进行检查。

(4) 不定期巡视工地现场，检查施工单位是否按图施工，督促监理单位按设计图纸验收。

(5) 检查施工单位、监理单位是否及时组织工序验收，上传一体化管理平台的资料，并按照规定上传旁站记录及工程照片等相关监理资料。

(6) 检查监理单位、施工单位是否按照业主管理办法进行安全管理。

## （三）工艺流程

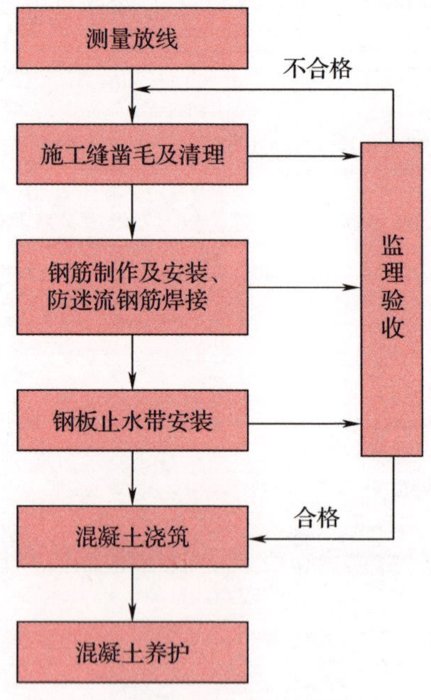


车站底板施工工艺流程

## （四）验收依据及表格

### 1. 验收依据

（1）《地下铁道工程施工及验收规范（2003 年版）》（GB 50299—1999）以及相关工序规范和建筑施工强制性条文。

（2）设计施工图纸以及图纸会审记录。

### 2. 验收表格

采用《轨道交通工程质量技术资料统一用表（土建分册）》中 D 验收 –31、D 质检 –33、D 质检 –35、D 质检 –36、D 验收 –34、D 验收 –36、D 验收 –40、D 验收 –41 以及 D 验收 –43。

## （五）重点关注

（1）专项施工方案是否按规定要求进行审批。

（2）施工过程应按审批的专项施工方案落实施工作业技术交底、安全技术交底，驻地监理应监督并参加。

（3）检查监理单位是否按照规定要求的频率和数量对进场原材料见证取样，并建立台账。

（4）检查监理单位是否对混凝土配比进行审批，混凝土配比是否能满足设计图纸和规范要求。

（5）第一块底板钢筋制作及安装完成后，监理单位应组织质量监督机构、业主、设计单位、施工单位等召开样板验收会议，并编写验收会议纪要。后续工序应严格按照样板工序要求开展工作。

## （六）底板施工控制重点

### 1. 钢筋制作及安装

(1) 对钢筋焊接人员培训、持证上岗情况进行核查。

(2) 对车站钢筋隐蔽工程进行检查，监理应仔细核对图纸，检查钢筋型号、规格、排距、间距、绑扎及焊接质量是否符合设计要求与验收标准，以保证不发生遗漏及错埋、错留问题。

(3) 钢筋焊接及安装时杂散电流施工应符合设计及规范要求，确保车站电气连接贯通。

(4) 督促监理认真核对预埋件的数量和位置，确保不发生遗漏和错位现象。对预埋件进行统计造册，施工前交设计单位、咨询单位、施工单位及监理进行四方签认，确认无误后，监督承包商施工。

### 2. 施工缝处理

检查监理对施工缝处新旧混凝土凿毛、清理、钢板止水带安装是否按照规范和设计图纸要求进行验收。

### 3. 混凝土浇筑及养护

(1) 严格审查承包商编制的混凝土浇筑专项施工方案，重点审查混凝土浇筑结构段落的划分，以及大体积混凝土浇筑的质量保证措施是否符合技术可行、安全可靠的原则，是否符合设计要求和验收标准。

(2) 混凝土浇筑施工前，首先应检查进场混凝土的配合比、坍落度、和易性、温度及是否存在离析现象等，并应不定期到混凝土拌和站进行检查，对原材料质量及拌和质量进行控制。

(3) 混凝土浇筑施工应连续进行，不得造成冷缝。车站结构混凝土一般为大体积混凝土浇筑，应遵循分层、分段、有序浇筑的原则。混凝土振捣应均匀、密实，不得漏振或过振。特别要注意控制混凝土的入模温度。混凝土浇筑施工监理应全过程旁站，并做好旁站记录。

(4) 结构混凝土施工时，监理还应特别注意施工缝止水钢板安装质量及施工缝处混凝土振捣质量，保证结构施工缝防水效果。

(5) 混凝土浇筑过程中应按规定比例留存标准养护和同条件养护试件。

(6) 混凝土浇筑施工完成后，监理应督促承包商及时养护，特别是夏季气温较高更应加强混凝土的养护。结构混凝土养护一般不少于 14 天，以保证混凝土强度及抗渗质量。

## 十二、车站侧墙施工

### （一）工作目标

车站侧墙质量应符合设计标准及验收规范要求，施工期间安全无事故。

### （二）工作内容

(1) 车站侧墙施工主要工作包括测量放线、施工缝凿毛及清理、钢筋制作及安装、防迷流钢筋焊接、钢板止水带安装、脚手架搭设、模板安装、混凝土浇筑、混凝土养护。

(2) 检查监理单位是否按照审批的专项施工方案和设计图纸要求施工单位开展工作。

(3) 检查监理单位是否按照样板标准验收，督促监理单位及时进行工序验收，其间不定期进行检查。

(4) 不定期巡视工地现场，检查施工单位是否按图施工，督促监理单位按设计图纸验收。

(5) 检查施工单位、监理单位是否及时组织工序验收，上传一体化管理平台的资料，并按照规定上传旁站记录及工程照片等相关监理资料。

(6) 检查监理单位、施工单位是否按照业主管理办法进行安全管理。

## （三）工艺流程

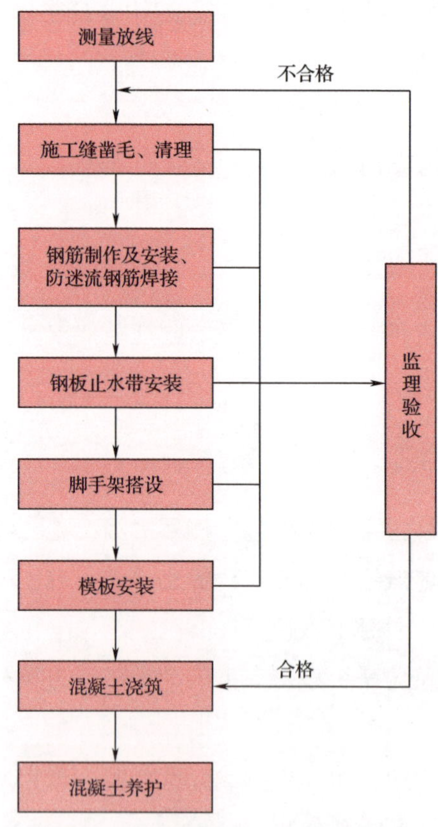


车站侧墙施工工艺流程

## （四）验收依据及表格

### 1. 验收依据

（1）《地下铁道工程施工及验收规范（2003 年版）》（GB 50299—1999）以及相关工序规范和建筑施工强制性条文。

（2）设计施工图纸以及图纸会审记录。

### 2. 验收表格

采用《轨道交通工程质量技术资料统一用表（土建分册）》中 D 验收 –31、D 质检 –33、D 质检 –35、D 质检 –36、D 验收 –34、D 验收 –36、D 验收 –37、D 验收 –39、D 验收 –40、D 验收 –41 以及 D 验收 –43。

## （五）重点关注

（1）专项施工方案是否按规定要求进行审批，特别是高支模专项施工方案，必须要求承包商组织满足规定人数的专家组（广州市建设科学技术委员会）进行论证，通过后报监理、业主审批。

（2）施工过程应按审批的专项施工方案落实施工作业技术交底、安全技术交底，驻地监理应监督并参加。

（3）检查监理单位是否按照规定要求的频率和数量对进场原材料见证取样，并建立台账。

（4）检查监理单位是否对混凝土配比进行审批，混凝土配比是否能满足设计图纸和规范要求。

### （六）侧墙施工控制重点

#### 1. 脚手架搭设

(1) 脚手架搭设前应清除结构板面障碍物、垃圾等，并测量放线定位。

(2) 脚手架必须设置纵向、横向扫地杆。纵向扫地杆应采用直角扣件固定在距底座上方不大于 20 cm 处的立杆上。横向扫地杆也采用直角扣件固定在紧靠纵向杆下方的立杆上。

(3) 脚手架需搭设剪刀撑，剪刀撑斜杆的接长宜采用 3 个旋转扣件搭接，接头长度不小于 1 m，且端部离扣件中心距离不小于 10 cm，剪刀撑与地面夹角为 45° ~ 60°。

#### 2. 施工缝处理

检查监理对施工缝处新旧混凝土凿毛、清理、钢板止水带安装是否按照规范和设计图纸要求进行检查及验收。

#### 3. 钢筋制作及安装

(1) 对钢筋焊接人员培训、持证上岗情况进行核查。

(2) 对车站钢筋隐蔽工程进行检查，监理应仔细核对图纸，检查钢筋型号、规格、排距、间距、绑扎及焊接质量是否符合设计要求与验收标准，以保证不发生遗漏及错埋、错留问题。

(3) 钢筋焊接及安装时杂散电流施工应符合设计及规范要求，确保车站电气连接贯通。

#### 4. 模板安装

检查墙厚度、钢筋保护层、钢筋垫块等是否符合规范要求，检查模板支撑的牢固度、可靠性及模板的平整度，检查模板拼装是否存在缝隙而产生漏浆现象。

5. 预埋件、预留孔洞的留置

(1) 督促监理认真核对预埋件、预留孔洞的数量和位置，不发生遗漏和错位现象。

(2) 对施工图纸预留孔洞、预埋件进行统计造册，施工前交设计单位、咨询单位、施工单位及监理进行四方签认，确认无误后，监督承包商施工。

6. 混凝土浇筑及养护

(1) 严格审查承包商编制的混凝土浇筑专项施工方案，重点审查混凝土浇筑结构段落的划分，以及大体积混凝土浇筑的质量保证措施是否符合技术可行、安全可靠的原则，是否符合设计要求和验收标准。

(2) 混凝土浇筑施工前，首先应检查进场混凝土的配合比、坍落度、和易性、温度及是否存在离析现象等，并应不定期到混凝土拌和站进行检查，对原材料质量及拌和质量进行控制。

(3) 混凝土浇筑施工应连续进行，不得造成冷缝。车站结构混凝土一般为大体积混凝土浇筑，应遵循分层、分段、有序浇筑的原则。混凝土振捣应均匀、密实，不得漏振或过振。特别要注意控制混凝土的入模温度。混凝土浇筑施工监理应全过程旁站，并做好旁站记录。

(4) 结构混凝土施工时，监理还应特别注意施工缝止水钢板安装质量及施工缝处混凝土振捣质量，保证结构施工缝防水效果。

(5) 混凝土浇筑过程中应按规定比例留存标准养护和同条件养护试件。

(6) 混凝土浇筑施工完成后，监理应督促承包商及时养护，特别是夏季气温较高更应加强混凝土的养护。结构混凝土养护一般不少于 14 天，以保证混凝土强度及抗渗质量。

## 十三、车站立柱、中板施工

### （一）工作目标

车站立柱、中板质量应符合设计标准及验收规范要求，施工期间安全无事故。

### （二）工作内容

(1) 车站立柱、中板施工主要工作包括测量放线、混凝土面凿毛及清理、钢筋制作及安装、脚手架搭设、模板安装、混凝土浇筑、混凝土养护。

(2) 检查监理单位是否按照审批的专项施工方案和设计图纸要求施工单位开展工作。

(3) 检查监理单位是否按照样板标准验收，督促监理单位及时进行工序验收，其间不定期进行检查。

(4) 不定期巡视工地现场，检查施工单位是否按图施工，督促监理单位按设计图纸验收。

(5) 检查施工单位、监理单位是否及时组织工序验收，上传一体化管理平台的资料，并按照规定上传旁站记录及工程照片等相关监理资料。

(6) 检查监理单位、施工单位是否按照业主管理办法进行安全管理。

## （三）工艺流程

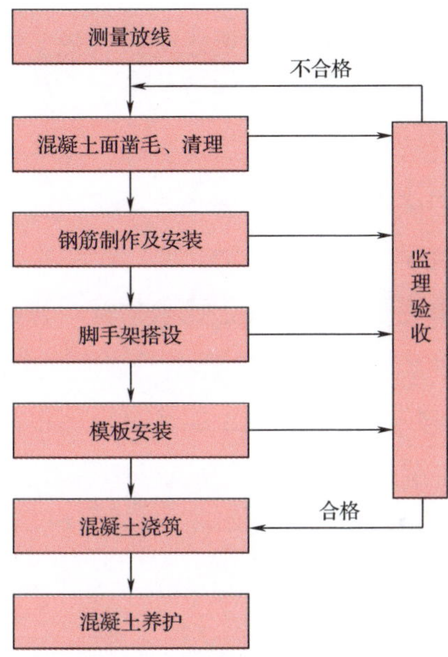


车站立柱、中板施工工艺流程

## （四）验收依据及表格

### 1. 验收依据

（1）《地下铁道工程施工及验收规范（2003 年版）》（GB 50299—1999）以及相关工序规范和建筑施工强制性条文。

（2）设计施工图纸以及图纸会审记录。

### 2. 验收表格

采用《轨道交通工程质量技术资料统一用表（土建分册）》中 D 验收 –31、D 质检 –33、D 质检 –35、D 验收 –34、D 验收 –37、D 验

收 –39、D 验收 –40、D 验收 –41 以及 D 验收 –43。

### （五）重点关注

(1) 专项施工方案是否按规定要求进行审批，特别是高支模安全生产专项方案，必须要求承包商组织满足规定人数的专家组（广州市建设科学技术委员会）进行论证，通过后报监理、业主审批。

(2) 施工过程应按审批的专项施工方案落实施工作业技术交底、安全技术交底，驻地监理应监督并参加。

(3) 检查监理单位是否按照规定要求的频率和数量对进场原材料见证取样，并建立台账。

(4) 检查监理单位是否对混凝土配比进行审批，混凝土配比是否能满足设计图纸和规范要求。

### （六）立柱、中板施工控制重点

#### 1. 脚手架搭设

(1) 脚手架搭设前应清除结构板面障碍物、垃圾等，并测量放线定位。

(2) 脚手架必须设置纵向、横向扫地杆。纵向扫地杆应采用直角扣件固定在距底座上方不大于 20 cm 处的立杆上。横向扫地杆也采用直角扣件固定在紧靠纵向杆下方的立杆上。

(3) 脚手架需搭设剪刀撑，剪刀撑斜杆的接长宜采用 3 个旋转扣件搭接，接头长度不小于 1 m，且端部离扣件中心距离不小于 10 cm，剪刀撑与地面夹角为 45° ~ 60°。

#### 2. 施工缝处理

检查监理对施工缝处新旧混凝土凿毛、清理、钢板止水带安装是否按照规范和设计图纸要求进行检查验收。

### 3. 钢筋制作及安装

(1) 对钢筋焊接人员培训、持证上岗情况进行核查。

(2) 对车站钢筋隐蔽工程进行检查，监理应仔细核对图纸，检查钢筋型号、规格、排距、间距、绑扎及焊接质量是否符合设计要求与验收标准，以保证不发生遗漏及错埋、错留问题。

### 4. 模板安装

应检查墙厚度、钢筋保护层、钢筋垫块等是否符合规范要求，检查模板支撑的牢固度、可靠性及模板的平整度，检查模板拼装是否存在缝隙而产生漏浆现象。

### 5. 预埋件、预留孔洞的留置

(1) 督促监理认真核对预埋件、预留孔洞的数量和位置，不发生遗漏和错位现象。

(2) 对施工图纸预留孔洞、预埋件进行统计造册，施工前交设计单位、咨询单位、施工单位及监理进行四方签认，确认无误后，监督承包商施工。

### 6. 混凝土浇筑及养护

(1) 严格审查承包商编制的混凝土浇筑专项施工方案，重点审查混凝土浇筑结构段落的划分，以及大体积混凝土浇筑质量的保证措施是否符合技术可行、安全可靠的原则，是否符合设计要求和验收标准。

(2) 混凝土浇筑施工前，首先应检查进场混凝土的配合比、坍落度、和易性、温度及是否存在离析现象等，并应不定期到混凝土拌和站进行检查，对原材料质量及拌和质量进行控制。

(3) 混凝土浇筑施工应连续进行，不得造成冷缝。车站结构混凝土一般为大体积混凝土浇筑，应遵循分层、分段、有序浇筑的原则。混凝土振捣应均匀、密实，不得漏振或过振。特别要注意控制混凝土的入模温度。混凝土浇筑施工监理应全过程旁站，并做好旁站记录。

(4) 混凝土浇筑过程中应按规定比例留存标准养护和同条件养护试件。

(5) 混凝土浇筑施工完成后，监理应督促承包商及时养护，特别是夏季气温较高更应加强混凝土的养护。结构混凝土养护一般不少于 14 天，以保证混凝土强度及抗渗质量。

## 十四、车站顶板施工

### （一）工作目标

车站顶板质量应符合设计标准及验收规范要求，施工期间安全无事故。

### （二）工作内容

(1) 车站顶板施工主要工作包括测量放线、施工缝凿毛及清理、钢筋制作及安装、防迷流钢筋焊接、钢板止水带安装、脚手架搭设、模板安装、混凝土浇筑、混凝土养护。

(2) 检查监理单位是否按照审批的专项施工方案和设计图纸要求施工单位开展工作。

(3) 检查监理单位是否按照样板标准验收，督促监理单位及时进行工序验收，其间不定期进行检查。

(4) 不定期巡视工地现场，检查施工单位是否按图施工，督促监理单位按设计图纸验收。

(5) 检查施工单位、监理单位是否及时组织工序验收，上传一体化管理平台的资料，并按照规定上传旁站记录及工程照片等相关监理资料。

(6) 检查监理单位、施工单位是否按照业主管理办法进行安全管理。

## （三）工艺流程

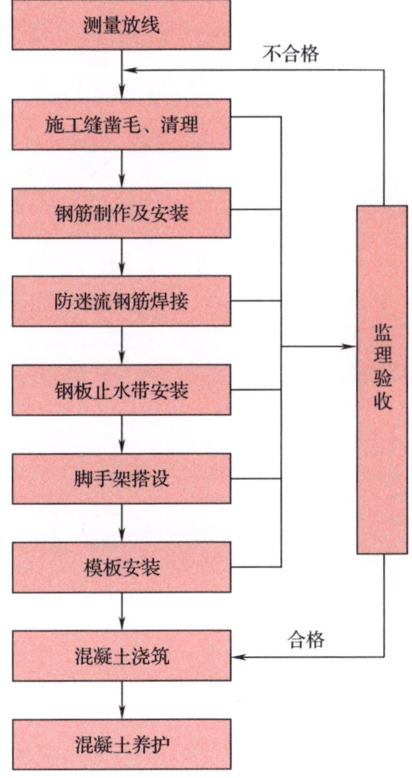


车站顶板施工工艺流程

### （四）验收依据及表格

#### 1. 验收依据

（1）《地下铁道工程施工及验收规范（2003 年版）》（GB 50299—1999）以及相关工序规范和建筑施工强制性条文。

（2）设计施工图纸以及图纸会审记录。

#### 2. 验收表格

采用《轨道交通工程质量技术资料统一用表（土建分册）》中 D 验收 –31、D 质检 –33、D 质检 –35、D 质检 –36、D 验收 –34、D 验收 –36、D 验收 –37、D 验收 –39、D 验收 –40、D 验收 –41 以及 D 验收 –43。

### （五）重点关注

（1）专项施工方案是否按规定要求进行审批，特别是高支模安全生产专项方案，必须要求承包商组织满足规定人数的专家组（广州市建设科学技术委员会）进行论证，通过后报监理、业主审批。

（2）施工过程应按审批的专项施工方案落实施工作业技术交底、安全技术交底，驻地监理应监督并参加。

（3）检查监理单位是否按照规定要求的频率和数量对进场原材料见证取样，并建立台账。

（4）检查监理单位是否对混凝土配比进行审批，混凝土配比是否能满足设计图纸和规范要求。

### （六）顶板施工控制重点

#### 1. 脚手架搭设

（1）脚手架搭设前应清除结构板面障碍物、垃圾等，并测量放线定位。

（2）脚手架必须设置纵向、横向扫地杆。纵向扫地杆应采用直角扣件固定在距底座上方不大于 20 cm 处的立杆上。横向扫地杆也采用直角扣件固定在紧靠纵向杆下方的立杆上。

（3）脚手架需搭设剪刀撑，剪刀撑斜杆的接长宜采用 3 个旋转扣件搭接，接头长度不小于 1 m，且端部离扣件中心距离不小于 10 cm，剪刀撑与地面夹角为 45°～60°。

#### 2. 施工缝处理

检查监理对施工缝处新旧混凝土凿毛、清理、钢板止水带安装是否按照规范和设计图纸要求进行检查验收。

#### 3. 钢筋制作及安装

（1）对钢筋焊接人员培训、持证上岗情况进行核查。

（2）对车站钢筋隐蔽工程进行检查，监理应仔细核对图纸，检查钢筋型号、规格、排距、间距、绑扎及焊接质量是否符合设计要求与验收标准，以保证不发生遗漏及错埋、错留问题。

（3）钢筋焊接及安装时杂散电流施工应符合设计及规范要求，确保车站电气连接贯通。

#### 4. 模板安装

应检查墙厚度、钢筋保护层、钢筋垫块等是否符合规范要求，检查模板支撑的牢固度、可靠性及模板的平整度，检查模板拼装是否存在缝隙而产生漏浆现象。

5. 预埋件、预留孔洞的留置

(1) 督促监理认真核对预埋件、预留孔洞的数量和位置，不发生遗漏和错位现象。

(2) 对施工图纸预留孔洞、预埋件进行统计造册，施工前交设计单位、咨询单位、施工单位以及监理进行四方签认，确认无误后，监督承包商施工。

6. 混凝土浇筑及养护

(1) 严格审查承包商编制的混凝土浇筑专项施工方案，重点审查混凝土浇筑结构段落的划分，以及大体积混凝土浇筑质量的保证措施是否符合技术可行、安全可靠的原则，是否符合设计要求和验收标准。

(2) 混凝土浇筑施工前，首先应检查进场混凝土的配合比、坍落度、和易性、温度及是否存在离析现象等，并应不定期到混凝土拌和站进行检查，对原材料质量及拌和质量进行控制。

(3) 混凝土浇筑施工应连续进行，不得造成冷缝。车站结构混凝土一般为大体积混凝土浇筑，应遵循分层、分段、有序浇筑的原则。混凝土振捣应均匀、密实，不得漏振或过振。特别要注意控制混凝土的入模温度。混凝土浇筑施工监理应全过程旁站，并做好旁站记录。

(4) 结构混凝土施工时，监理还应特别注意施工缝止水钢板安装质量及施工缝处混凝土振捣质量，保证结构施工缝防水效果。

(5) 混凝土浇筑过程中应按规定比例留存标准养护和同条件养护试件。

(6) 混凝土浇筑施工完成后，监理应督促承包商及时养护，特别是夏季气温较高更应加强混凝土的养护。结构混凝土养护一般不少于 14 天，以保证混凝土强度及抗渗质量。

## 十五、车站防水施工

### （一）工作目标

车站防水质量应符合设计标准及验收规范要求，施工期间安全无事故。

### （二）工作内容

(1) 车站防水施工主要工作包括：

1) 车站结构自防水：采用钢筋混凝土结构自防水，抗渗等级大于或等于 P8。

2) 车站结构外防水

①底板、侧墙防水施工：防水基面处理、防水板焊接、焊缝充气检测。

②顶板防水施工：防水基面处理、涂料涂刷、混凝土保护层浇筑。

(2) 检查监理单位是否按照审批的专项施工方案和设计图纸要求施工单位开展工作。

(3) 检查监理单位是否落实底板、顶板防水样板验收制度，督促监理单位及时进行工序验收，其间不定期进行检查。

(4) 不定期巡视工地现场，检查施工单位是否按图施工，督促监理单位按设计图纸验收。

(5) 检查施工单位、监理单位是否及时组织工序验收，上传一体化管理平台的资料，并按照规定上传旁站记录及工程照片等相关监理资料。

(6) 检查监理单位、施工单位是否按照业主管理办法进行安全管理。

## (三) 工艺流程

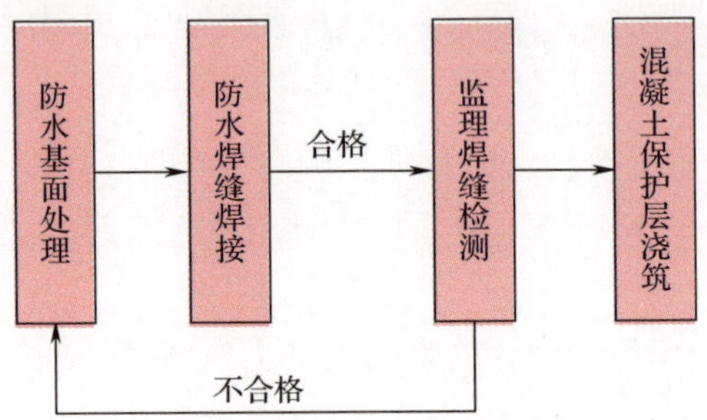


底板、侧墙防水施工工艺流程

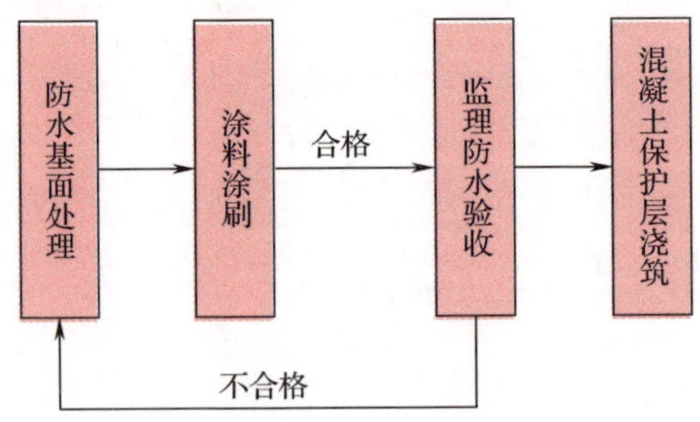


顶板防水施工工艺流程

## (四) 验收依据及表格

### 1. 验收依据

(1)《地下铁道工程施工及验收规范 (2003 年版)》(GB 50299—1999) 以及相关工序规范和建筑施工强制性条文。

(2) 设计施工图纸以及图纸会审记录。

#### 2. 验收表格

采用《轨道交通工程质量技术资料统一用表（土建分册）》中D验收–82、D验收–83、D验收–84、D验收–85、D质检–61、D验收–87、D验收–88、D验收–89、D验收–90以及D验收–92。

### （五）重点关注

（1）专项施工方案是否按规定要求进行审批。

（2）施工过程应按审批的专项施工方案落实施工作业技术交底、安全技术交底，驻地监理应监督并参加。

（3）检查监理单位是否按照规定要求的频率和数量对进场原材料见证取样，并建立台账。

（4）检查监理单位是否对混凝土配比进行审批，混凝土配比是否能满足设计图纸和规范要求。

### （六）车站防水施工控制重点

#### 1. 车站结构自防水控制重点

（1）结构防水混凝土配合比应满足设计图纸抗渗要求。

（2）防水混凝土处入泵坍落度应控制在120～160 mm。

（3）防水混凝土应按规定进行养护。

#### 2. 车站结构外防水控制重点

（1）防水板基面的处理和敷设。防水板基面的处理要求平整、干燥、洁净、无水。

（2）防水板焊接及焊缝检测。检测双焊缝自动焊机焊接的双焊缝时，需进行气密性试验，将焊缝两端用铁夹夹紧不能漏气，再用检测针头插入两条焊缝之间进行充气达到一定压力，在规定时间内观察压降，达到要求后方为合格。

(3) 涂料防水层基面的处理要求平整、干燥、洁净、无水。

(4) 防水涂料涂刷。检验数量应按涂层面积每 100 $m^2$ 抽查 1 处，每处 10 $m^2$，且不得少于 3 处，采用针测法或割取 20 mm×20 mm 实样用游标卡尺测量。

## 十六、压顶梁施工

### （一）工作目标

压顶梁质量应符合设计标准及验收规范要求，施工期间安全无事故。

### （二）工作内容

(1) 压顶梁施工主要工作包括预埋钢筋凿除、测量放线、钢筋制作及安装、模板安装、混凝土浇筑、混凝土养护。

(2) 检查监理单位是否按照审批的专项施工方案和设计图纸要求施工单位开展工作。

(3) 督促监理单位及时进行工序验收，其间不定期进行检查。

(4) 不定期巡视工地现场，检查施工单位是否按图施工，督促监理单位按设计图纸验收。

(5) 检查施工单位、监理单位是否及时组织工序验收，上传一体化管理平台的资料，并按照规定上传旁站记录及工程照片等相关监理资料。

(6) 检查监理单位、施工单位是否按照业主管理办法进行安全管理。

## （三）工艺流程

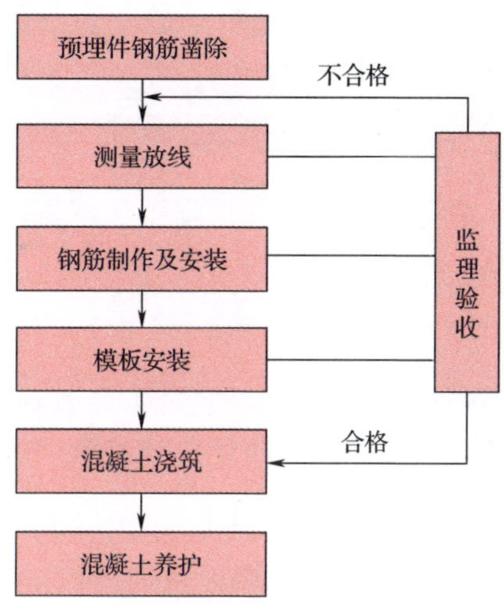


压顶梁施工工艺流程

## （四）验收依据及表格

### 1. 验收依据

（1）《地下铁道工程施工及验收规范（2003 年版）》（GB 50299—1999）以及相关工序规范和建筑施工强制性条文。

（2）设计施工图纸以及图纸会审记录。

### 2. 验收表格

采用《轨道交通工程质量技术资料统一用表（土建分册）》中 D 验收 –31、D 质检 –33、D 质检 –35、D 验收 –37、D 验收 –39、D 验收 –40、D 验收 –41 以及 D 验收 –43。

## （五）重点关注

（1）专项施工方案是否按规定要求进行审批。

(2) 施工过程应按审批的专项施工方案落实施工作业技术交底、安全技术交底，驻地监理应监督并参加。

### （六）压顶梁施工控制重点

(1) 凿除预埋压顶梁钢筋。

(2) 检查钢筋数量、规格、尺寸、间距是否与设计相符，钢筋焊接质量及与预留筋连接是否一致。

(3) 检查模板刚度、支撑是否与施工方案符合。

(4) 浇筑混凝土时，检查混凝土坍落度、和易性，混凝土振捣应均匀、密实，不得漏振或过振。混凝土浇筑施工监理应全过程旁站，并做好旁站记录。

(5) 混凝土浇筑过程中应按规定比例留存标准养护和同条件养护试件。

(6) 混凝土浇筑施工完成后，监理应督促承包商及时养护，特别是夏季气温较高更应加强混凝土的养护。

## 十七、轨顶风道施工

### （一）工作目标

轨顶风道质量应符合设计标准及验收规范要求，屏蔽门预埋件安装精度应符合设计要求，施工期间安全无事故。

### （二）工作内容

(1) 车站轨顶风道施工主要工作包括测量放线、脚手架搭设、模板安装、混凝土面凿毛及清理、钢筋制作及安装、预埋件安装、预留孔洞留置、混凝土浇筑、混凝土养护。

(2) 检查监理单位是否按照审批的专项施工方案和设计图纸要求施工单位开展工作。

(3) 检查监理单位是否按照样板标准验收，督促监理单位及时进行工序验收，其间不定期进行检查。

(4) 不定期巡视工地现场，检查施工单位是否按图施工，督促监理单位按设计图纸验收。

(5) 督促监理认真核对预埋件、预留孔洞的数量和位置，不发生遗漏和错位现象。对施工图纸预留孔洞、预埋件进行统计造册，施工前交设计单位、咨询单位、施工单位及监理进行四方签认，确认无误后，监督承包商施工。

(6) 检查施工单位、监理单位是否及时组织工序验收，上传一体化管理平台的资料，并按照规定上传旁站记录及工程照片等相关监理资料。

(7) 检查监理单位、施工单位是否按照业主管理办法进行安全管理。

## （三）工艺流程

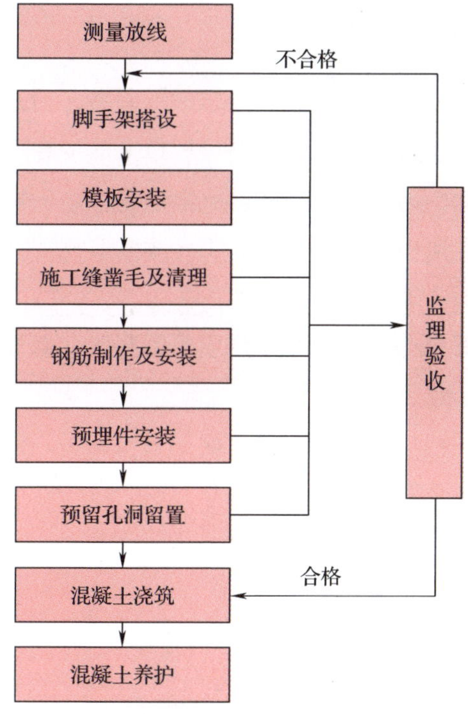


轨顶风道施工工艺流程

### （四）验收依据及表格

#### 1. 验收依据

(1)《地下铁道工程施工及验收规范（2003 年版）》(GB 50299—1999) 以及相关工序规范和建筑施工强制性条文。

(2) 设计施工图纸以及图纸会审记录。

#### 2. 验收表格

采用《轨道交通工程质量技术资料统一用表（土建分册)》中 D 验收 –31、D 质检 –33、D 质检 –35、D 验收 –34、D 验收 –37、D 验收 –39、D 验收 –40、D 验收 –41 以及 D 验收 –43。

### （五）重点关注

(1) 专项施工方案是否按规定要求进行审批，特别是高支模安全生产专项方案，必须要求承包商组织满足规定人数的专家组（广州市专家库专家）进行论证，通过后报监理、业主审批。

(2) 施工过程应按审批的专项施工方案落实施工作业技术交底、安全技术交底，驻地监理应监督并参加。

(3) 检查监理单位是否按照规定要求的频率和数量对进场原材料见证取样，并建立台账。

(4) 检查监理单位是否对混凝土配比进行审批，混凝土配比是否能满足设计图纸和规范要求。

### （六）轨顶风道施工控制重点

#### 1. 脚手架搭设

(1) 脚手架搭设前应清除结构板面障碍物、垃圾等，并测量放线定位。

(2) 脚手架必须设置纵向、横向扫地杆。纵向扫地杆应采用直角扣件固定在距底座上方不大于 20 cm 处的立杆上。横向扫地杆也采用直角扣件固定在紧靠纵向杆下方的立杆上。

(3) 脚手架需搭设剪刀撑，剪刀撑斜杆的接长宜采用 3 个旋转扣件搭接，接头长度不小于 1 m，且端部离扣件中心距离不小于 10 cm，剪刀撑与地面夹角为 45° ~ 60°。

### 2. 施工缝处理

检查监理对施工缝处新旧混凝土凿毛、清理、钢板止水带安装是否按照规范和设计图纸要求进行检查验收。

### 3. 钢筋制作及安装

(1) 对钢筋焊接人员培训、持证上岗情况进行核查。

(2) 车站钢筋隐蔽工程进行检查，监理应仔细核对图纸，检查钢筋型号、规格、排距、间距、绑扎及焊接质量是否符合设计要求与验收标准，以保证不发生遗漏及错埋、错留问题。

### 4. 模板安装

应检查墙厚度、钢筋保护层、钢筋垫块等是否符合规范要求，检查模板支撑的牢固度、可靠性及模板的平整度，检查模板拼装是否存在缝隙而产生漏浆现象。

### 5. 预埋件安装、预留孔洞留置

(1) 根据施工图纸核对预埋件、预留孔洞的数量和位置，不发生遗漏和错位现象。

(2) 根据屏蔽门安装的要求对屏蔽门预埋件进行检查及验收，预埋件应以有效站台中心线为基准点两侧对称布置，每个位置上预埋件以有效站台中心线为基准，其允许误差为 ±10 mm，并且每个预埋件在预埋时与混凝土内的主筋焊接固定后再进行浇筑。

6. 混凝土浇筑及养护

(1) 严格审查承包商编制的混凝土浇筑专项施工方案，重点审查混凝土浇筑结构段落的划分，以及大体积混凝土浇筑质量的保证措施是否符合技术可行、安全可靠的原则，是否符合设计要求和验收标准。

(2) 混凝土浇筑施工前，首先应检查进场混凝土的配合比、坍落度、和易性、温度及是否存在离析现象等，并应不定期到混凝土拌和站进行检查，对原材料质量及拌和质量进行控制。

(3) 混凝土浇筑施工应连续进行，不得造成冷缝。车站结构混凝土一般为大体积混凝土浇筑，应遵循分层、分段、有序浇筑的原则。混凝土振捣应均匀、密实，不得漏振或过振。特别要注意控制混凝土的入模温度。混凝土浇筑施工监理应全过程旁站，并做好旁站记录。

(4) 混凝土浇筑过程中应按规定比例留存标准养护和同条件养护试件。

(5) 混凝土浇筑施工完成后，监理应督促承包商及时养护，特别是夏季气温较高更应加强混凝土的养护。结构混凝土养护一般不少于 14 天，以保证混凝土强度及抗渗质量。

## 十八、站台板施工

### （一）工作目标

站台板质量应符合设计标准及验收规范要求，预留孔洞位置准确，施工期间安全无事故。

## （二）工作内容

(1) 车站站台板施工主要工作包括测量放线、脚手架搭设、模板安装、混凝土面凿毛及清理、钢筋制作及安装、预埋件安装、预留孔洞留置、混凝土浇筑、混凝土养护。

(2) 检查监理单位是否按照审批的专项施工方案和设计图纸要求施工单位开展工作。

(3) 检查监理单位是否按照样板标准验收，督促监理单位及时进行工序验收，其间不定期进行检查。

(4) 不定期巡视工地现场，检查施工单位是否按图施工，督促监理单位按设计图纸验收。

(5) 督促监理认真核对预埋件、预留孔洞的数量和位置，不发生遗漏和错位现象。对施工图纸预留孔洞、预埋件进行统计造册，施工前交设计单位、咨询单位、施工单位及监理进行四方签认，确认无误后，监督承包商施工。

(6) 检查施工单位、监理单位是否及时组织工序验收，上传一体化管理平台的资料，并按照规定上传旁站记录及工程照片等相关监理资料。

(7) 检查监理单位、施工单位是否按照业主管理办法进行安全管理。

## （三）工艺流程

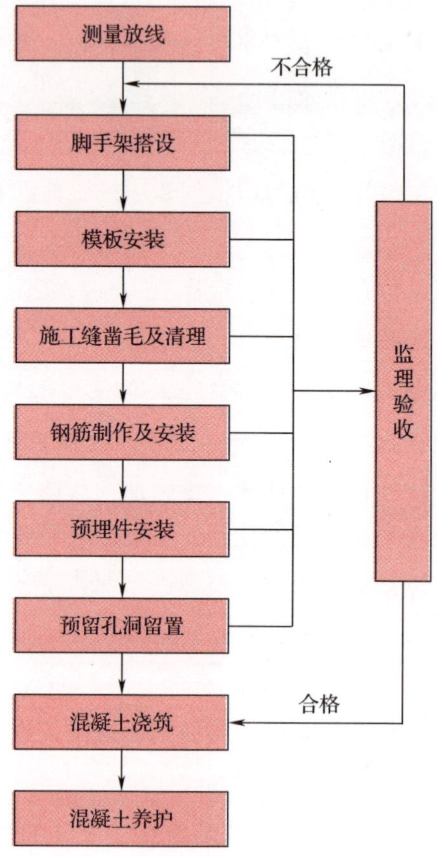


站台板施工工艺流程

## （四）验收依据及表格

### 1. 验收依据

(1)《地下铁道工程施工及验收规范（2003 年版）》(GB 50299—1999）以及相关工序规范和建筑施工强制性条文。

(2) 设计施工图纸以及图纸会审记录。

### 2. 验收表格

采用《轨道交通工程质量技术资料统一用表（土建分册）》中D验收－31、D质检－33、D质检－35、D验收－34、D验收－37、D验收－39、D验收－40、D验收－41以及D验收－43。

## （五）重点关注

(1) 专项施工方案是否按规定要求进行审批。

(2) 施工过程应按审批的专项施工方案落实施工作业技术交底、安全技术交底，驻地监理应监督并参加。

(3) 检查监理单位是否按照规定要求的频率和数量对进场原材料见证取样，并建立台账。

(4) 检查监理单位是否对混凝土配比进行审批，混凝土配比是否能满足设计图纸和规范要求。

## （六）站台板施工控制重点

### 1. 脚手架搭设

(1) 脚手架搭设前应清除结构板面障碍物、垃圾等，并测量放线定位。

(2) 脚手架必须设置纵向、横向扫地杆。纵向扫地杆应采用直角扣件固定在距底座上方不大于20 cm处的立杆上。横向扫地杆也采用直角扣件固定在紧靠纵向杆下方的立杆上。

(3) 脚手架需搭设剪刀撑，剪刀撑斜杆的接长宜采用3个旋转扣件搭接，接头长度不小于1 m，且端部离扣件中心距离不小于10 cm，剪刀撑与地面夹角为45°～60°。

2. 施工缝处理

检查监理对施工缝处新旧混凝土凿毛、清理、钢板止水带安装是否按照规范和设计图纸要求进行检查验收。

3. 钢筋制作及安装

(1) 对钢筋焊接人员培训、持证上岗情况进行核查。

(2) 对车站钢筋隐蔽工程进行检查，监理应仔细核对图纸，检查钢筋型号、规格、排距、间距、绑扎及焊接质量是否符合设计要求与验收标准，以保证不发生遗漏及错埋、错留问题。

4. 模板安装

应检查墙厚度、钢筋保护层、钢筋垫块等是否符合规范要求，检查模板支撑的牢固度、可靠性及模板的平整度，检查模板拼装是否存在缝隙而产生漏浆现象。

5. 预埋件安装、预留孔洞留置

(1) 督促监理认真核对预埋件、预留孔洞的数量和位置，不发生遗漏和错位现象。

(2) 对施工图纸预留孔洞、预埋件进行统计造册，施工前交设计单位、咨询单位、施工单位及监理进行四方签认，确认无误后，监督承包商施工。

6. 混凝土浇筑及养护

(1) 严格审查承包商编制的混凝土浇筑专项施工方案，重点审查混凝土浇筑结构段落的划分，以及大体积混凝土浇筑质量的保证措施是否符合技术可行、安全可靠的原则，是否符合设计要求和验收标准。

(2) 混凝土浇筑施工前，首先应检查进场混凝土的配合比、坍落度、和易性、温度及是否存在离析现象等，并应不定期到混凝土拌和站进行检查，对原材料质量及拌和质量进行控制。

(3) 混凝土浇筑施工应连续进行，不得造成冷缝。车站结构混凝土一般为大体积混凝土浇筑，应遵循分层、分段、有序浇筑的原则。混凝土振捣应均匀、密实，不得漏振或过振。特别要注意控制混凝土的入模温度。混凝土浇筑施工监理应全过程旁站，并做好旁站记录。

(4) 混凝土浇筑过程中应按规定比例留存标准养护和同条件养护试件。

(5) 混凝土浇筑施工完成后，监理应督促承包商及时养护，特别是夏季气温较高更应加强混凝土的养护。结构混凝土养护一般不少于 14 天，以保证混凝土强度及抗渗质量。

## 十九、土方回填及道路恢复施工

### (一) 工作目标

土方回填及道路恢复质量应符合设计标准及验收规范要求，回填土方密实度检测合格，施工期间安全无事故。

### (二) 工作内容

(1) 土方回填工作包括土质选择、分层回填、分层碾压、密实度检测。

(2) 检查监理单位是否按照审批的专项施工方案和设计图纸要求施工单位开展工作。

(3) 督促监理单位及时进行工序验收，其间不定期进行检查。

(4) 不定期巡视工地现场，检查施工单位是否按图样施工，督促监理单位按设计图纸验收。

(5) 检查施工单位、监理单位是否及时组织工序验收，上传一体化管理平台的资料，并按照规定上传工程照片等相关监理资料。

(6) 检查监理单位、施工单位是否按照业主管理办法进行安全管理。

## (三) 工艺流程

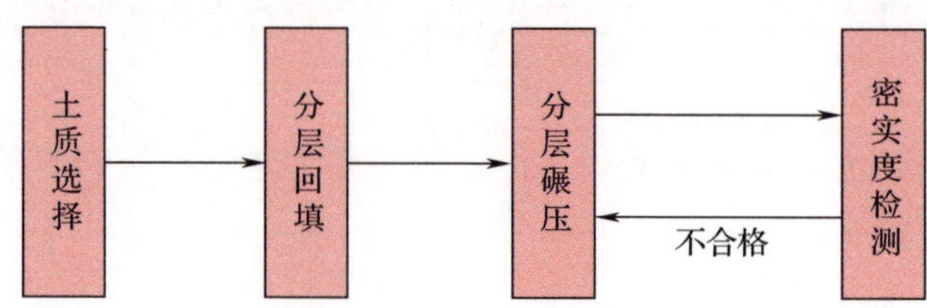


土方回填施工工艺流程

## (四) 验收依据及表格

### 1. 验收依据

(1)《地下铁道工程施工及验收规范 (2003 年版)》(GB 50299—1999) 以及相关工序规范和建筑施工强制性条文。

(2) 设计施工图纸以及图纸会审记录。

### 2. 验收表格

采用《轨道交通工程质量技术资料统一用表 (土建分册)》中 D 验收 –11。

## (五) 重点关注

(1) 专项施工方案是否按规定要求进行审批。

(2) 施工过程应按审批的专项施工方案落实施工作业技术交底、安全技术交底，驻地监理应监督并参加。

(3) 检查监理单位是否按照规定要求的频率和数量对土方回填密实度见证检测，能否满足设计图纸和规范要求。

### （六）土方回填施工控制重点

(1) 回填材料可采用黏性土或亚黏土，填土中不得含有石块、碎石、灰渣及草、垃圾等有机物。结构外侧及顶板上应首先回填不小于500 mm的黏性土（不透水）。

(2) 回填施工应遵循均匀、对称的原则，并分层压实，每层厚度不大于250 mm，机械压实每层厚度不大于300 mm，回填总厚度超过500 mm时使用机械回填碾压。

(3) 回填土的密实度应逐层进行检查，密实度应符合设计图纸、市政工程道路施工及验收技术规程的要求。

# §2—2　高架车站工程施工管理

轨道交通高架车站工程施工工作内容、施工流程及控制重点与高架区间工程施工部分基本一致，可作为参考。

## 一、桩基础工程施工（详见高架区间部分）

### （一）工作目标

桩基础工程质量应符合设计标准及验收规范要求，施工期间安全无事故。

（二）工作内容

(1) 桩基础施工主要工作包括测量定位、埋设护筒、安装钻桩机、泥浆制备、钻进、验孔、清孔、安装钢筋笼、安装导管、灌注水下混凝土、检桩。

(2) 检查监理单位是否按照审批的专项施工方案和设计图样要求施工单位开展工作。

(3) 督促监理单位及时进行工序验收，其间不定期进行检查。

(4) 不定期巡视工地现场，检查施工单位是否按图施工，督促监理单位按设计图纸验收。

(5) 检查施工单位、监理单位是否及时组织工序验收，上传一体化管理平台的资料，并按照规定上传旁站记录及工程照片等相关监理资料。

(6) 检查监理单位、施工单位是否按照业主管理办法进行安全管理。

（三）工艺流程

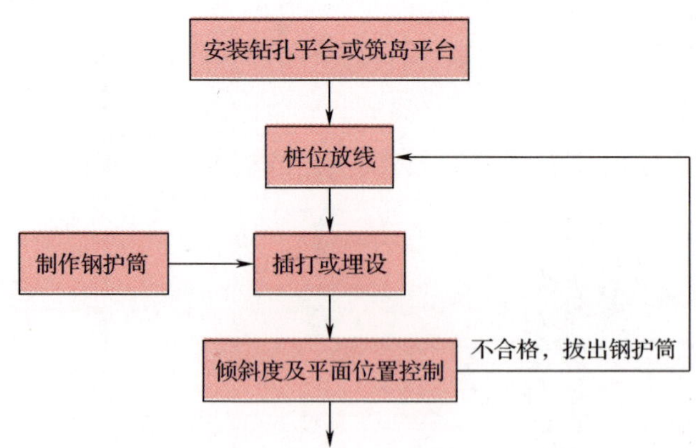

制作钢护筒
安装钻桩机、泥浆循环
泥浆制备
钻进
钻至设计标高
验孔
不合格，采取处理措施
清孔
制作钢筋
安装钢筋
安装导管
测量混凝土面高
拔球
测量混凝土面高
灌注水下
做试块件
混凝土养护，检桩
试块试压及桩基检测不符合设计要求
凿除桩头

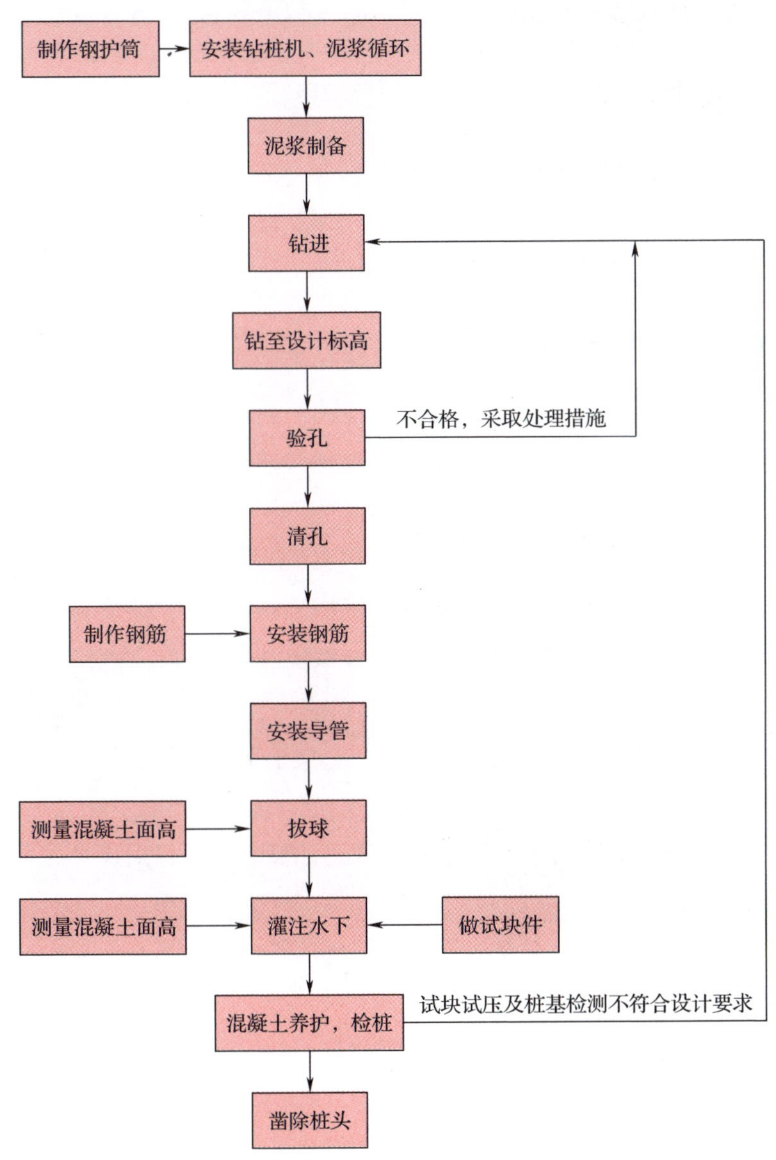

桩基础工程施工流程

### （四）验收依据及表格

#### 1. 验收依据

(1)《地下铁道工程施工及验收规范（2003 年版）》(GB 50299—1999) 以及相关工序规范和建筑施工强制性条文。

(2) 设计施工图纸以及图纸会审记录。

#### 2. 验收表格

采用《轨道交通工程质量技术资料统一用表（土建分册)》中 D 验收 –01、D 验收 –12、D 验收 –13、D 质检 –03。

### （五）重点关注

(1) 专项施工方案是否按规定要求进行审批，特别是安全专项方案必须要求承包商组织满足规定人数的专家组进行论证，通过后报监理、业主审批。

(2) 施工过程应按审批的专项施工方案落实施工作业技术交底、安全技术交底，驻地监理应监督并参加。

(3) 检查监理单位是否按照规定要求的频率和数量对进场原材料见证取样，并建立台账。

(4) 检查监理单位是否对混凝土配比进行审批，混凝土配比是否能满足设计图纸和规范要求。

### （六）桩基础工程施工控制重点

(1) 严格控制桩位的测量定位，要相关单位分别进行复查，确保准确无误。

(2) 严格控制钻孔桩的质量，重点控制钻孔的垂直度、孔深、沉渣厚度和钢筋制作、混凝土及浇筑质量。

成孔检查内容和允许误差见下表。

**成孔检查内容和允许误差**

| 项目 | 允许误差 | 备注 |
| --- | --- | --- |
| 孔位偏差 | 50 mm | 与设计桩相比 |
| 孔倾斜度 | <1% | 直桩 |
| 孔径 | 不小于设计值 | 检孔器 |
| 孔深 | 不小于设计值 | 测锤 |
| 孔底沉渣 | 柱桩≤ 5 cm，摩擦桩≤ 20 cm | 沉渣盒 |

钢筋笼制作允许误差和检验方法见下表。

**钢筋笼制作允许误差和检验方法**

| 序号 | 项目 | 允许误差 | 检验方法 |
| --- | --- | --- | --- |
| 1 | 钢筋骨架长度 | ± 100 mm | 尺量检查 |
| 2 | 钢筋骨架直径 | ± 10 mm | 尺量检查<br>不少于 5 处 |
| 3 | 主钢筋间距 | ± 10 mm | |
| 4 | 加强筋间距 | ± 20 mm | |
| 5 | 箍筋间距或螺旋筋间距 | ± 20 mm | |
| 6 | 钢筋骨架垂直度 | 骨架长度 1% | 吊线尺量检查 |

## 二、承台、墩台帽施工（详见高架区间部分）

### （一）工作目标

承台、墩台帽质量应符合设计标准及验收规范要求，施工期间安全无事故。

### （二）工作内容

(1) 承台、墩台帽施工主要工作内容

1) 承台施工主要工作包括测量放样、基坑开挖、凿除桩头、检测桩基、基底处理、钢筋绑扎、模板安装、浇筑混凝土。

2) 墩台帽施工主要工作包括测量放线、墩身混凝土浇筑、顶帽测量放样、安装顶帽模板、绑扎顶帽钢筋、安装预埋件、顶帽混凝土浇筑。

(2) 检查监理单位是否按照审批的专项施工方案和设计图纸要求施工单位开展工作。

(3) 督促监理单位及时进行工序验收，其间不定期进行检查。

(4) 不定期巡视工地现场，检查施工单位是否按图施工，督促监理单位按设计图纸验收。

(5) 检查施工单位、监理单位是否及时组织工序验收，上传一体化管理平台的资料，并按照规定上传旁站记录及工程照片等相关监理资料。

(6) 检查监理单位、施工单位是否按照业主管理办法进行安全管理。

## （三）工艺流程

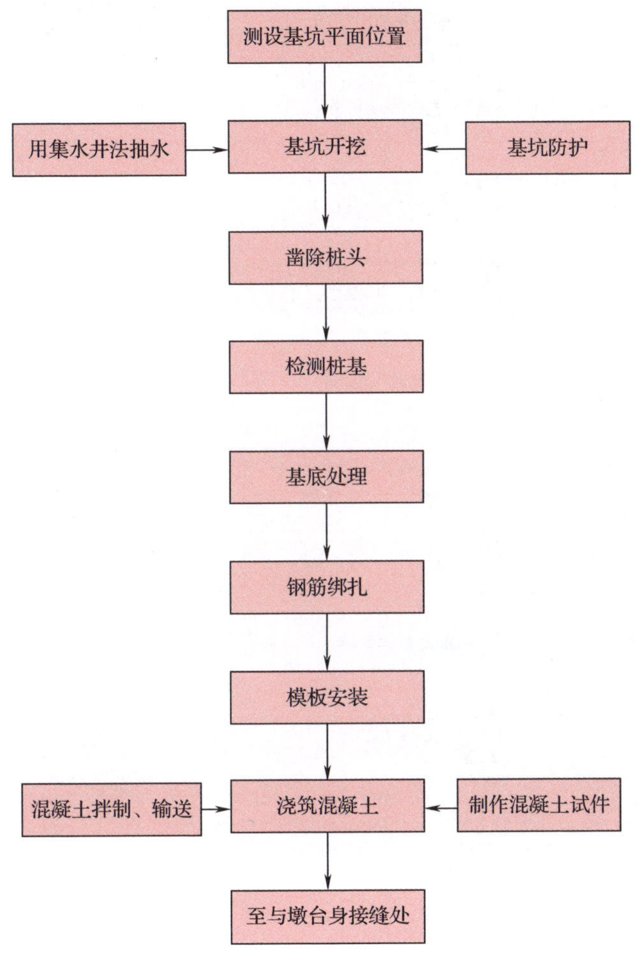


承台施工工艺流程

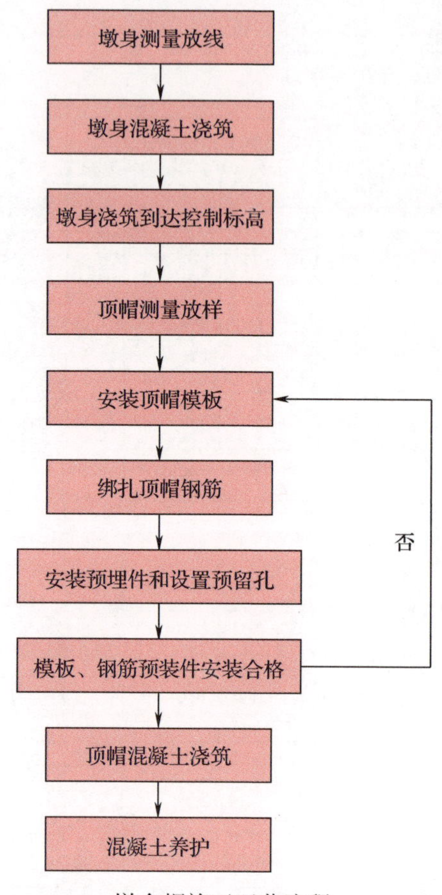


墩台帽施工工艺流程

## （四）验收依据及表格

### 1. 验收依据

（1）《地下铁道工程施工及验收规范（2003 年版）》（GB 50299—1999）以及相关工序规范和建筑施工强制性条文。

（2）设计施工图纸以及图纸会审记录。

2. 验收表格

采用《轨道交通工程质量技术资料统一用表（土建分册）》中D验收–135、D验收–136、D验收–137、D验收–138、D质检–71、D质检–72、D质检–100以及D质检–101。

## （五）重点关注

(1) 专项施工方案是否按规定要求进行审批，特别是安全专项方案必须要求承包商组织满足规定人数的专家组进行论证，通过后报监理、业主审批。

(2) 施工过程应按审批的专项施工方案落实施工作业技术交底、安全技术交底，驻地监理应监督并参加。

(3) 检查监理单位是否按照规定要求的频率和数量对进场原材料、半成品构件见证取样，并建立台账。

(4) 检查监理单位是否对混凝土配比进行审批，混凝土配比是否能满足设计图纸和规范要求。

## （六）承台、墩台帽施工控制重点

(1) 严格控制桩位的测量定位，要相关单位分别进行复查，确保准确无误。

(2) 承台施工控制重点

1) 要对桩基进行检测，合格后方可进入下道工序。

2) 对基底要进行相应的处理，清除松碎石块、淤泥。

3) 做好钢筋与模板的制作、安装及混凝土质量的检查和验收工作。

承台质量检查标准见下表。

**承台质量检查标准**

| 序号 | 控制项目 | 质量标准和要求 | 备注 |
|---|---|---|---|
| 1 | 场地平整 | 承台上的淤泥等废弃物清理干净 | |
| 2 | 测量放样 | 定出承台四角，地面抄平，确定开挖尺寸和深度，精度为 ±50 mm | |
| 3 | 基坑支护 | 基坑开挖方法和支护形式必须符合施工技术方案的要求，基坑支护满足强度、刚度、稳定性要求 | |
| 4 | 基坑开挖 | 基坑的平面位置和坑底尺寸必须满足设计与施工要求，基坑无积水，底部高程允许偏差：（土）±50 mm 、（石）+50 ～ 200 mm | |
| 5 | 桩基检测 | 做无损检测，合格后进入下道工序施工 | |
| 6 | 砂浆垫层 | 垫层强度、厚度和尺寸满足设计要求，平整度偏差为 ±10 mm，高程偏差为 ±20 mm | |
| 7 | 承台模板 | 尺寸允许偏差为 ±10 mm | |

（3）墩台帽施工控制重点

1）对模板的加固、固定和脚手架质量进行严格检查。

2）对钢筋的制作、安装质量和混凝土的浇筑质量要严格控制。钢筋的安装及保护层厚度允许偏差和检验方法见下表。

**钢筋的安装及保护层厚度允许偏差和检验方法**

| 序号 | 名称 | | 允许偏差（mm） | 检验方法 |
|---|---|---|---|---|
| 1 | 受力钢筋排距 | | ±5 | 尺量，两端、中间各 1 处 |
| 2 | 同一排中受力钢筋间距 | | ±10 | 尺量，连续 3 处 |
| 3 | 分布筋间距 | | ±20 | |
| 4 | 箍筋间距 | 绑扎骨架 | ±20 | |
| | | 焊接骨架 | ±10 | |

续表

| 序号 | 名称 | | 允许偏差（mm） | 检验方法 |
|---|---|---|---|---|
| 5 | 弯起点位置 | | 30 | 尺量 |
| 6 | 钢筋保护层厚度 $C$（mm） | $C \geqslant 35$ | +10、-5 | 尺量，两端、中间各 2 处 |
| | | $25<C<35$ | +5、-2 | |
| | | $C \leqslant 25$ | +3、-1 | |

## 三、站台层施工

### （一）工作目标

站台层质量应符合设计标准及验收规范要求，施工期间安全无事故。

### （二）工作内容

（1）车站站台层施工主要工作包括测量放线、脚手架搭设、模板安装、混凝土面凿毛清理、钢筋制作及安装、预埋件安装、预留孔洞留置、混凝土浇筑、混凝土养护、轨行区限界断面测量。

（2）检查监理单位是否按照审批的专项施工方案和设计图纸要求施工单位开展工作。

（3）检查监理单位是否按照样板标准验收，督促监理单位及时进行工序验收，其间不定期进行检查。

（4）不定期巡视工地现场，检查施工单位是否按图施工，督促监理单位按设计图纸验收。

（5）督促监理认真核对预埋件、预留孔洞的数量和位置，不发生遗漏和错位现象。对施工图纸预留孔洞、预埋件进行统计造册，施工前交设计单位、咨询单位、施工单位以及监理进行四方签认，确认无误后，监督承包商施工。

(6) 检查施工单位、监理单位是否及时组织工序验收，上传一体化管理平台的资料，并按照规定上传旁站记录及工程照片等相关监理资料。

(7) 检查监理单位、施工单位是否按照业主管理办法进行安全管理。

## （三）工艺流程

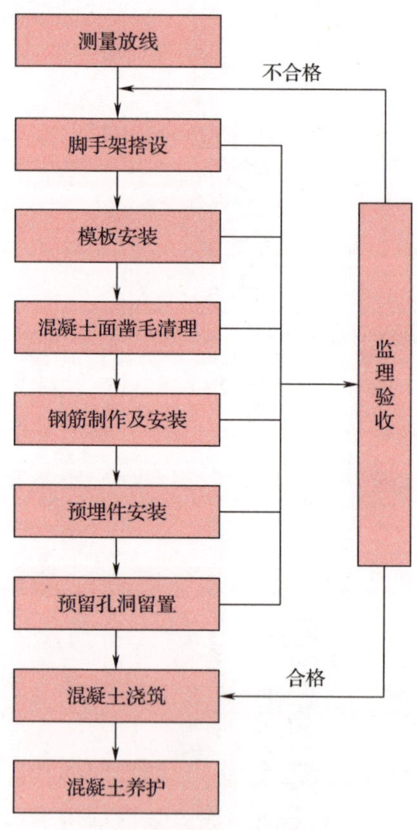


站台层施工工艺流程

### （四）验收依据及表格

#### 1. 验收依据

(1)《地下铁道工程施工及验收规范（2003 年版）》(GB 50299—1999) 以及相关工序规范和建筑施工强制性条文。

(2) 设计施工图纸以及图纸会审记录。

#### 2. 验收表格

采用《轨道交通工程质量技术资料统一用表（土建分册）》中 D 验收 –31、D 质检 –33、D 质检 –35、D 验收 –34、D 验收 –37、D 验收 –39、D 验收 –40、D 验收 –41 以及 D 验收 –43。

### （五）重点关注

(1) 专项施工方案是否按规定要求进行审批。

(2) 施工过程应按审批的专项施工方案落实施工作业技术交底、安全技术交底，驻地监理应监督并参加。

(3) 检查监理单位是否按照规定要求的频率和数量对进场原材料、半成品构件见证取样，并建立台账。

(4) 检查监理单位是否对混凝土配比进行审批，混凝土配比是否能满足设计图纸和规范要求。

### （六）站台层施工控制重点

#### 1. 脚手架搭设

(1) 脚手架搭设前应清除结构板面障碍物、垃圾等，并测量放线定位。

(2) 脚手架必须设置纵向、横向扫地杆。纵向扫地杆应采用直角扣件固定在距底座上方不大于 20 cm 处的立杆上。横向扫地杆也采用直角扣件固定在紧靠纵向杆下方的立杆上。

(3) 脚手架需搭设剪刀撑，剪刀撑斜杆的接长宜采用 3 个旋转扣件搭接，接头长度不小于 1 m，且端部离扣件中心距离不小于 10 cm，剪刀撑与地面夹角为 45° ~ 60°。

2. 施工缝处理

检查监理对施工缝处新旧混凝土凿毛、清理、钢板止水带安装是否按照规范和设计图纸要求进行检查验收。

3. 钢筋制作及安装

(1) 对钢筋焊接人员培训、持证上岗情况进行核查。

(2) 对车站钢筋隐蔽工程进行检查，监理应仔细核对图纸，检查钢筋型号、规格、排距、间距、绑扎及焊接质量是否符合设计要求与验收标准，以保证不发生遗漏及错埋、错留问题。

4. 模板安装

应检查墙厚度、钢筋保护层、钢筋垫块等是否符合规范要求，检查模板支撑的牢固度、可靠性及模板的平整度，检查模板拼装是否存在缝隙而产生漏浆现象。

5. 预埋件安装、预留孔洞留置

(1) 督促监理认真核对预埋件、预留孔洞的数量和位置，不发生遗漏和错位现象。

(2) 对施工图纸预留孔洞、预埋件进行统计造册，施工前交设计单位、咨询单位、施工单位及监理进行四方签认，确认无误后，监督承包商施工。

6. 混凝土浇筑及养护

(1) 严格审查承包商编制的混凝土浇筑专项施工方案，重点审查混凝土浇筑结构段落的划分及大体积混凝土浇筑质量的保证措施是否符合技术可行、安全可靠的原则，是否符合设计要求和验收标准。

(2) 混凝土浇筑施工前，首先应检查进场混凝土的配合比、坍落度、和易性、温度及是否存在离析现象等，并应不定期到混凝土拌和站进行检查，对原材料质量及拌和质量进行控制。

(3) 混凝土浇筑施工应连续进行，不得造成冷缝。车站结构混凝土一般为大体积混凝土浇筑，应遵循分层、分段、有序浇筑的原则。混凝土振捣应均匀、密实，不得漏振或过振。特别要注意控制混凝土的入模温度。混凝土浇筑施工监理应全过程旁站，并做好旁站记录。

(4) 混凝土浇筑过程中应按规定比例留存标准养护和同条件养护试件。

(5) 混凝土浇筑施工完成后，监理应督促承包商及时养护，特别是夏季气温较高更应加强混凝土的养护。结构混凝土养护一般不少于14天，以保证混凝土强度及抗渗质量。

## §2—3 暗挖法地下车站工程施工管理

由于管线迁改、征地无法解决或受地面建筑物拆除等影响，在地质条件允许的情况下，轨道交通车站采用暗挖法施工。根据不同的地质条件和环境条件，车站暗挖法施工工艺和方法多种多样，如侧洞法、中洞法、暗挖桩柱法（PBA 工法）等。施工工作内容及控制重点与矿山法（暗挖）区间部分的工作内容、施工流程及控制重点基本一致。

## 一、工作目标

暗挖法地下车站工程质量应符合设计标准及验收规范要求，施工期间安全无事故。

## 二、工作内容

(1) 暗挖地下车站主要工作包括地层预支护和预加固、土方开挖、初期支护、二次衬砌、监控量测。

(2) 检查监理单位是否按照审批的专项施工方案和设计图纸要求施工单位开展工作。

(3) 督促监理单位及时进行工序验收，其间不定期进行检查。

(4) 不定期巡视工地现场，检查施工单位是否按图施工，督促监理单位按设计图纸验收。

(5) 检查施工单位、监理单位是否及时组织工序验收，上传一体化管理平台的资料，并按照规定上传旁站记录及工程照片等相关监理资料。

(6) 检查监理单位、施工单位是否按照业主管理办法进行安全管理。

## 三、工艺流程

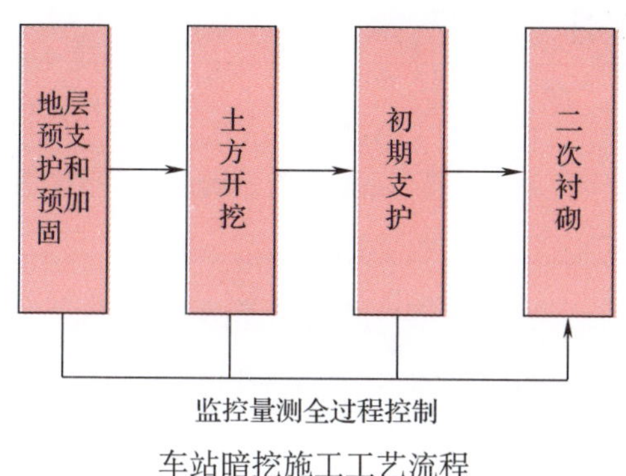


车站暗挖施工工艺流程

## 四、验收依据及表格

### 1. 验收依据

(1)《地下铁道工程施工及验收规范（2003 年版）》(GB 50299—1999) 以及相关工序规范和建筑施工强制性条文。

(2) 设计施工图纸以及图纸会审记录。

### 2. 验收表格

采用《轨道交通工程质量技术资料统一用表（土建分册)》中暗挖隧道工程检查证和检验批验收记录用表 D 质检 –52、D 质检 –53、D 质检 –54、D 质检 –55、D 质检 –56、D 质检 –57、D 质检 –58、D 质检 –59、D 质检 –60、D 验收 –77、D 验收 –78、D 验收 –79、D 验收 –80 以及 D 验收 –81。

## 五、控制重点

### （一）重点关注

（1）专项施工方案是否按规定要求进行审批，特别是安全专项方案必须要求承包商组织满足规定人数的专家组（广州市建设科学技术委员会）论证，通过后报监理、业主审批。

（2）施工过程应按审批的专项施工方案落实施工作业技术交底、安全技术交底，驻地监理应监督并参加。

（3）检查监理单位是否按照规定要求的频率和数量对进场原材料见证取样，并建立台账。

（4）检查监理单位是否对混凝土配比进行审批，混凝土配比是否能满足设计图纸和规范要求。

### （二）暗挖法地下车站施工控制重点

（1）暗挖地下车站施工控制重点与“矿山法（暗挖）区间”部分大体类似，具体内容可进行参考。

（2）车站的结构断面形式比区间隧道复杂，断面尺寸比区间隧道大，地表沉降控制相对会更严，施工时要根据地表沉降、建筑物沉降等监测数据情况，控制施工参数和进度。

# 区间工程施工阶段工程管理

## §3—1　盾构法区间工程施工管理

盾构机是近30年逐步发展起来的一种技术先进的新型盾构机械，能适应从软弱黏性土到砂和砂砾土广泛范围内的各种土层隧道施工。盾构以盾构机为施工机具，在地层中修建隧道和大型管道的一种暗挖式施工方法。施工时在盾构机前端切口环的掩护下开挖土体，在盾尾的掩护下拼装衬砌（管片或砌块），再将开挖面挖至新的进程。如此循环交替，逐步延伸而建成隧道。

盾构法因具有明显的优越性，在地铁施工中被广泛使用。其优越性有：在盾构的掩护下进行开挖和衬砌作业，有足够的施工安全性；地下施工不影响地面交通，在河底下施工不影响河道通航；施工操作不受气候条件的影响；产生的振动、噪声等环境危害较小；对地面建筑物及地下管线的影响较小。

### 一、盾构法及施工要求

目前使用最多的是土压平衡盾构法和泥水盾构法两种。

#### （一）土压平衡盾构法施工

土压平衡盾构法是利用安装在盾构最前面的全断面切削刀盘，将正面土体切削下来进入刀盘后面的储留密封舱内，并使舱内具有适当压力，与开挖面水土压力平衡，以减少盾构推进对地层土体的扰动，从而控制地表沉降，在出土时由安装在密封舱下部的螺旋输送机将土渣连续排至排土口。螺旋输送机靠转速控制来掌握出土量，出土量要密切配合刀盘切削速度，以保持密封舱内始终充满泥土而又不致过于饱满。这种盾构避免了局部气压盾构法的主要缺点，也省略了泥水加压盾构法投资较大的控制系统、泥水输送系统和泥水处理等设备，因此被广泛使用。

工艺流程如下：

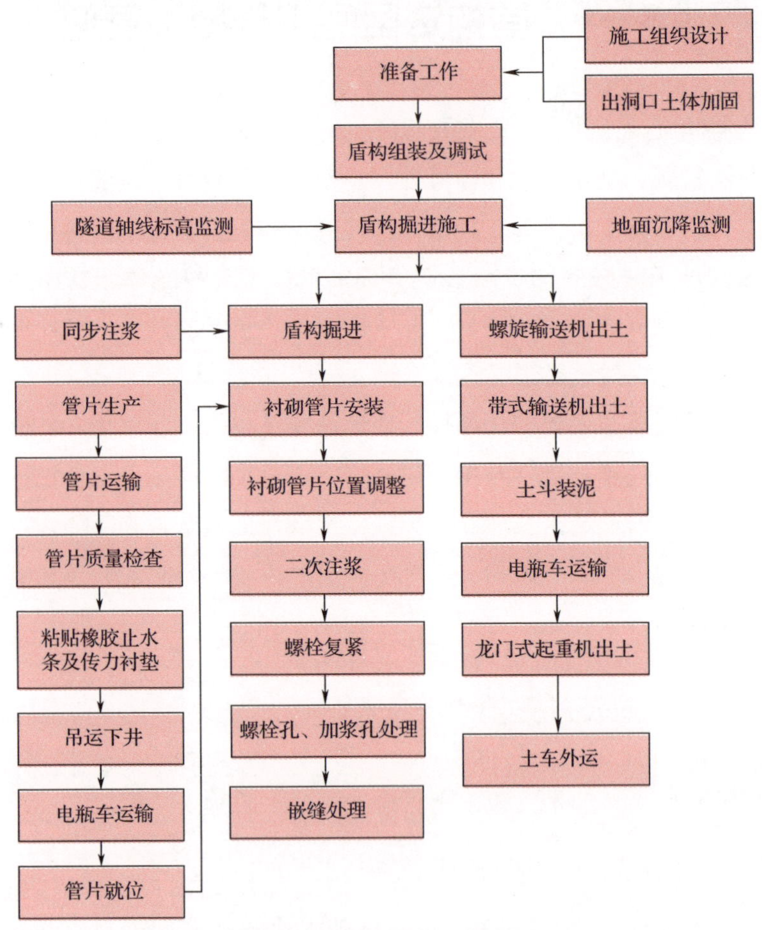


土压平衡盾构法施工工艺流程

## （二）泥水盾构法施工

泥水加压盾构法是在盾构开挖面的密封舱内注入泥水，通过泥水加压与外部压力平衡，以保证开挖面土体稳定，其开挖面的平衡稳定性及控制地面沉降性能好，盾构机内部空间较大，特别是大直径隧道施工具有一定的优势。盾构推进时开挖下来的土进入盾构前部的泥水室，经搅拌装置进行搅拌，搅拌后的高浓度泥水用泥水泵送到地面，泥水在地面经过分离，然后进入地下盾构的泥水室，不断地排渣、净化后使用。

工艺流程如下：

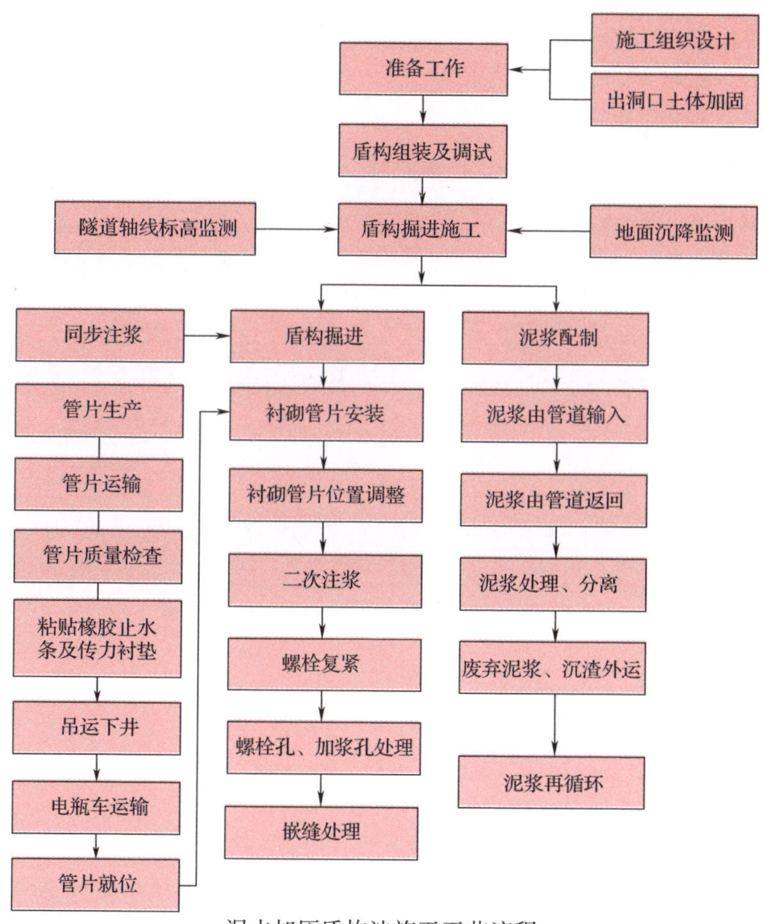


泥水加压盾构法施工工艺流程

### （三）盾构法施工要求

(1) 盾构机械的选型要符合项目当地的地质水文及环境条件。

(2) 盾构机进场前进行全面的维修、改造。

(3) 对沿线的地质情况进行详勘，预先确定刀具检查与更换位置，必要时采取加固处理措施。

(4) 控制好盾构始发井和接收井的质量。

(5) 做好进、出场的准备工作，确保进、出站施工质量与安全。必须严格控制盾构机的始发位置，初始掘进段完成后，检查和调整施工工艺参数、掘进姿态、掘进速度等。

(6) 严格控制管片预制质量和加工精度，管片下井前还要进行外观检查，保证管片的拼装质量，防止和减少管片开裂、错台等质量问题。

(7) 防止和减少管片在运输过程中的损伤。

(8) 防水条的粘贴必须在现场进行，保证不能浸水和受潮。

(9) 壁后注浆要及时跟进。

(10) 泥水加压盾构要控制水、黏土及添加剂混合制成的泥浆比重、稠度等泥浆指标，对泥浆拌制及泥浆分离设施进行检查和验收。

## 二、盾构选型

### （一）工作目标

盾构机类型及各项性能、参数应满足工程项目地质水文及环境条件要求。

### （二）工作内容

(1) 对拟建区间的地质水文及周边的环境、建（构）筑物进行调查，提交盾构机性能参数或维修改造方案，由专家组对进场盾构机性能参数或改造方案进行审查，按照方案进行维修改造或订制。

(2) 检查监理、施工单位是否按照审批的盾构机改造方案组织实施。

(3) 检查施工、监理单位是否建立盾构机改造实施过程的记录台账。

### （三）工作流程

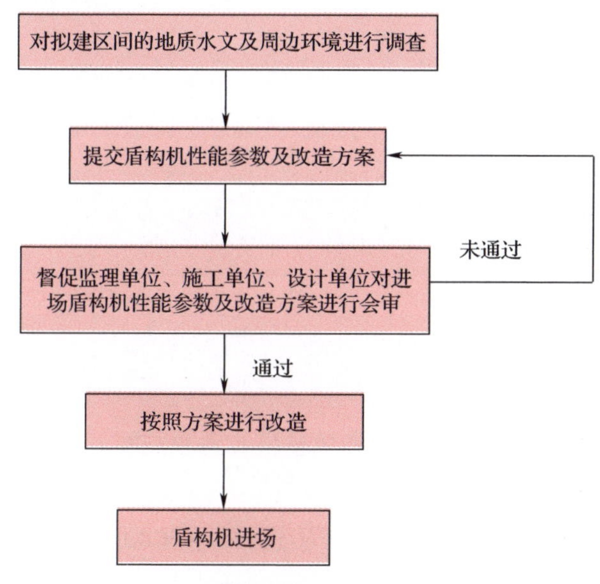


盾构选型工作流程

### （四）验收依据及表格

招标文件、设计文件、施工单位提供的盾构机厂家性能参数。

### （五）控制重点

(1) 对拟建区间的地质及水文状况进行调查，根据区间的工程地质和水文地质条件、沿线地形、建（构）筑物、地下管线等环境条件以及地层变形的控制要求，综合分析确定盾构机的类型。

(2) 盾构机维修、改造及性能参数的选型方案按规定要求进行审批，并经有关专家组织论证、审查。

(3) 审查盾构机类型是否满足拟建区间隧道地质岩性和水文情况的需要。

(4) 审查盾构机的机械性能是否满足拟建区间隧道曲线变化和坡度变化的需要。

## 三、土体端头加固

### （一）工作目标

土体端头加固质量应符合设计标准及验收规范要求，施工期间安全无事故。

### （二）工作内容

(1) 土体端头加固主要工作包括桩位测量放样，设备检查、验收、安装就位，配制浆液，钻进注浆。

(2) 检查监理、施工单位是否按照审批的专项施工方案组织开展工作。

(3) 检查施工、监理单位管理人员是否在施工现场监督、检查，并做好施工记录及检验批验收记录。

(4) 检查施工单位、监理单位是及时组织各工序验收，上传一体化管理平台的资料，并按照规定上传旁站记录及工程照片等相关监理资料。

## （三）工作流程

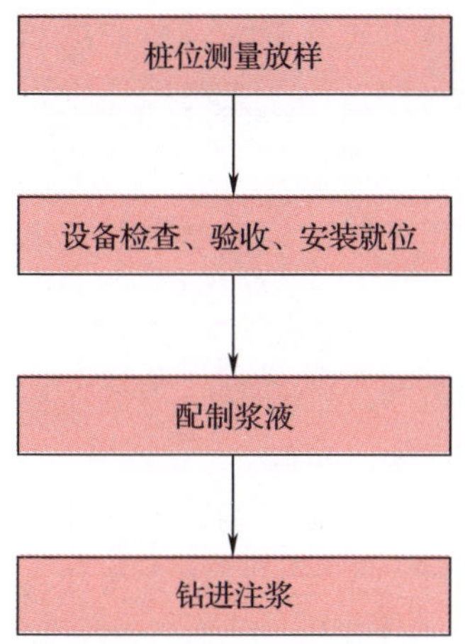


土体端头加固工作流程

## （四）验收依据及表格

### 1. 验收依据

(1)《盾构法隧道施工与验收规范》(GB 50446—2008)。

(2)《地下铁道工程施工及验收规范（2003 年版)》(GB 50299—1999)。

(3)《地下防水工程质量验收规范》(GB 50208—2011)。

(4)《混凝土结构工程施工质量验收规范》(GB 50204—2015)。

(5) 设计施工图纸。

### 2. 验收表格

采用《轨道交通工程质量技术资料统一用表（土建分册)》中 D 验收 –14、D 验收 –29、D 质检 –04、D 质检 –05、D 质检 –06、D 质检 –22。

### （五）土体端头加固控制重点

(1) 施工专项方案及安全方案是否按照规定要求进行审批。

(2) 督促施工单位对施工作业人员进行安全技术交底，驻地监理要监督并参加。

(3) 检查监理单位是否按照规定要求的频率和数量对进场原材料见证取样，并建立台账。

(4) 对测量放样成果进行复核，严格按照图纸放点施工，确保准确无误。

(5) 对水泥浆配比进行试验，确定浆液最佳配比。

(6) 施工前进行成桩工艺试验，确定各项技术参数，试桩数量不得低于 2 根。

(7) 钻机就位平稳，立轴、转盘与孔位对正，高压设备与管路系统符合设计要求及安全要求，防止管路堵塞，密封良好。

(8) 对深层长桩根据地质条件，分层选择适宜的喷射参数，保证成桩均匀一致。

(9) 按照要求对端头加固体强度、抗渗指标进行取芯检测和质量验收，满足设计的强度、防渗及稳定性要求。施工检查项目及允许偏差见下表。

**土体加固桩体施工检查项目及允许偏差**

| 序号 | 项目 | 允许偏差 |
| --- | --- | --- |
| 1 | 桩位（纵向、横向） | 50 mm |
| 2 | 桩身垂直度 | 1% |
| 3 | 桩长 | 不小于设计值 |
| 4 | 桩体有效直径 | 不小于设计值 |
| 5 | 桩体无侧限抗压强度 | 不小于设计规定 |

## 四、盾构机组装及调试

### （一）工作目标

盾构机组装及调试各项指标、参数应满足要求，质量符合设计标准及验收规范要求，施工期间安全无事故。

### （二）工作内容

（1）盾构机运输进场、安装始发基座、盾构机吊装、盾构机组装、前盾吊装下井、安装刀盘、中盾下井、安装螺旋输送机、反力架及负环管片的安装、管线连接、盾构机调试、性能验收。

（2）检查监理、施工单位是否按照盾构机组装专项方案组织开展工作。

（3）检查施工单位、监理单位技术、管理人员是否在现场履行工作职责。

（4）检查施工单位、监理单位是否建立盾构机组装及调试检查记录和台账。

### （三）工作流程

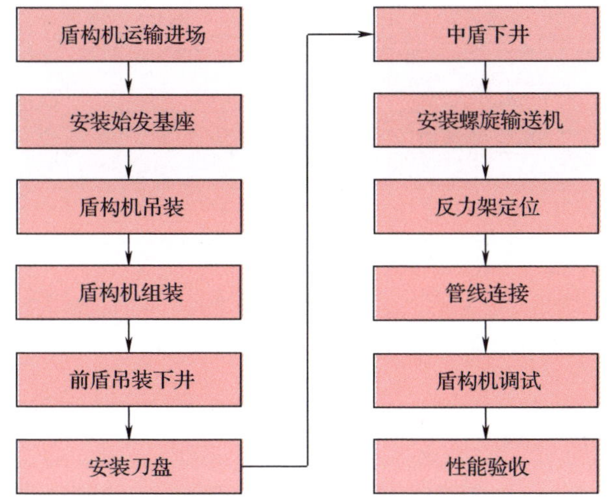


盾构机组装及调试工作流程

### （四）验收依据及表格

招标文件、设计文件、《盾构法隧道施工与验收规范》(GB 50446—2008) 等。

### （五）盾构机组装及调试控制重点

(1) 根据盾构部件、场地条件，制定详细的盾构机组装、吊装、调试方案，专项施工方案及专项安全施工方案按规定要求进行审批，起重吊装专项安全施工方案组织专家论证。

(2) 施工过程要按审批的专项施工方案的要求，落实施工作业技术交底、安全技术交底，驻地监理要监督并参加。

(3) 对始发井吊装场地基承载力进行检测，要满足要求。

(4) 施工单位、监理单位要严格按照吊装方案组织实施，将各项措施落实到位，大件部件的吊装必须由具有资质的专业队伍负责。

(5) 对盾构机始发各种辅助设施、设备，包括基座、反力架定位等进行检查及验收，要求安装定位准确、牢固稳定，有足够的刚度、稳定性，盾构机的安装姿态等必须满足设计线路及标高要求。

(6) 施工单位、监理单位要按照调试验收方案，对各项指标和参数逐项检查、调试，对各部件性能进行确认，例如，刀盘回转功能、转速、压力，无负荷推进液压缸、安装器、超挖刀、真圆器动作，螺旋输送机正转和逆转动作、转速、压力，液压回路泵的启动、停止等。

(7) 施工现场要配备消防设备，明火、电焊作业时要安排专人负责。

## 五、盾构机验收

### （一）工作目标

盾构机的性能及参数应满足设计标准或维修改造方案的要求。

## （二）工作内容

（1）盾构机验收的主要工作包括对盾构壳体、切削刀盘、拼装机、螺旋输送机、带式输送机、同步注浆系统、液压系统、铰接装置、电气系统、渣土改良系统、盾构密封系统进行检查及验收。

（2）检查监理单位、施工单位是否按照制定的验收大纲组织盾构机验收工作，并检查及验收资料完整性。

## （三）工作流程

盾构组装部件进场—部件清点—工地组装—工地调试—业主、监理、设计、施工单位进行盾构机验收—验收通过—满足盾构机掘进条件。

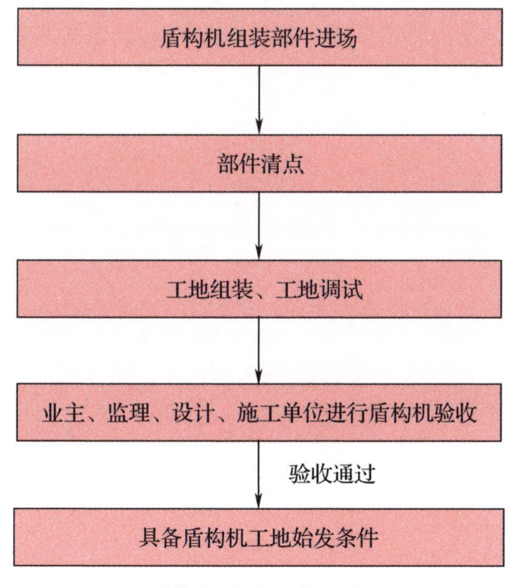


盾构机验收工作流程

## （四）验收依据及表格

招标文件、设计文件、盾构机技术文件、盾构机性能参数表、盾构机调试验收表等。

### （五）盾构机验收控制重点

(1) 盾构机验收方案要按规定要求进行审批。

(2) 应按要求对作业人员进行施工作业技术交底、安全技术交底，驻地监理监督并参加。

(3) 对到场的盾构机各主要部件配置、尺寸、性能参数进行清点、检查、验收，要与清单上的数量和型号一致，与审批的盾构机维修改造方案及性能、参数的要求一致。

(4) 对完成组装的盾构机进行节点验收，包括盾构设备各组成系统空载试运转、导向系统定位复测等；各系统单机无负荷试车合格，联动无负荷试车合格，经检测工作性能、操作性能、动力指标及安全性能满足要求。

## 六、盾构始发掘进

### （一）工作目标

盾构始发掘进质量应符合设计标准及验收规范要求，施工安全无事故。

### （二）工作内容

(1) 盾构始发掘进主要工作包括测量定位、凿除洞门、安装洞门密封装置、安装负环管片及盾构机前移、始发掘进。

(2) 对编制的始发专项方案进行审查，并监督监理、施工单位按照方案组织实施并将各项措施落实到位。

## （三）工作流程

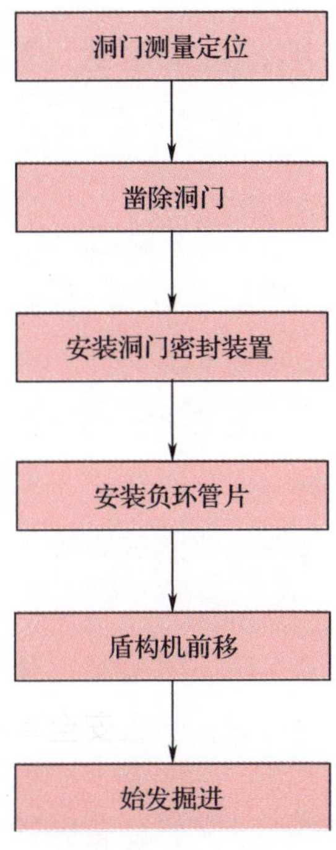


盾构机始发掘进工作流程

## （四）验收依据及表格

### 1. 验收依据

(1)《盾构法隧道施工与验收规范》(GB 50446—2008)。

(2)《地下铁道工程施工及验收规范（2003 年版)》(GB 50299—1999)。

(3)《地下防水工程质量验收规范》(GB 50208—2011)。

(4)《混凝土结构工程施工质量验收规范》(GB 50204—2015)。

(5) 设计施工图纸。

2. 验收表格

采用《轨道交通工程质量技术资料统一用表（土建分册)》中D验收–94、D验收–95、D验收–96、D验收–97、D验收–101、D验收–102、D质检–62、D质检–63、D质检–66、D质检–67、D质检–68。

### （五）盾构机始发掘进控制重点

(1) 始发专项方案要按照规定要求进行审批，监督监理、施工单位按照方案组织实施并将各项措施落实到位。

(2) 按审批的专项施工方案要求，对施工作业人员进行技术、安全交底，驻监理要监督并参加。

(3) 负环管片拼装定位时，管片换面应与隧道轴线垂直，并要安装牢固，满足安全要求。

(4) 施工单位在洞门凿除施工时要安排专人负责，并对洞门密封装置安装质量进行检查，确保质量，防止安全事故的发生。监理要安排人员旁站。

(5) 对测量控制点、水准点、测量仪器等进行检查，按照《关于修改〈广州轨道交通施工测量管理细则〉的通知》(穗铁建总总工〔2013〕1316号）进行测量和复核。

(6) 按照应急预案要求将各项应急物质材料及设备准备到位。

## 七、盾构机掘进施工

### （一）工作目标

掘进的隧道几何尺寸及质量应符合设计要求及验收标准，盾构机掘进施工安全无事故。

### （二）工作内容

(1) 盾构机掘进施工主要工作包括出渣管理、管片拼装、同步注浆、姿态控制、地面监测。

(2) 检查监理单位是否督促施工单位按照审批的掘进专项施工方案组织实施。

(3) 检查施工单位在施工过程中水平、垂直运输及管片拼装的安全管控，应对施工作业人员进行安全技术交底，监理要监督及旁站。

(4) 试掘进段完成后监理单位要组织验收和总结，确定盾构机的掘进参数，为后续施工提供依据，严格按照工序要求开展工作。

(5) 按照《关于印发〈广州轨道交通施工测量管理办法（2015 年修改版)〉的通知》(穗铁建总总工〔2015〕274 号文）进行测量及复核。

(6) 抽查监理是否及时组织对进场的管片进行检查及验收，检查同步注浆及砂浆拌制、压力、数量、配比等。

(7) 检查施工过程中盾构机掘进中的水平、垂直姿态控制情况。

(8) 检查施工单位、监理单位是否建立盾构机掘进过程的维护、保养记录台账，保障盾构机有效运转率。

(9) 参与并监督监理单位组织召开安全风险分析会，检查监理单位对施工单位监测数据和第三方监测单位监测数据的对比分析情况。

(10) 检查施工单位、监理单位是否及时组织工序验收，上传一体化管理平台的资料，并按照规定上传旁站记录及工程照片等相关监理资料。

（三）工作流程

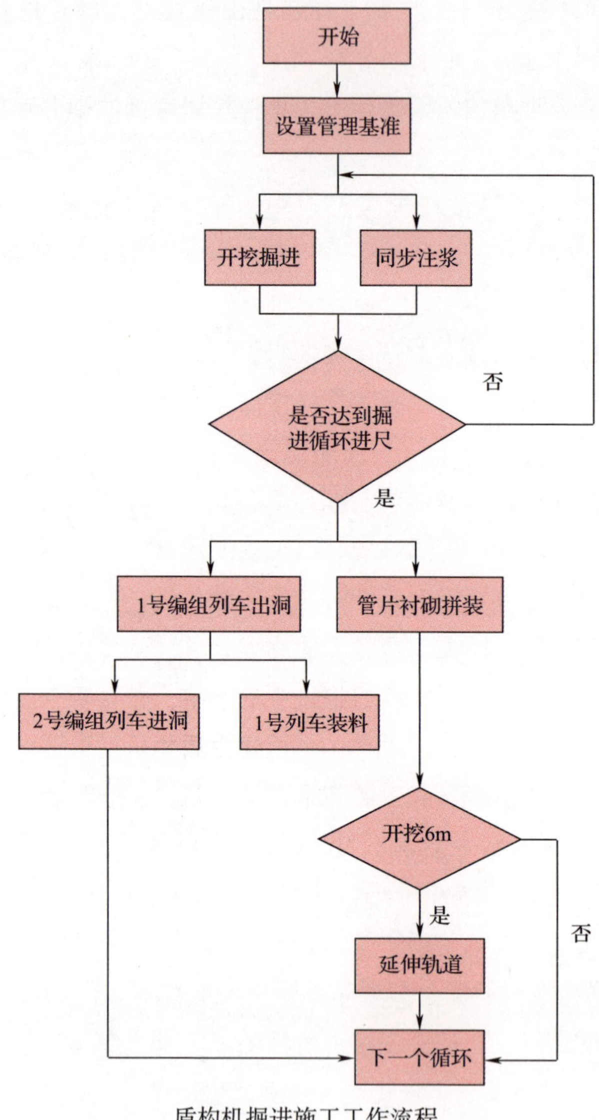


盾构机掘进施工工作流程

开始
设定土舱压力值 $p_0$
设定刀盘扭矩、转速
设定泡沫、膨润土注入参数
设定千斤顶速度
设定螺旋输送机转速
是
刀盘扭矩为上限
调整泡沫及膨润土注入参数
调整螺旋输送机转速及出料口舱门
土压力 $p_1$
$p_0$与$p_1$
不符
相符
不好
渣土流动性与止水性
好
盾构机姿态
好
不好
调整掘进参数或进行二次补强注浆
底层沉降控制与反馈
好
继续
盾构机掘进控制程序

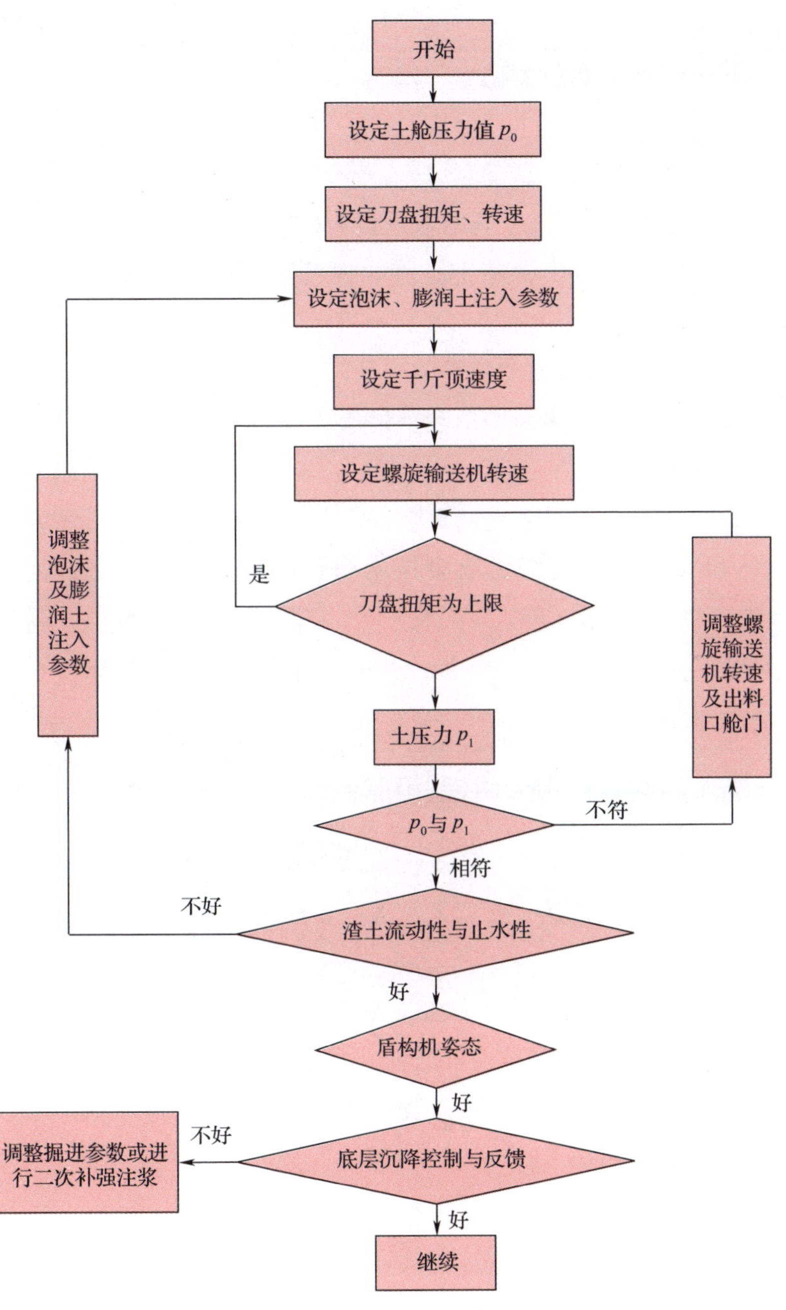

### （四）验收依据及表格

#### 1. 验收依据

(1)《盾构法隧道施工与验收规范》(GB 50446—2008)。

(2)《地下铁道工程施工及验收规范（2003 年版)》(GB 50299—1999)。

(3)《地下防水工程质量验收规范》(GB 50208—2011)。

(4) 设计施工图纸及图纸会审记录。

#### 2. 验收表格

采用《轨道交通工程质量技术资料统一用表（土建分册)》中 D 验收 –93、D 验收 –94、D 验收 –95、D 验收 –96、D 验收 –97、D 验收 –101、D 验收 –102、D 验收 –103、D 质检 –62、D 质检 –63、D 质检 –66、D 质检 –67、D 质检 –68。

### （五）盾构机掘进施工控制重点

(1) 专项施工方案及专项安全施工方案要按规定要求进行审批。

(2) 施工单位对施工作业人员进行安全、技术交底，驻地监理要监督并参加。

(3) 检查监理单位是否按照规定要求的频率和数量对进场原材料 (水泥、砂子等注浆材料) 见证取样，并建立台账。

(4) 对线路中心线、盾构机姿态和管片安装进行人工复核、测量，盾构掘进测量应严格按照《广州轨道交通施工测量管理细则》要求开展工作。

(5) 完成试掘进段后，督促监理单位组织质量监督机构、业主、勘察单位、设计单位、施工单位召开样板验收会议，后续工序应严格按照样板工序要求开展工作。

(6) 督促监理和施工单位在盾构掘进过程应对照地质条件及时调整技术参数，控制盾构机姿态，如滚转角、俯视角、偏角等。

(7) 督促监理及施工单位监测和记录掘进中盾构运转情况、掘进参数的变化、排出渣土状况，并及时分析，调整掘进参数，如刀盘转速、推力、扭矩、螺旋输送机转速、土舱压力、排土量等。

(8) 应按照设计要求对地面沿线、建（构）筑物开展监测，并对监测资料汇总分析。

(9) 掘进过程中遇到下列情况时要及时处理：

1）盾构前方地层发生坍塌或遇有障碍。

2）盾构轴线偏离隧道轴线大于 50 mm。

3）盾构推力与预计值相差较大。

4）管片严重开裂或严重错台。

5）壁后注浆系统发生故障无法注浆。

6）盾构掘进扭矩发生异常波动。

7）动力系统、密封系统、控制系统等发生故障。

(10) 发现盾构推进轴线偏离应及时进行纠正。盾构掘进轴线的允许偏差如下：在直线段和半径不小于 500 m 的曲线段，平面为 ±5 mm，高程为 ±20 mm；在半径小于 500 m 的曲线段，平面为 ±8 mm，高程为 ±25 mm。

(11) 管片拼装施工时，无缺棱、掉角，无贯穿裂缝和大于 0.2 mm 宽的裂缝及混凝土剥落现象。管片拼装允许偏差见下表：

**管片拼装允许偏差**

| 项目 | | 允许偏差 | 频率 |
|---|---|---|---|
| 管片环轴线平面位置及高程 | 直线段和半径不小于 500 m 的曲线段 | ±50 mm | 1 点 / 环 |
| | 半径小于 500 m 的曲线段 | ±80 mm | |
| 同环内相邻管片错台 | | 5 mm | 4 点 / 环 |
| 纵向相邻管片错台 | | 5 mm | 4 点 / 环 |

(12) 督促监理和施工单位检查环向及纵向螺栓拧紧度是否符合要求。

(13) 盾构掘进应严格按照设计标准开展同步注浆及二次注浆，注浆量、压力、配比符合设计及规范要求，驻地监理应旁站监督。

## 八、复杂地质环境掘进

### （一）工作目标

复杂地质环境的掘进质量应符合设计标准及验收规范要求，施工期间安全无事故。

### （二）工作内容

(1) 复杂地质环境盾构掘进的主要工作包括盾构机掘进覆土厚度不大于盾构直径的浅覆土层地段、小半径曲线地段、大坡度地段、地下管线和地下障碍物地段、建（构）筑物的地段、平行盾构隧道净间距小于盾构直径70%的小净距地段、江河地段、地质条件复杂地段（软硬不均互层地段）和砂卵石地段。

(2) 复杂地质环境盾构掘进专项方案要经施工企业技术负责人审批，并要求监理督促施工单位组织实施、落实到位。

(3) 检查施工单位、监理单位是否按照要求在盾构机到达前50 m对盾构机进行维护、保养并做好记录台账，保障盾构机有效运转率。

(4) 参与监理单位及施工单位组织召开的盾构机到达前的安全风险分析会，检查监理单位对施工单位监测数据和第三方监测单位监测数据的对比分析情况。

(5) 检查施工单位、监理单位是否及时组织工序验收，上传一体化管理平台的资料，并按照规定上传旁站记录及工程照片等相关监理资料。

## （三）工作流程

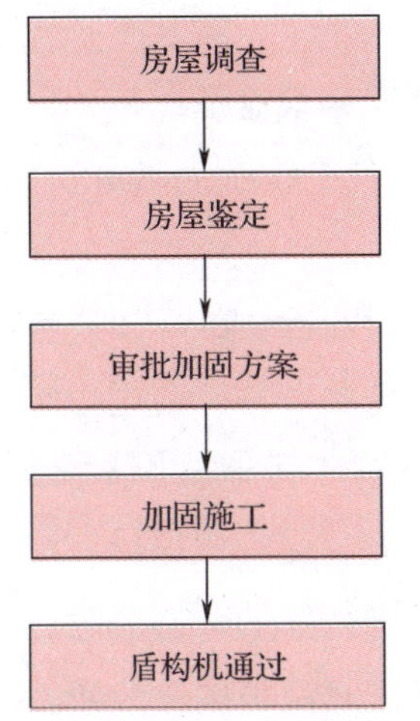


地面建（构）筑物加固工作流程

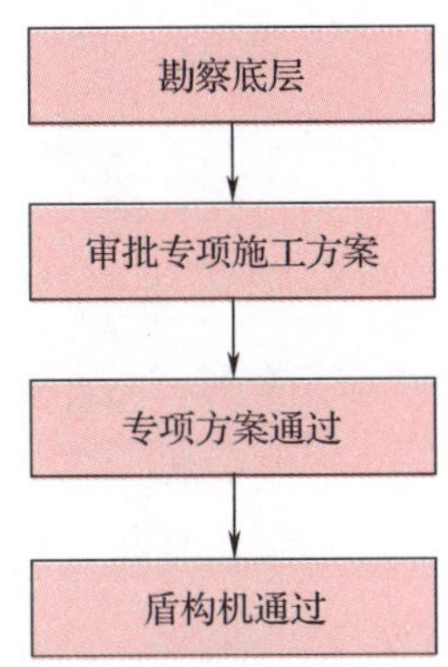


特殊地层及环境地段工作流程

## （四）验收依据及表格

### 1. 验收依据

(1)《盾构法隧道施工与验收规范》(GB 50446—2008)。

(2)《地下铁道工程施工及验收规范（2003年版)》(GB 50299—1999)。

(3)《地下防水工程质量验收规范》(GB 50208—2011)。

(4) 设计施工图纸。

### 2. 验收表格

采用《轨道交通工程质量技术资料统一用表（土建分册)》中D验收–93、D验收–94、D验收–95、D验收–96、D验收–97、D验收–101、D验收–102、D验收–103、D质检–62、D质检–63、D质检–66、D质检–67、D质检–68。

### （五）特殊地质环境、特殊地段掘进施工控制重点

(1) 特殊地质环境、特殊地段掘进专项施工方案及专项安全方案应按规定要求进行审批，专项安全方案应组织专家论证。

(2) 施工单位应按审批的专项方案对施工作业人员进行技术交底、安全技术交底，驻地监理应参加。

(3) 盾构机穿越特殊地段时，应加强对此部位的地质补充勘察，预先做好施工准备。应根据隧道所处位置与地层条件，合理设定开挖面压力，控制地层变形；应根据隧道所处位置与工程地质、水文地质条件，确定壁后注浆的材料、压力与流量，在施工过程中根据量测结果进行相关调整；应对地表及建（构）筑物等沉降进行评估，必要时应加密监测测点、提高监测频率，并应根据监测结果及时调整掘进参数。

(4) 施工单位应按照审批的应急预案组织应急演练，并告知监理和业主。

(5) 浅覆土层地段应符合下列规定：

1) 控制掘进参数，减少施工对环境的影响。

2) 控制盾构姿态，防止发生突变。

(6) 小半径曲线地段应符合下列规定：

1) 控制推进反力引起的管片环变形、移动、渗水等。

2) 使用超挖装置时应控制超挖量。

3) 壁后注浆应选择体积变化小、早期强度高、速凝型的注浆材料。

4) 增加施工测量频率。

5) 采取措施防止后配套车架脱轨或倾覆。

6) 防止管片错台和严重开裂。

(7) 大坡度地段应符合下列规定：

1) 选择牵引机车时应进行必要的计算，车辆应采取防溜措施。

2) 上坡时应加大盾构下半部分推力，对后方台车应采取防止脱滑

措施。

3）壁后注浆宜采用收缩率小、早期强度高的浆液。

(8）地下管线和地下障碍物地段应符合下列规定：

1）应详细查明地下管线类型、位置、允许变形值等，制定专项施工方案。

2）对受施工影响可能产生较大变形的管线，应根据具体情况进行加固或改移。

3）应及时调整掘进速度和出渣量，减少地表的沉降和隆起，确保管线安全。

4）施工前应查明障碍物，并制定处理方案。

5）从地面处理地下障碍物时，应选择合理的处理方法，处理后应进行回填，确保盾构安全通过。

6）在开挖面拆除障碍物时，可选择带压作业或加固地层的施工方法，控制地层的开挖量，确保开挖面稳定，并应配备所需的设备及设施。

(9）建（构）筑物地段应符合下列规定：

1）盾构施工前，应对建（构）筑物地段进行详细调查，评估施工对建（构）筑物的影响，并应采取相应的保护措施，控制地表变形。

2）根据建（构）筑物基础与结构的类型、现状，可采取加固或托换措施。

3）应加强地表和建（构）筑物变形监测及反馈，调整盾构掘进参数。

4）壁后注浆应使用快凝早强注浆材料，并保证质量。

(10）小净距隧道应符合下列规定：

1）施工前，应分析施工对已建隧道的影响或平行隧道掘进时的相互影响，采取相应的施工措施。

2）施工时，应控制掘进速度、土舱压力、出渣量、注浆压力等，减少对邻近隧道的影响。

3）对先行和既有隧道应加强监控量测。

4）可采取加固隧道间的土体、先行隧道内支设钢支撑等辅助措施控制地层和隧道变形。

（11）江河地段应符合下列规定：

1）应详细查明工程地质和水文地质条件及河床状况，设定适当的开挖面压力，加强开挖面管理与掘进参数控制，防止冒浆和地层坍塌。

2）必须配备足够的排水设备与设施。

3）应采用快凝早强注浆材料，加强壁后同步注浆和二次注浆。

4）穿过江河前，应对盾构密封系统进行全面检查和处理。

5）长距离穿越江河时，应根据地层条件预测刀具和盾尾密封的磨损，制定更换方案（最好在进入江河之前更换好）。

6）应采取措施防止盾构对堤岸的影响。

（12）地质条件复杂地段和砂卵石地段应符合下列规定：

1）穿过复杂地层、地段（软硬不均互层）时应优先选择复合式盾构。

2）应综合考虑所穿过地段地质条件，合理选择刀盘形式和刀具配制方式、数量。

3）应选择适当地点及时更换刀具或改变其配置，以适应前方地层的掘进。

4）应根据开挖面地质预测信息，调整掘进参数、壁后注浆参数和土舱压力，保证开挖面的稳定和掘进速度。

5）采用土压平衡盾构法通过砂卵石地段时，应进行渣土改良。

6）采用泥水压力平衡盾构法通过砂卵石地段时，应根据砾石含量和粒径确定破碎方法和泥浆配比。

（13）盾构过溶洞地段的措施

1）探明溶洞的详细分布和大小，方法包括钻探法、物理 CT 法、地表 CT 法、地质雷达法。

2）通过调线、调坡避开溶洞地段。

3）采用注浆充填、回填片石、人工竖井回填等方式填充溶洞。

4）盾构掘进的控制

①掘进工程中，注意观察地层变化，采用地质超前钻机提前探明前、后地质条件，切忌盲目掘进。

②控制盾构姿态，根据溶洞充填情况进行调整。

③做好各种应急措施。

（14）防止出现泥饼的措施

1）盾构机选型时应尽可能增大开口率，宜设置能喷泥浆、泡沫的搅拌棒。

2）施工时根据地质条件有针对性地向刀盘、土舱内加入泡沫、膨润土等，对土体进行改良。

3）土层相对稳定时，设定的土舱压力不宜超过动土压，即宜采用欠土压平衡模式掘进。

4）采取冷却措施，降低土舱内的高温、高热。

5）避免土舱饱满时长期停机，宜以泥浆代替部分土体充填土舱。

## 九、盾构机到达

### （一）工作目标

完成区间隧道掘进，质量符合设计标准及验收规范要求，安全无事故。

### （二）工作内容

（1）盾构机到达主要工作包括端头加固、到达前贯通测量、安装接收托架、凿除洞门、安装洞门密封装置、安装管片连接及固定装置、盾构机到达掘进。

（2）对编制的盾构机到达专项方案进行审查，监督监理、施工单位按照方案组织实施并将各项措施落实到位。

(3) 抽查施工单位、监理单位对盾构机到达前的段落是否按照规定要求开展测量与监测工作。

(4) 检查施工单位、监理单位是否按照要求在盾构机到达前对盾构机进行维护、保养并做好记录台账，保障盾构机有效运转率。

(5) 参与并监督监理单位组织召开盾构机到达前的安全风险分析会，检查监理单位对施工单位监测数据和第三方监测单位监测数据的对比分析情况。

(6) 检查施工单位、监理单位是及时组织工序验收，上传一体化管理平台的资料，并按照规定上传旁站记录及工程照片等相关监理资料。

## （三）工作流程

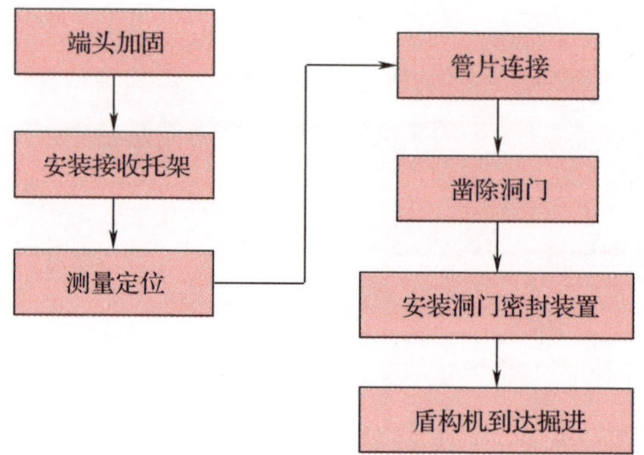


盾构机到达工作流程

## （四）验收依据及表格

### 1. 验收依据

(1)《盾构法隧道施工与验收规范》(GB 50446—2008)。

(2)《地下铁道工程施工及验收规范（2003 年版)》(GB 50299—1999)。

(3)《地下防水工程质量验收规范》(GB 50208—2011)。

(4) 设计施工图纸。

2. 验收表格

采用《轨道交通工程质量技术资料统一用表（土建分册）》中D验收–93、D验收–94、D验收–95、D验收–96、D验收–97、D验收–101、D验收–102、D验收–103、D质检–62、D质检–63、D质检–66、D质检–67、D质检–68。

### （五）盾构机到达施工控制重点

(1) 按审批的专项施工方案要求，对施工作业人员进行施工作业技术、安全交底，驻地监理要监督并参加。

(2) 对端头加固土体质量进行检测，应满足设计并符合规范要求。

(3) 做好到达前贯通测量工作，在到达前对盾构轴线进行测量和复核，确保盾构机准确进入接收洞门。

(4) 盾构机进入接收井后，要及时密封管片环与洞门间隙。

(5) 盾构到达接收井前，要采取适当措施，使拼装管片环缝挤压密实，确保密封防水效果。

(6) 按照应急预案的要求将应急物资及设备准备到位。

## 十、盾构机吊出

### （一）工作目标

盾构机吊出安全无事故，吊出一次成功。

### （二）工作内容

(1) 盾构机吊出的主要工作包括吊出井端头加固、终点端头管片加固及注浆、吊出洞门密封处理、盾构机出洞、盾构机解体、盾构机吊出、盾构机退场。

（2）检查监理单位、施工单位是否按照审批的吊装专项方案组织开展工作。

（3）检查施工单位、监理单位是否按照规定要求进行盾构机到达前的测量与监测工作。

（4）检查施工单位、监理单位是否在盾构机到达前对其进行维护、保养并做好记录台账，保障盾构机有效运转率。

（5）参与并监督监理单位组织召开安全风险分析会，检查监理单位对施工单位监测数据和第三方监测单位监测数据的对比分析情况。

（6）检查施工单位、监理单位是否及时组织工序验收，上传一体化管理平台的资料，并按照规定上传旁站记录及工程照片等相关监理资料。

## （三）工作流程

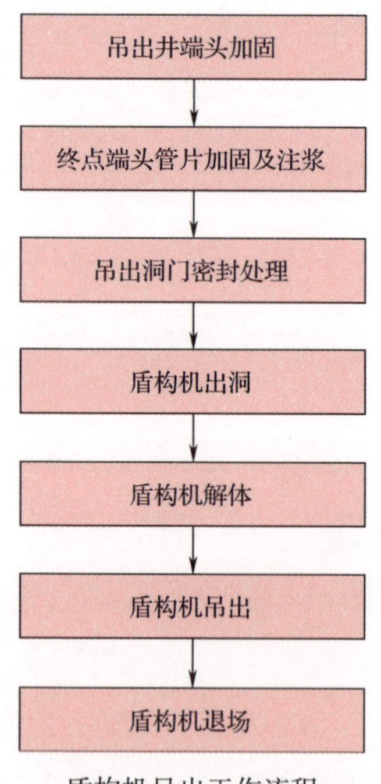


盾构机吊出工作流程

### （四）验收依据及表格

《盾构法隧道施工与验收规范》（GB 50446—2008）、招标文件、设计文件等。

### （五）盾构机吊出施工控制重点

（1）按审批的专项施工方案要求，对施工作业人员进行技术、安全交底，驻地监理要监督并参加。

（2）检查监理单位是否对分包队伍的资质进行审查，要求必须由具有资质的专业吊装队伍实施，对到场的吊装设备及特种作业人员进行审查。

（3）在吊装过程中施工单位的安全管理人员应在场管理，监理人员应按照要求进行旁站管理。

## 十一、管片制作施工

### （一）工作目标

管片制作施工安全无事故，质量符合设计规范及验收标准。

### （二）工作内容

（1）管片制作的主要工作包括模具拼装、钢筋笼制作、钢筋笼安装、混凝土浇筑、蒸汽养护、拆模并标记管片、洒水及喷淋养护、储存。

（2）检查施工单位、监理单位是否按照审批的管片制作施工方案组织开展工作。

（3）检查施工单位、监理单位是否对模具拼装，钢筋笼制作、安装，混凝土拌和、浇筑、养护等施工过程的质量进行工序检查及验收，建立管理台账，上传一体化管理平台的资料，并按照规定上传旁站记录及工程照片等相关监理资料。

(4) 按要求组织对所生产的管片进行抗渗、抗拔、三环拼装等性能的检测。

(5) 抽查是否按照规定和方案要求对管片进行保管及运输。

## （三）工艺流程

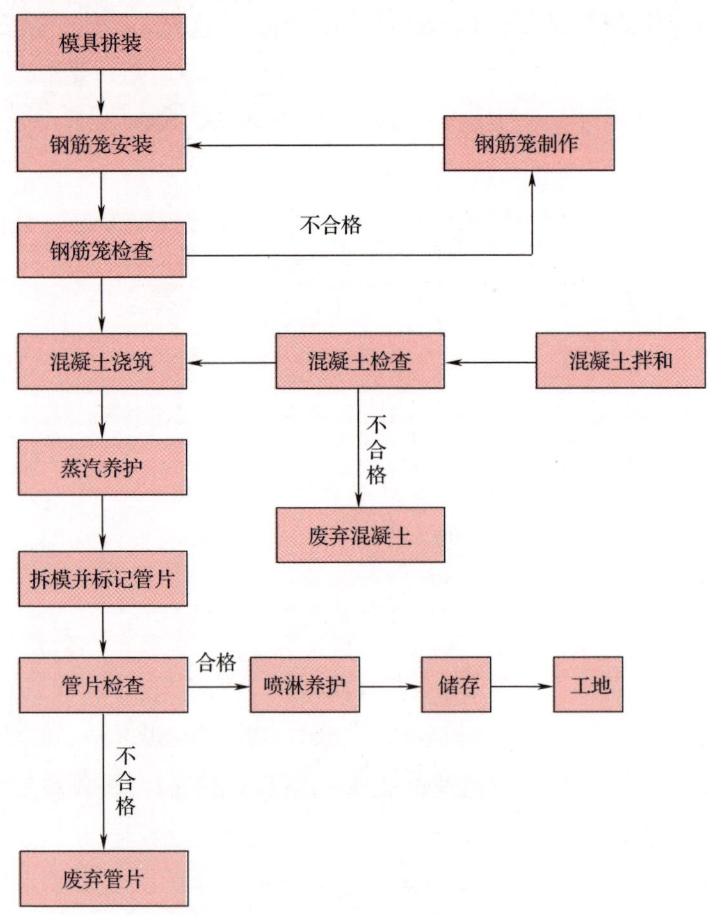


管片制作施工工艺流程

## （四）验收依据及表格

### 1. 验收依据

（1）《盾构法隧道施工与验收规范》（GB 50446—2008）。

（2）《地下铁道工程施工及验收规范（2003 年版）》（GB 50299—1999）。

（3）《地下防水工程质量验收规范》（GB 50208—2011）。

（4）《混凝土结构工程施工质量验收规范》（GB 50204—2015）。

（5）设计施工图纸。

### 2. 验收表格

采用《轨道交通工程质量技术资料统一用表（土建分册）》中 D 验收 –93、D 验收 –94、D 验收 –95、D 验收 –96、D 验收 –97、D 质检 –62。

## （五）管片制作施工控制重点

（1）管片制作施工方案及安全方案是否按规定要求进行审批。

（2）按审批的施工方案要求对施工作业人员进行技术、安全交底，驻地监理要监督并参加。

（3）检查监理单位是否按照规定要求的频率和数量对进场原材料、半成品构件见证取样，并建立台账。

（4）对管片生产厂家的资质进行审查，应具备相应的资质等级。

（5）每生产 200 环管片，对管片模具进行检查及验收，应具备足够的承载力、刚度、稳定性和良好的密封性能，并满足管片的尺寸和形状要求。

（6）在混凝土浇筑前对钢筋及骨架制作与安装质量进行检查、验收，钢筋的品种、规格、数量、位置等要符合设计要求。钢筋及骨架允许偏差和检验方法见下表。

**钢筋及骨架允许偏差和检验方法**

<table>
<tr><th>项目</th><th colspan="2">允许偏差（mm）</th><th>检验工具</th><th>检验数量</th></tr>
<tr><td rowspan="3">钢筋骨架</td><td>长</td><td>+5，–10</td><td rowspan="8">钢卷尺</td><td rowspan="8">按照生产梁的3%进行抽检，每日抽检不少于3件，且每件检验4点</td></tr>
<tr><td>宽</td><td>+5，–10</td></tr>
<tr><td>高</td><td>+5，–10</td></tr>
<tr><td rowspan="3">主筋</td><td>间距</td><td>±5</td></tr>
<tr><td>层距</td><td>±5</td></tr>
<tr><td>保护层厚度</td><td>+5，–3</td></tr>
<tr><td colspan="2">箍筋间距</td><td>±10</td></tr>
<tr><td colspan="2">分布筋间距</td><td>±5</td></tr>
</table>

(7) 按照设计要求进行结构性能检验，检验要符合设计要求：管片强度和抗渗等级符合设计要求；管片不能存在漏筋、孔洞、疏松、夹渣、有害裂缝、缺棱掉角等缺陷。管片制作允许偏差和检验方法见下表。

**管片制作允许偏差和检验方法**

| 项目 | 允许偏差（mm） | 检验工具 | 检验数量 |
| --- | --- | --- | --- |
| 宽度 | ±1 | 游标卡尺 | 3点 |
| 弧长、弦长 | ±1 | 样板、塞尺 | 3点 |
| 厚度 | +3，–1 | 钢卷尺 | 3点 |

（8）每200环管片进行水平拼装一次，其允许偏差和检验方法见下表。

**管片拼装允许偏差和检验方法**

| 项目 | 允许偏差（mm） | 检验数量 | 检验工具 |
| --- | --- | --- | --- |
| 环向缝间隙 | 2 | 每缝测6点 | 塞尺 |
| 纵向缝间隙 | 2 | 每缝测2点 | 塞尺 |
| 成环后内径 | ±2 | 测4条 | 钢卷尺 |
| 成环后外径 | +6，–2 | 测4条 | 钢卷尺 |

## 十二、盾构掘进同步注浆施工

### （一）工作目标

盾构掘进同步注浆质量应符合设计标准及验收规范，施工期间安全无事故。

### （二）工作内容

（1）盾构掘进注浆的主要工作包括地面砂浆站搅拌浆液、电瓶车运输至盾构台车内、用抽浆泵将浆液转到台车浆罐、掘进时打开盾尾的注浆管阀门和注浆泵注浆、完成后用膨润土浆液洗管。

（2）检查监理单位、施工单位是否按照审批的专项施工方案组织开展工作。

（3）检查施工单位、监理单位是否对注浆系统进行维护、保养并建立记录台账，保障设备的有效运转率。

（4）检查施工单位、监理单位是否及时组织工序验收，上传一体化管理平台的资料，并按照规定上传旁站记录及工程照片等相关监理资料。

(5) 抽查监理单位是否在注浆实施过程中及时对砂浆的原材料、拌制质量及注浆效果进行检查和验收。

## （三）工艺流程

### 1. 同步注浆

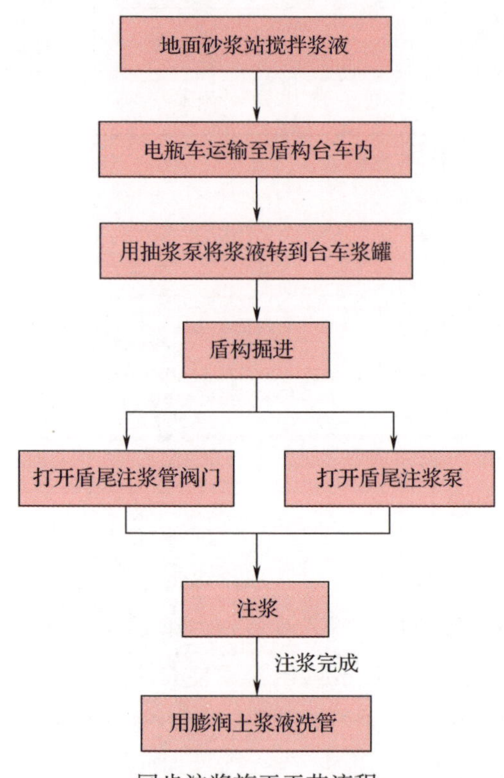


同步注浆施工工艺流程

### 2. 二次注浆

为弥补不足，必要时要根据土体固结和隧道稳定状况以及地表监控情况适当进行二次注浆或多次注浆。

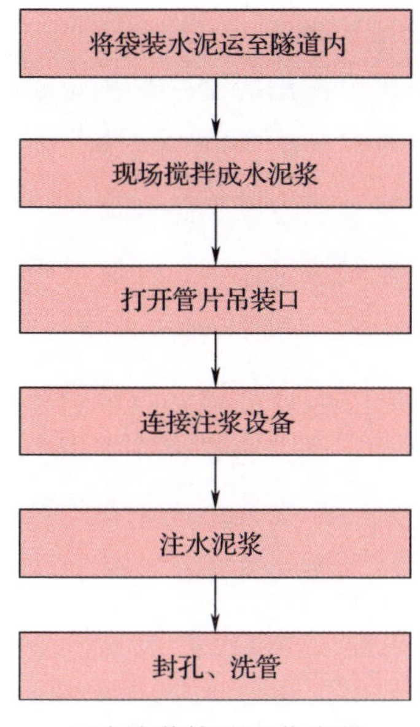


二次注浆施工工艺流程

## （四）验收依据及表格

### 1. 验收依据

（1）《盾构法隧道施工与验收规范》（GB 50446—2008）。

（2）《地下铁道工程施工及验收规范（2003 年版）》（GB 50299—1999）。

（3）《地下防水工程质量验收规范》（GB 50208—2011）。

（4）设计施工图纸。

### 2. 验收表格

采用《轨道交通工程质量技术资料统一用表（土建分册）》中 D 质检 –67、D 质检 –68。

## （五）注浆施工控制重点

（1）按照审批的专项施工方案要求对施工作业人员进行技术、安全交底，驻地监理要监督并参加。

(2) 检查监理单位是否按照规定要求的频率和数量对进场原材料见证取样，严格按照配比拌制砂浆并进行抽检，建立试验台账。

(3) 注浆前应对注浆孔、注浆管路和设备进行检查，并将盾尾封堵严密。注浆过程中严格控制注浆压力，使壁后空隙全部充填密实，注浆量应控制在 130% ~ 180%，并做好施工记录。

(4) 加强对地面沉降的监测工作，为控制地表沉陷，要特别注意同步注浆和壁后及时注浆的效果，必要时要根据土体固结和隧道稳定状况以及地表监控情况适当进行二次注浆或多次注浆。

(5) 二次注浆要严格按照浆液配比配制，注浆压力不能超出规范要求。

## 十三、联络通道（泵房）施工

### （一）工作目标

联络通道（泵房）质量符合设计要求并达到国家颁布的质量验收规范、标准，质量验收合格，施工期间安全无事故。

### （二）工作内容

(1) 联络通道（泵房）施工的主要工作包括地面加固、破除隧道洞门管片、开挖联络通道及施工初支护、开挖泵房，施工初支护、施工防水及二衬结构、施工泵房防水及二衬结构。

(2) 检查监理单位、施工单位是否按照审批的专项施工方案组织开展工作。

(3) 巡视现场，抽查是否按照规定要求开展测量与监测工作。

(4) 抽查监理单位是否及时组织对联络通道开挖过程、钢拱架的制作及架设、防水材料铺设等质量进行验收。

(5) 检查施工单位、监理单位是否及时组织工序验收，上传一体化管理平台的资料，并按照规定上传旁站记录及工程照片等相关监理资料。

## （三）工艺流程

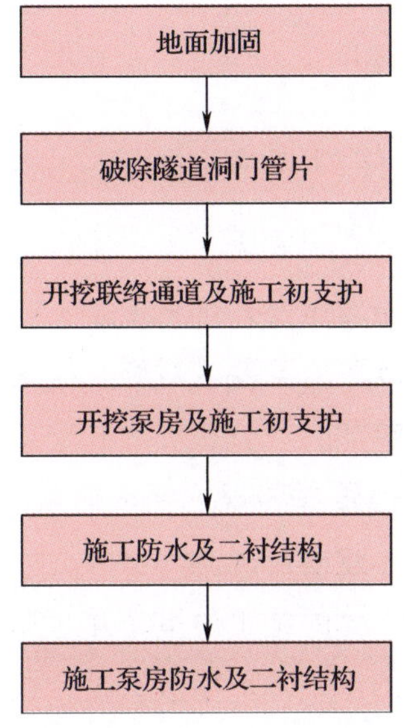


联络通道（泵房）施工工艺流程

## （四）验收依据及表格

### 1. 验收依据

(1)《盾构法隧道施工与验收规范》(GB 50446—2008)。

(2)《地下铁道工程施工及验收规范（2003 年版）》(GB 50299—1999)。

(3)《地下防水工程质量验收规范》(GB 50208—2011)。

(4)《混凝土结构工程施工质量验收规范》(GB 50204—2015)。

(5) 设计施工图纸。

2. 验收表格

采用《轨道交通工程质量技术资料统一用表（土建分册)》中D验收–78、D验收–79、D验收–80、D验收–84、D验收–85、D验收–86、D验收–88、D验收–91、D质检–52、D质检–53、D质检–54、D质检–55、D质检–61、D质检–67。

### （五）联络通道（泵房）施工控制重点

(1) 专项施工方案及专项安全方案应按规定要求进行审批，专项安全方案要经专家论证和监理审批方可施工。

(2) 按审批的专项施工方案要求对施工作业人员进行技术、安全交底，驻地监理要监督并参加。

(3) 检查监理单位是否按照规定要求的频率和数量对进场原材料、半成品构件见证取样，并建立台账。

(4) 严格控制加固土体的施工质量，并对其质量进行试验及检测。

(5) 控制开挖格栅的步距，严格按照设计进行初支护施工。

## 十四、盾构机开舱作业

### （一）工作目标

确保盾构机开舱作业安全，无人员伤亡事故发生。

### （二）工作内容

(1) 盾构机开舱的主要工作

1) 常压开舱：排除土舱积土及气压置换土压、开舱前检测气体、打开盾构机前体闸门、进舱检查开挖面情况、确认开挖面稳定后继续下一步施工、出舱后密闭闸门、恢复掘进。

2）压气开舱：开舱前检查并确保各种设备及管阀等正常工作、检测气体、进入人闸加压、打开盾构机前体闸门、进舱检查及施工、出舱后密闭闸门、进入人闸减压、恢复掘进。

（2）检查监理单位、施工单位是否按照审批的开舱专项施工方案组织开展工作。

## （三）工艺流程

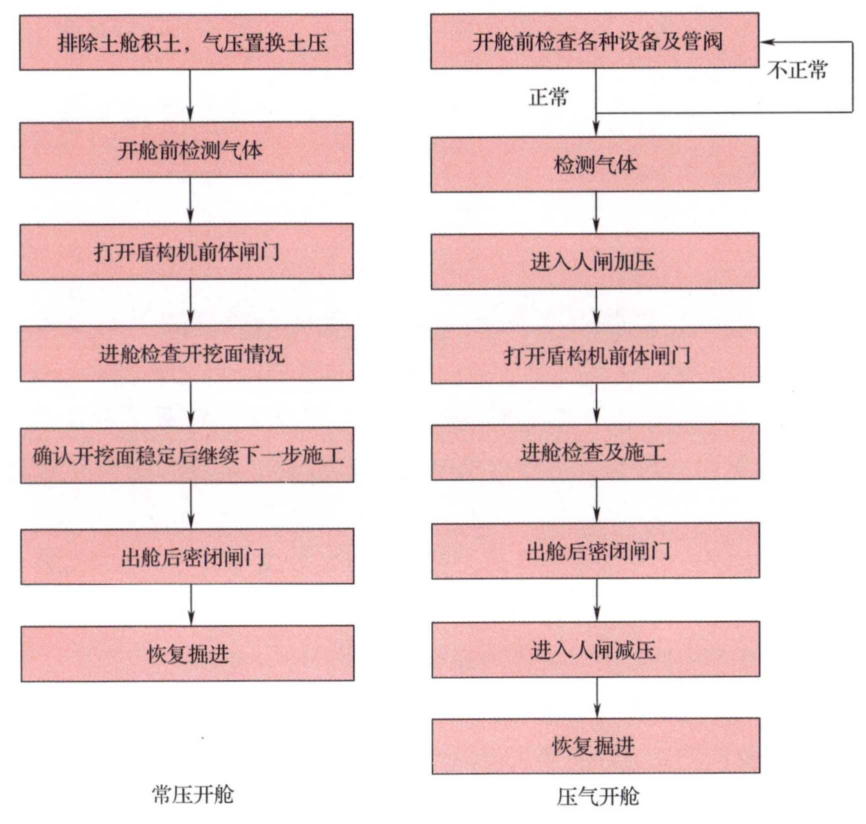


盾构机开舱作业工艺流程

## （四）验收依据及表格

国家及地铁公司相关规范要求。

## （五）控制重点

(1) 开舱专项施工方案及专项安全方案要按规定要求进行审批，专项安全方案要组织专家论证并经监理审批后方可实施。

(2) 要按照审批的专项施工方案要求对施工作业人员进行技术、安全交底，驻地监理要监督并参加。

(3) 要对人闸、空压机等设备运作情况进行检查，保证各管道、闸阀、球阀能正常工作。

(4) 开舱前进行气体检测，气体检测前充分置换空气，包括第三方检测通过后方可批准开舱。

(5) 对进入舱内的操作人员要进行体检，确保身体健康，无意外情况发生。

(6) 保持开舱施工连续性，防止开挖面失稳或地下水流失过多。

(7) 要求施工单位作业时要设立现场监视员，注意检查开挖面情况，如发现可能发生坍塌、突水等征兆时应通知作业人员紧急撤离。

(8) 要求施工单位编制应急预案，定期组织演练，并将各项应急物质和措施落实到位，防止意外情况发生。

(9) 应预先确定刀具更换的地点与方法，并做好相关准备工作；刀具更换宜选择在工作井或地质条件较好、地层较稳定的地段进行；在不稳定地层更换刀具时，必须采取地层加固或压气法等措施，确保开挖面稳定。

(10) 带压进舱更换刀具前必须完成下列准备工作：

1）对带压进舱作业设备进行全面检查和试运行，电气设备必须符合有关用电安全技术操作规程，并使用满足《爆炸危险环境电力装置设计规范》（GB 50058—2014）要求的防爆产品。

2）采用两种不同动力装置，保证不间断供气。

3）气压作业严禁采用明火。当确需进行电焊、气割时，应对所用设备加强安全检查，还必须加强通风并增加消防设备。

（11）带压更换刀具必须符合下列规定：

1）通过计算和试验确定合理的气压，稳定工作面和防止地下水渗漏。

2）刀盘前方地层和土舱满足气密性要求。

3）由专业技术人员对开挖面稳定状态和刀盘、刀具磨损状况进行检查，确定刀具更换专项方案与安全操作规定。

4）作业人员应按照刀具更换专项方案和安全操作规定更换刀具，做好刀具更换记录。

5）保持开挖面和土舱空气新鲜，作业人员进舱工作时间符合下表的规定。

**进舱工作时间**

| 舱内压力（MPa） | 工作时间 | | |
|---|---|---|---|
| | 舱内工作时间（h） | 加压时间（min） | 减压时间（min） |
| 0.01 ~ 0.13 | 5 | 6 | 14 |
| 0.13 ~ 0.17 | 4.5 | 7 | 24 |
| 0.17 ~ 0.255 | 3 | 9 | 51 |

## 十五、盾构机过站控制

### （一）工作内容

(1) 检查监理单位、施工单位是否按照审批的盾构机过站专项施工方案组织开展工作。

(2) 参与并监督监理单位组织召开安全风险分析会，监理单位应监督施工单位落实安全工作措施。

(3) 检查施工单位、监理单位是否及时组织工序验收，施工记录是否齐全，并按照要求上传一体化管理平台的资料，上传旁站记录及工程照片等相关监理资料。

### （二）盾构机过站控制重点

(1) 专项施工方案及专项安全方案是否按规定要求进行审批，并经监理工程师批准方可施工。

(2) 要按审批的专项施工方案要求对施工作业人员进行技术、安全交底，驻地监理要监督并参加。

(3) 检查盾构机调头和过站设备，必须满足盾构机安全调头和过站要求。

(4) 盾构机调头和过站时必须有专人指挥，专人观察盾构机转向或移动状态，避免方向偏离或碰撞。

(5) 审查承包商提供的盾构机过站或调头期间的维修及保养方案，如刀具的更换与保养、螺旋输送机耐磨块的更换和盾尾密封刷的更换、千斤顶的维修等。

(6) 对承包商的检查及维修工作完成后进行检查，合格后才能进入下一道工序。

(7) 盾构机调头、过站完毕应重新按始发前的检查要求进行检查，符合要求后才能再次始发。

(8) 过站及调头前检查承包商的检修及保养情况（如刀具的更换与保养、螺旋输送机耐磨块的更换、盾尾密封刷的更换、千斤顶的维修等）。

## §3—2 矿山法（暗挖）区间工程施工管理

矿山法是暗挖法的一种，主要用钻眼爆破方法开挖断面而修筑隧道及地下工程，因借鉴矿山开拓巷道的方法，故得名。矿山法用于隧道工程中，主要包含全断面法、台阶法和分部法（单侧壁导坑法、双侧壁导坑法）。 全断面法是一次性将断面开挖成形，再进行衬砌；台阶法是全断面法的变化，将断面分上下两部分进行开挖；分部法是将断面分部开挖逐步成形。

### 一、矿山法施工工艺流程

#### 1. 全断面开挖法施工工艺流程

全断面开挖法就是按照设计轮廓一次爆破成形，然后修建衬砌的施工方法，适用于Ⅰ～Ⅲ级硬围岩，具有开挖断面作业空间大、干扰小，有条件充分利用机械、减少人力，工序少，便于施工组织与管理，改善劳动条件，开挖一次成形，对围岩扰动少、有利于围岩稳定等特点。

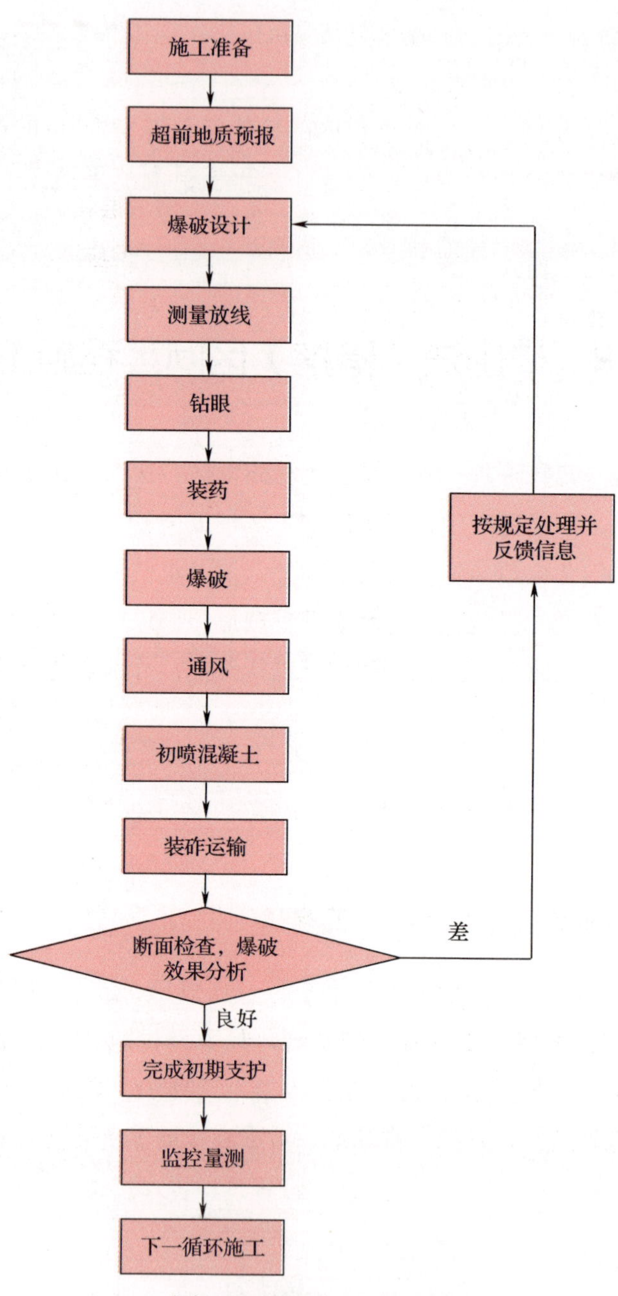


全断面开挖法施工工艺流程

## 2. 台阶开挖法施工工艺流程

台阶开挖法是先开挖上半断面，待开挖至一定长度后同时开挖下半断面，上、下断面同时并进的施工方法，按台阶长短有长台阶、短台阶和超短台阶三种。台阶开挖法适用于Ⅲ、Ⅳ级围岩地层和洞口段、偏压段、浅埋段的Ⅰ～Ⅳ级硬岩地层及Ⅱ、Ⅲ级软岩地层，但应视具体情况采取超前大管棚、超前锚杆、超前小管棚、超前预注浆等辅助施工措施进行超前加固，并根据工程实际、地层条件和机械条件选择合适的台阶方式。

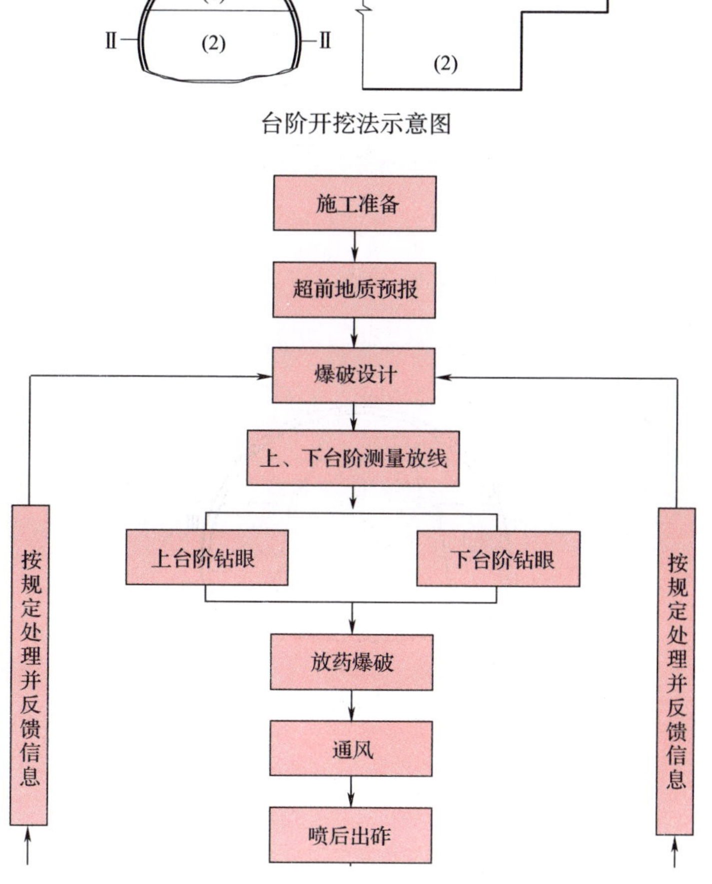


台阶开挖法示意图

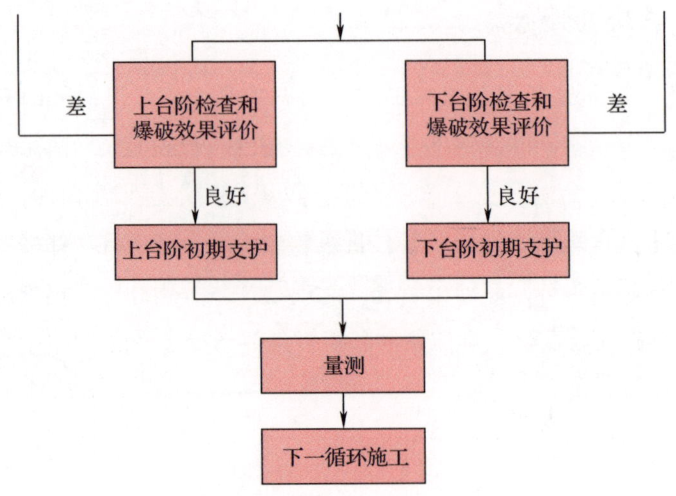


台阶开挖法施工工艺流程

### 3. 环形开挖预留核心土法工艺流程

环形开挖预留核心土法是在上部断面以弧形导坑领先，其次开挖下半部两侧，再开挖中部核心土的方法。可适用于Ⅴ～Ⅵ级围岩的双线隧道。

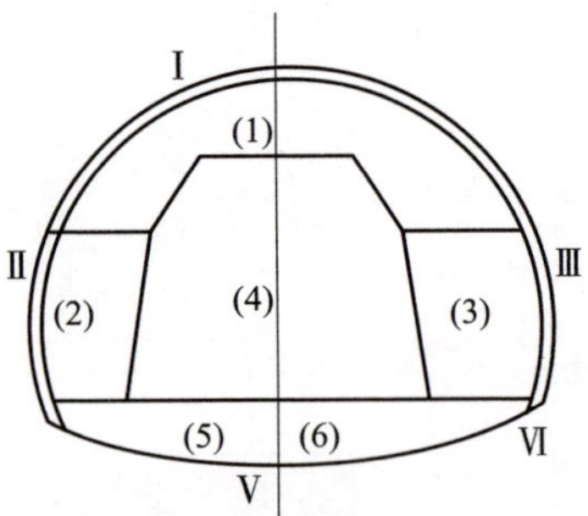


环形开挖预留核心土法示意图

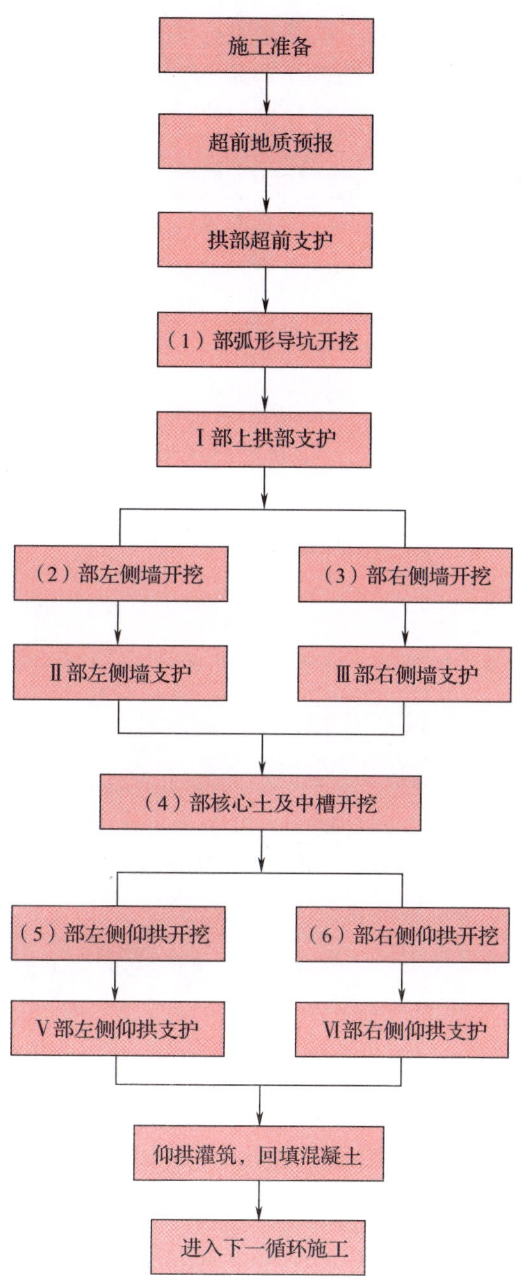


环形开挖预留核心土法工艺流程

采用环形开挖预留核心土法施工时应符合下列规定：

(1) 环形开挖每循环长度宜为 0.5 ~ 1 m。

(2) 开挖后应及时施作喷锚支护、安装钢架支撑或格栅支撑，每两榀钢架之间应采用钢筋连接，并应加锁脚锚杆，全断面初期支护完成距拱部开挖面不宜超过 30 m。

(3) 预留核心土面积的大小应满足开挖面稳定的要求。

(4) 当围岩地质条件差，自稳时间较短时，开挖前应在拱部设计开挖轮廓线以外进行超前支护。

(5) 上部弧形、左右侧墙部、中部核心土开挖各错开 3 ~ 5 m 进行平行作业。

### 4. 中隔壁开挖法（CD 法）工艺流程

中隔壁开挖法又称为 CD 法，是在软弱围岩大跨度隧道中先分部开挖隧道的一侧，并施作中隔壁，然后再分部开挖另一侧的施工方法，用钢支撑和喷混凝土的隔壁分割开进行开挖，在地质条件要求分部开挖及时封闭的条件下采用。CD 法适用于双线Ⅳ载Ⅴ、Ⅵ、Ⅱ、Ⅰ、Ⅲ级围岩隧道，及地质条件困难，围岩软弱，覆盖层薄，含水量大，基地承力低等条件。采用 CD 法开挖可以减少软弱围岩隧道及大跨度隧道分部开挖跨度和开挖高度，通过增加中壁墙等临时支护构件，形成分部开挖初衬支护、快速封闭环，使分部开挖环环相扣，最后完成全部断面开挖与初期支护施工。

采用中隔壁法施工时应符合下列规定：

(1) 各部开挖时，周边轮廓应尽量圆顺，减小应力集中。

(2) 各部的底部高程应与钢架接头处一致。

(3) 各部的开挖高度应根据地质情况及隧道断面大小而定。

(4) 后一侧开挖形成全断面时，应及时完成全断面初期支护闭合。

(5) 左、右两侧洞体施工时，纵向间距应拉开不大于 15 m 的距离。

(6) 中隔壁宜设置为弧形。

（7）在灌注二次衬砌前，应逐段拆除中隔壁临时支护，拆除时应加强量测，一次拆除长度一般不宜超过 15 m。

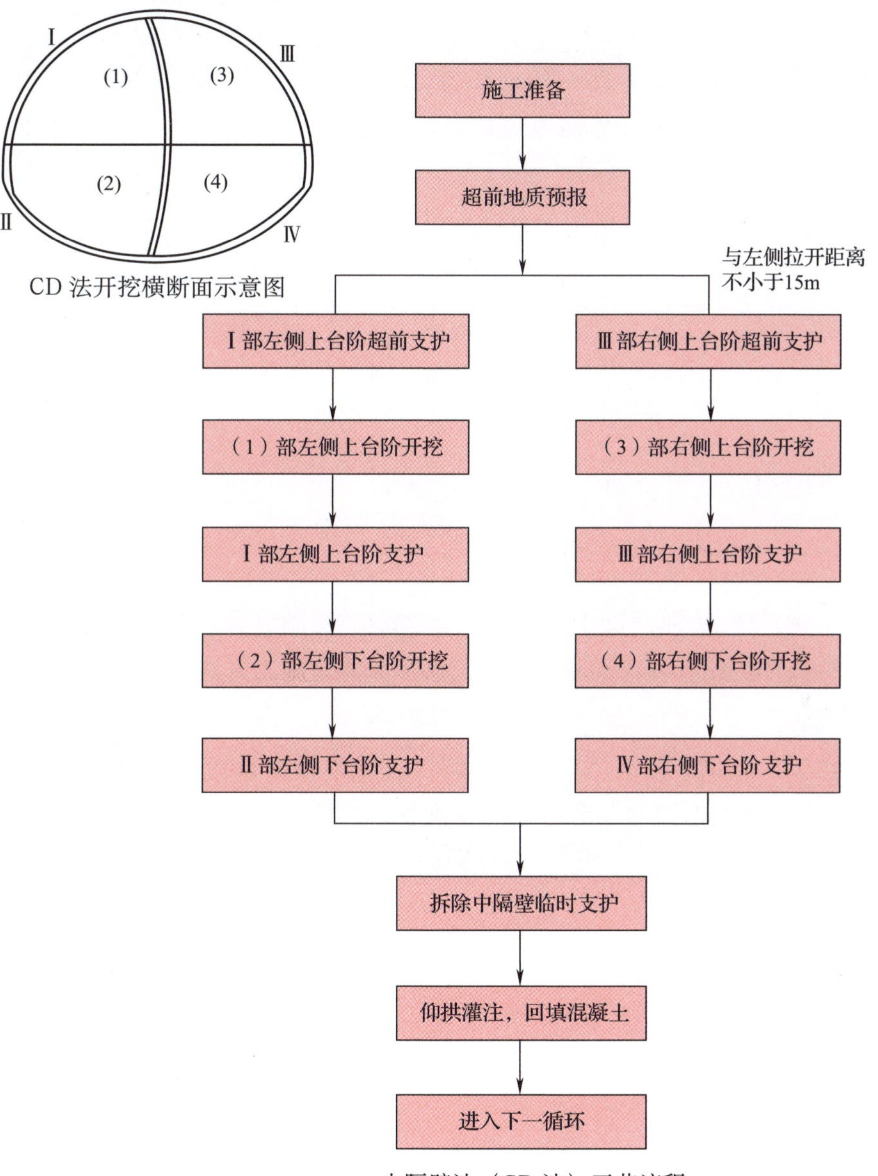


CD 法开挖横断面示意图

中隔壁法（CD 法）工艺流程

5. 洞口段施工工艺流程

洞口段开挖施工的一般规定：

(1) 隧道洞口地段一般地质条件差，且地表水汇集，施工难度较大，施工时要结合洞外场地和相邻工程的情况，全面考虑，妥善安排，及早实施，为隧道洞身施工创造条件。

(2) 隧道洞口应按照“早进晚出”的原则优化方案。

(3) 洞门在施工前按照设计要求并结合地形条件作好截、排水沟和施工场地、便道的规划，应尽量减少对原坡面的破坏和周围环境的影响，开挖后的坡面应达到稳定、平整、美观的要求。

(4) 洞口工程施工前，应进行工艺设计，对施工的各工序进行必要的力学分析，以确定隧道洞口边、仰坡土石方开挖及防护、防排水工程，隧道门及洞口段衬砌、背后回填的施工方法、施工顺序。

(5) 隧道洞口和洞口段施工时要制定完善的进洞方案，洞门端墙处的土石方应视底层稳定程度、施工季节和隧道施工方法等选择合理的施工方法。

(6) 边、仰坡地质条件不良时，开挖前根据设计需要采取预加固措施，如采用抗滑桩、钢管桩、地表注浆等方法对洞口地表进行加固处理。

(7) 浅埋段和洞口加强段的开挖施工，根据设计还可能采用地表锚杆、管棚、超前小导管、注浆等辅助措施。

(8) 洞口工程施工前，专业工程师应向施工员、技术人员进行技术交底，应确认人员、设备、材料、作业环境满足本工序正常作业的要求，并对进场材料进行检验、试验，选定混凝土、砂浆配合比。

(9) 洞口施工宜避开降雨期和融雪期。在严寒地区施工，应按冬季施工的有关规定办理。

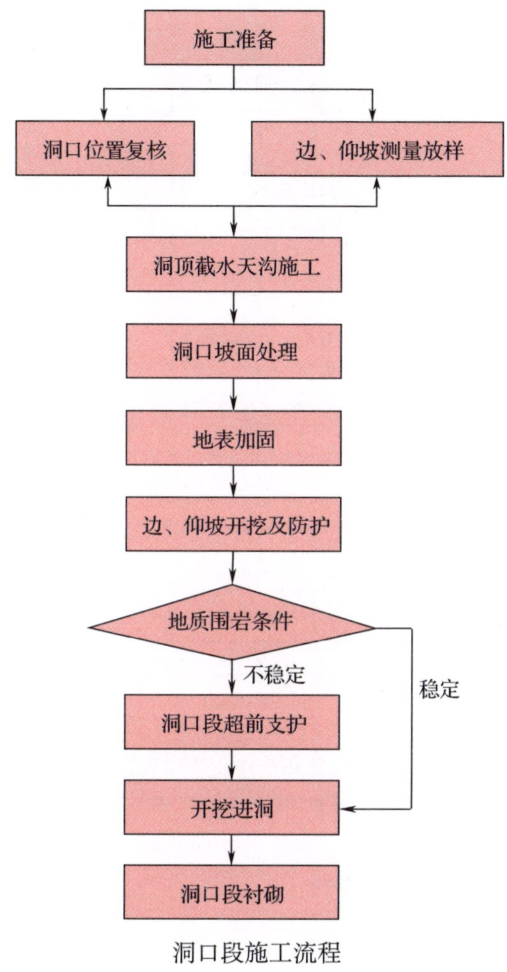


洞口段施工流程

6. 隧道洞身开挖作业施工流程

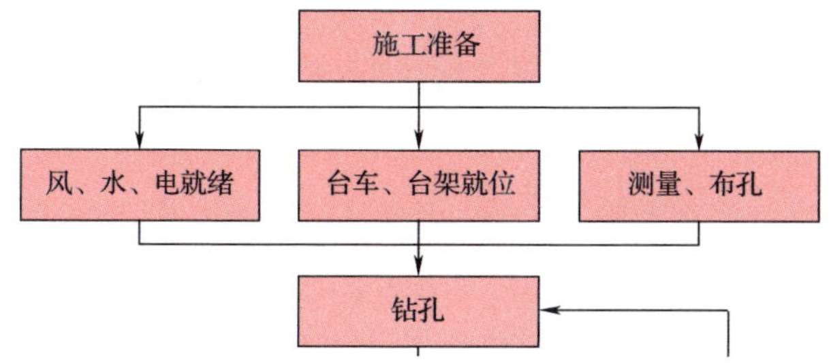

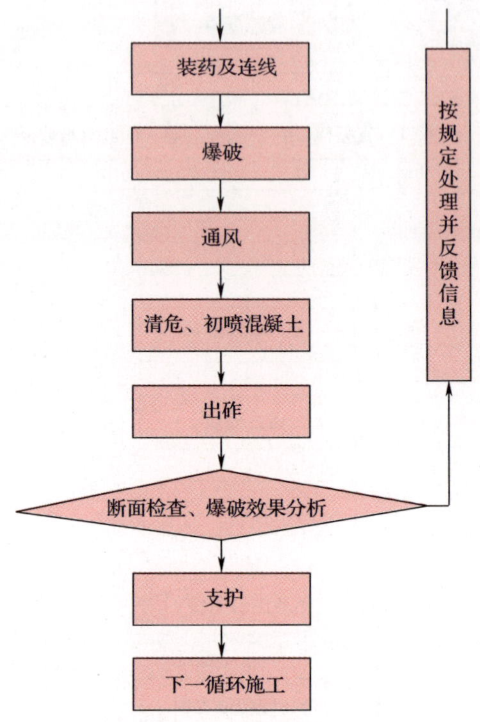


隧道洞身开挖作业施工流程

## 二、隧道超前支护施工

### （一）工作目标

隧道超前支护质量符合设计标准及验收规范要求，工程验收合格率100%，安全无事故。

### （二）工作内容

（1）隧道超前支护施工主要工作包括：地质调查、现场试验、喷混凝土封闭掌子面、放样布孔、风枪成孔、清孔、安装导管、注浆。

（2）检查监理单位、施工单位是否按审批的超前支护专项施工方案

组织开展工作

(3) 检查施工单位、监理单位是否按照要求组织现场试验，确定施工参数。

(4) 检查施工单位、监理单位是否及时组织工序验收、施工记录齐全，按照要求上传一体化管理平台的资料，并按照规定上传旁站记录及工程照片等相关监理资料。

## （三）工艺流程

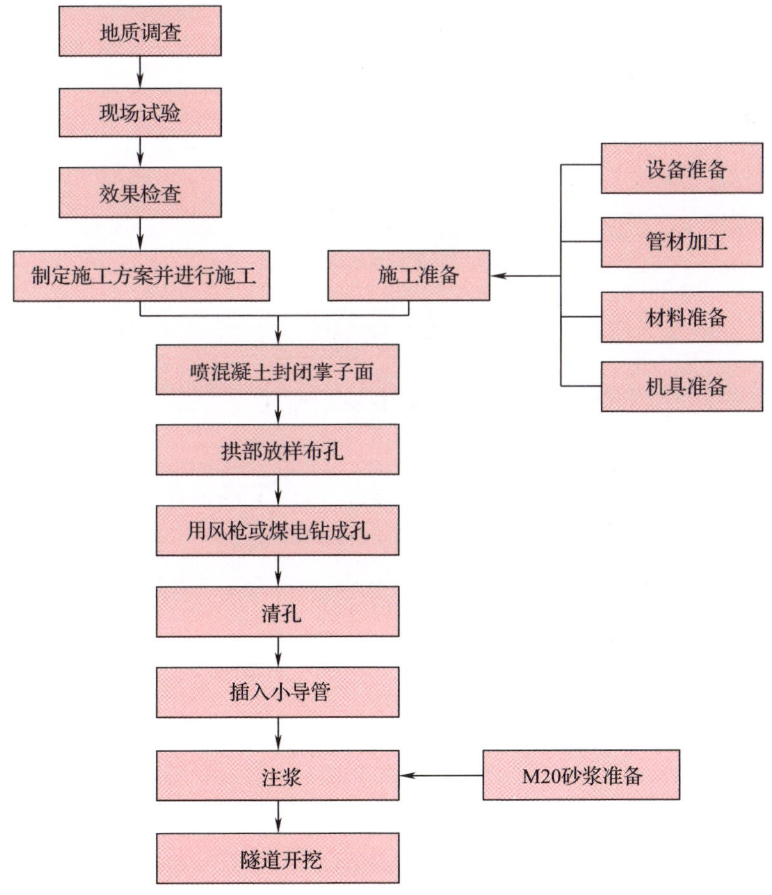


隧道超前支护施工工艺流程

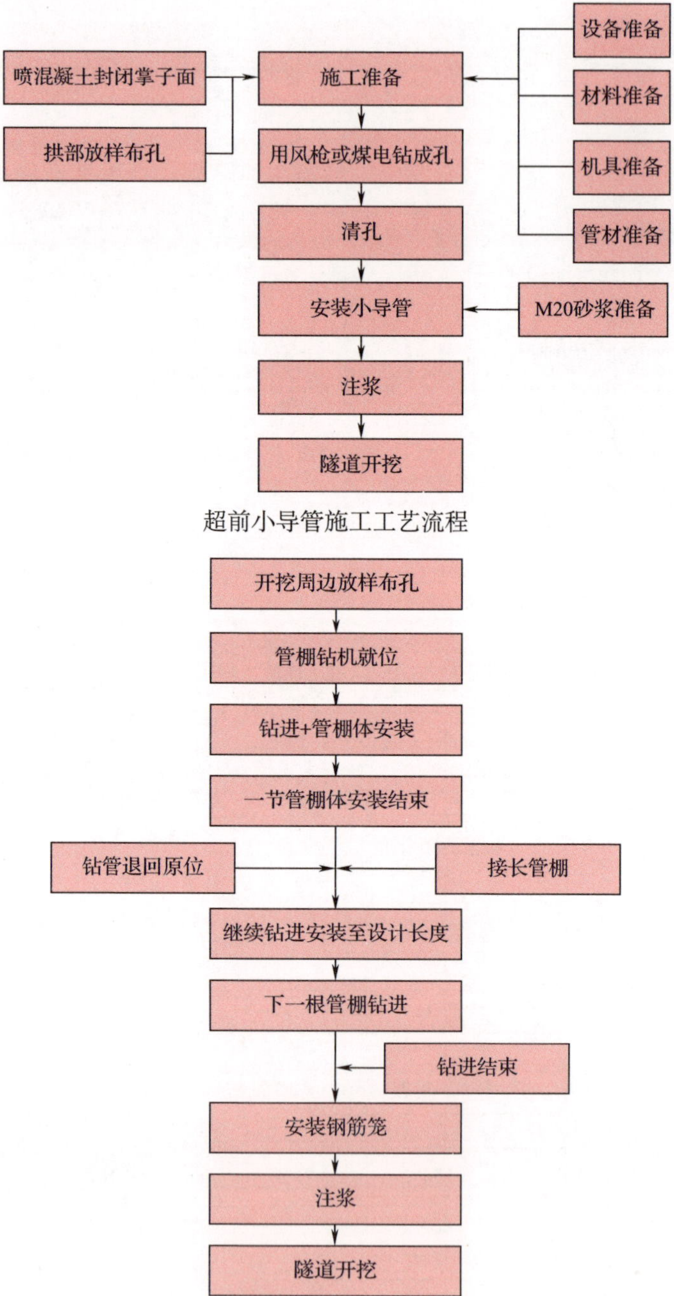


超前小导管施工工艺流程



管棚施工工艺流程

## （四）验收依据及表格

### 1. 验收依据

(1)《地下铁道工程施工及验收规范（2003 年版）》(GB 50299—1999)。

(2)《地下防水工程质量验收规范》(GB 50208—2011)。

(3) 设计施工图纸。

### 2. 验收表格

采用《轨道交通工程质量技术资料统一用表（土建分册）》中 D 验收 –78、D 验收 –79、D 质检 –52、D 质检 –53、D 质检 –67。

## （五）隧道超前支护施工控制重点

(1) 隧道超前支护专项施工方案及专项安全方案要按照规定要求进行审批，并经监理批准后方可施工。

(2) 按照审批的专项施工方案要求对施工作业人员进行安全、技术交底，驻地监理要监督并参加。

(3) 检查监理单位是否按照规定要求的频率和数量对进场原材料、半成品构件见证取样，并建立台账。

(4) 施工期间，尤其在注浆时应对支护的工作状态进行检查。当发现支护变形或损坏时，应立即停止注浆，采取措施。

(5) 注浆结束 4 h 后方可进行掌子面的开挖。

(6) 相邻两排小导管搭接长度应符合设计要求，且不小于 1 m。

(7) 钢管要与拱架焊接牢固，注浆后注浆孔要堵塞密实。

(8) 格栅生产中检查加工尺寸、构造连接等，试拼合格后批量生产。

(9) 格栅安装中检查安装位置、连接牢靠性等。

(10) 喷射混凝土材料时检查材料配比。

(11) 喷射面隐蔽检查包括钢筋隐蔽检查、受喷面有无渗水等。

(12) 喷射过程监督喷射顺序与厚度、试件留置、喷射混凝土养护等。

## 三、锚杆施工

### (一) 工作目标

锚杆质量应符合设计标准及验收规范要求，工程验收合格率100%，施工期间安全无事故。

### (二) 工作内容

(1) 锚杆施工主要工作包括布孔、钻孔、清孔、插入锚杆、注浆。

(2) 检查监理单位、施工单位是否按照设计及批准的锚杆专项施工方案组织开展工作。

(3) 检查施工单位、监理单位是否及时组织工序验收、施工记录齐全，并按照要求上传一体化管理平台的资料，上传旁站记录及工程照片等相关监理资料。

## （三）工艺流程

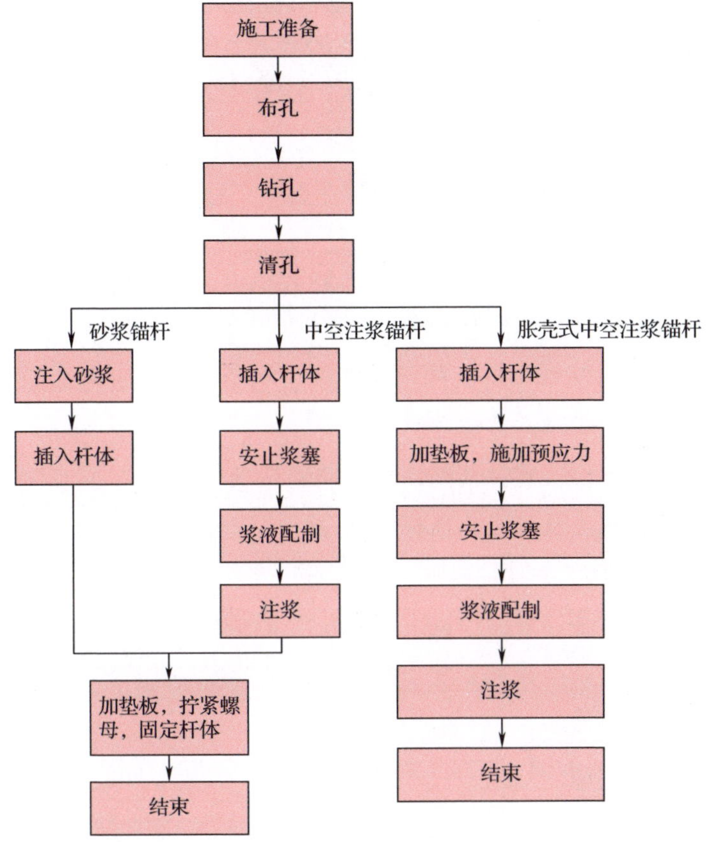


锚杆施工工艺流程

## （四）验收依据及表格

### 1. 验收依据

（1）《地下铁道工程施工及验收规范（2003 年版）》（GB 50299—1999）。

（2）《地下防水工程质量验收规范》（GB 50208—2011）。

（3）设计施工图纸。

2. 验收表格

采用《轨道交通工程质量技术资料统一用表（土建分册）》中D验收–16、D质检–07、D质检–08、D质检–09、D质检–10。

### （五）锚杆施工控制重点

(1) 锚杆专项施工方案及专项安全方案要按规定要求进行审批，并经监理工程师批准。

(2) 按照审批的锚杆专项施工方案要求对施工作业人员进行安全、技术交底，驻地监理要监督并参加。

(3) 检查监理单位是否按照规定要求的频率和数量对进场原材料、半成品构件见证取样，并建立台账。

(4) 控制孔位，定位准确，允许偏差为 ±100 mm。

(5) 钻孔深度及直径应与杆体相匹配，锚杆杆体露出岩面的长度不得大于喷层厚度。

(6) 控制灌注砂浆的质量，锚杆孔内灌注砂浆应饱满、密实。

(7) 严格控制垫板的安装质量，锚杆垫板应与孔口混凝土密贴，并及时紧固垫板螺母。

## 四、钢架施工

### （一）工作目标

钢架质量应符合设计标准及验收规范要求，工程验收合格率100%，施工期间安全无事故。

### （二）工作内容

(1) 钢架施工主要工作包括隧洞断面检查、初喷混凝土、钢架拼装、钢架架立、位置检查、焊接纵向连接筋、喷射混凝土。

(2) 检查施工单位、监理单位是否及时组织工序验收、施工记录齐全，并按照要求上传一体化管理平台的资料，上传旁站记录及工程照片等相关监理资料。

## (三) 工艺流程

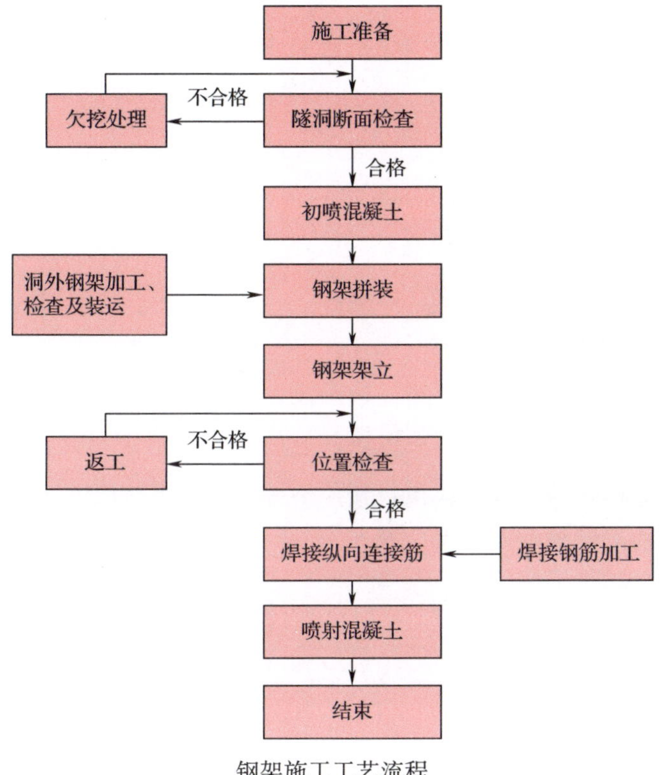


钢架施工工艺流程

## (四) 验收依据及表格

### 1. 验收依据

(1)《地下铁道工程施工及验收规范（2003 年版）》(GB 50299—1999)。

(2) 设计施工图纸。

2. 验收表格

采用《轨道交通工程质量技术资料统一用表（土建分册)》中D验收-78、D验收-79、D质检-52、D质检-53。

### （五）控制重点

(1) 专项施工方案及专项安全方案要按规定要求进行审批，并经监理工程师批准后方可实施。

(2) 按照审批的专项施工方案要求对施工作业人员进行安全技术交底，驻地监理要监督并参加。

(3) 检查监理单位是否按照规定要求的频率和数量对进场原材料、半成品构件见证取样，并建立台账。

(4) 在初喷混凝土后及时架设。

(5) 控制钢架的加工质量，按照设计尺寸加工及制作，加工后必须进行试拼检查，严禁不合格品进场。

(6) 控制钢架的安装质量，各节钢架间应以螺栓连接，连接板应密切，连接板局部缝隙不超过 2 mm。

## 五、喷射混凝土支护施工

### （一）工作目标

隧道喷射混凝土质量应符合设计标准及验收规范要求，工程验收合格率 100%，施工期间安全无事故。

### （二）工作内容

(1) 喷射混凝土支护主要工作包括施喷面清理、混凝土拌和、现场施喷、检查及试验。

(2) 检查监理单位、施工单位是否按照审批的混凝土喷射支护专项施工方案组织开展工作。

(3) 检查施工单位、监理单位是否及时组织工序验收、施工记录齐全，并按照要求上传一体化管理平台的资料，上传旁站记录及工程照片等相关监理资料。

## （三）工艺流程

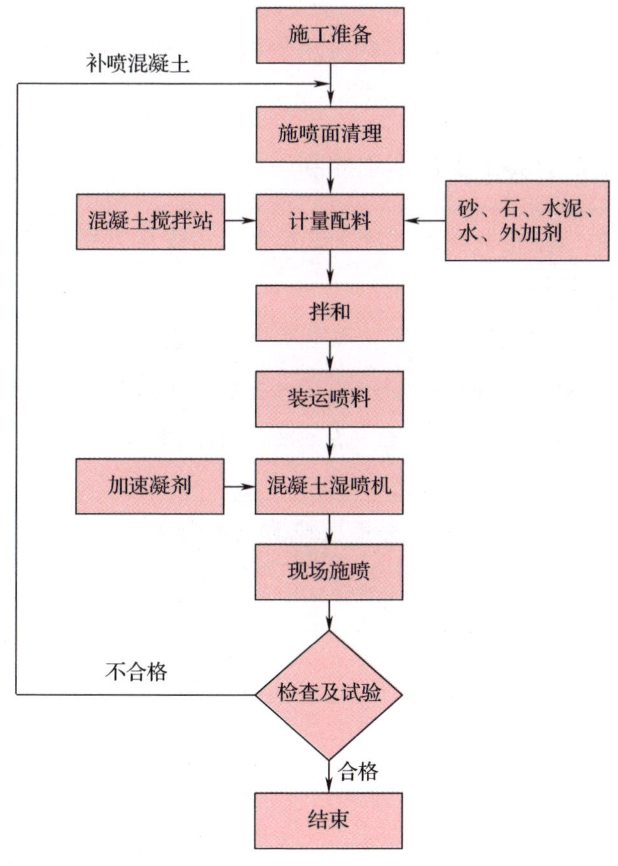


喷射混凝土支护施工工艺流程

### （四）验收依据及表格

#### 1. 验收依据

(1)《地下铁道工程施工及验收规范（2003 年版)》(GB 50299—1999)。

(2) 设计施工图纸。

#### 2. 验收表格

采用《轨道交通工程质量技术资料统一用表（土建分册)》中 D 验收 –78、D 质检 –52、D 质检 –53。

### （五）喷射混凝土支护施工控制重点

(1) 喷射混凝土支护专项施工方案及专项安全方案应按规定要求进行审批，并经监理工程师批准。

(2) 按照审批的专项施工方案落实施工作业技术交底、安全技术交底，驻地监理要监督并参加。

(3) 检查监理单位是否按照规定要求的频率和数量对进场原材料、半成品构件见证取样，并建立台账。

(4) 施工前要对隧洞的断面进行检查和清理，检查开挖断面的尺寸，清除开挖面松动的岩块及杂物，欠挖处要进行补凿。

(5) 严格控制混凝土的质量，对使用的原材料要进行试验及检测，并按照设计的配比配制。

(6) 严格控制喷射混凝土的质量，表面要密实、平整，无裂缝、脱落、漏喷、漏筋、空鼓和渗漏水现象，锚杆钢筋无外露。

## 六、隧道仰拱（底板）施工

### （一）工作目标

隧道仰拱质量应符合设计标准及验收规范要求，工程验收合格率100%，施工期间安全无事故。

### （二）工作内容

（1）隧道仰拱施工主要工作包括隧底开挖、清底及检查、混凝土找平层铺设、隧底防水处理、仰拱（底板）钢筋绑扎（如有）、混凝土标高控制点埋设、浇筑混凝土、混凝土养护。

（2）检查监理单位、施工单位是否按照审批的专项施工方案组织开展工作。

（3）检查施工单位、监理单位是否及时组织工序验收、施工记录齐全，并按照要求上传一体化管理平台的资料，上传旁站记录及工程照片等相关监理资料。

### （三）工艺流程

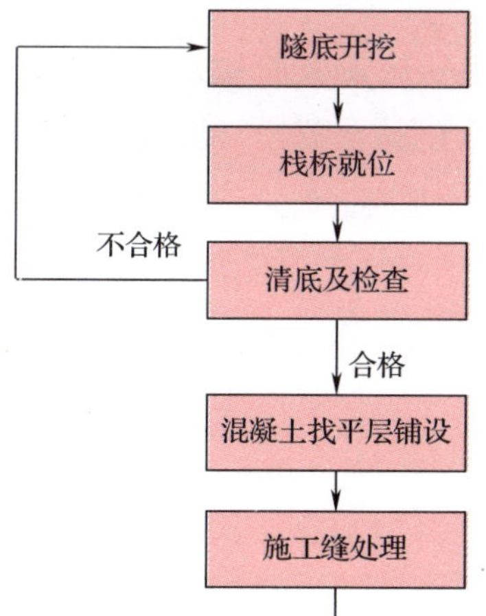

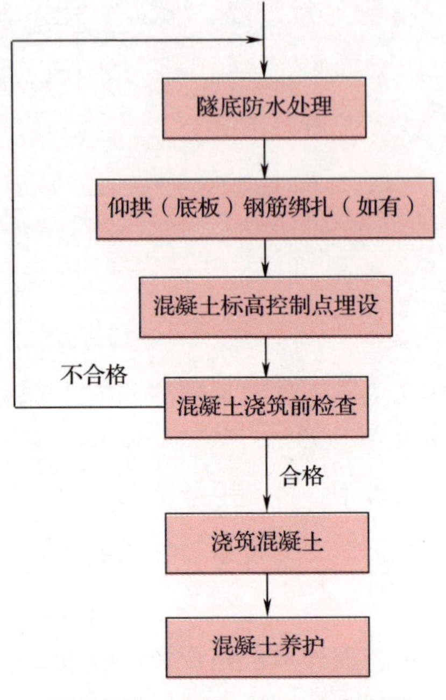


隧道仰拱（底板）施工工艺流程

## （四）验收依据及表格

### 1. 验收依据

(1)《地下铁道工程施工及验收规范（2003 年版）》(GB 50299—1999)。

(2)《地下防水工程质量验收规范》(GB 50208—2011)。

(3)《混凝土结构工程施工质量验收规范》(GB 50204—2015)。

(4) 设计施工图纸。

### 2. 验收表格

采用《轨道交通工程质量技术资料统一用表（土建分册)》中 D 验

收 –80、D 质检 –54、D 质检 –55。

### （五）隧道仰拱（底板）施工控制重点

（1）仰拱专项施工方案及专项安全方案要按规定要求进行审批，并经监理工程师批准。

（2）按照审批的专项施工方案落实施工作业技术交底、安全技术交底，驻地监理要监督并参加。

（3）检查监理单位是否按照规定要求的频率和数量对进场原材料、半成品构件见证取样，并建立台账。

（4）仰拱施工应紧跟开挖面施作，尽快形成封闭环。

（5）要对基底的浮石、杂物、泥浆和积水进行清理，检查隧底开挖成形和开挖净空，超挖部分采用同级混凝土回填。

（6）要做好对基底的检查，如遇断层破碎带或松散黏土等沉积物，应及时上报设计单位，采取加固、换填等方法对隧底进行处理。

## 七、隧道二次衬砌施工

### （一）工作目标

隧道二次衬砌质量应符合设计标准及验收规范要求，工程验收合格率 100%，施工期间安全无事故。

### （二）工作内容

（1）隧道二次衬砌主要工作包括铺设防水板、绑扎钢筋（如有）、安装模板、混凝土浇筑及养护。

（2）检查监理单位、施工单位是否按照审批的隧道二次衬砌专项施工方案组织开展工作。

(3) 检查施工单位、监理单位是否及时组织工序验收，施工记录齐全，并按照要求上传一体化管理平台的资料，上传旁站记录及工程照片等相关监理资料。

## （三）工艺流程

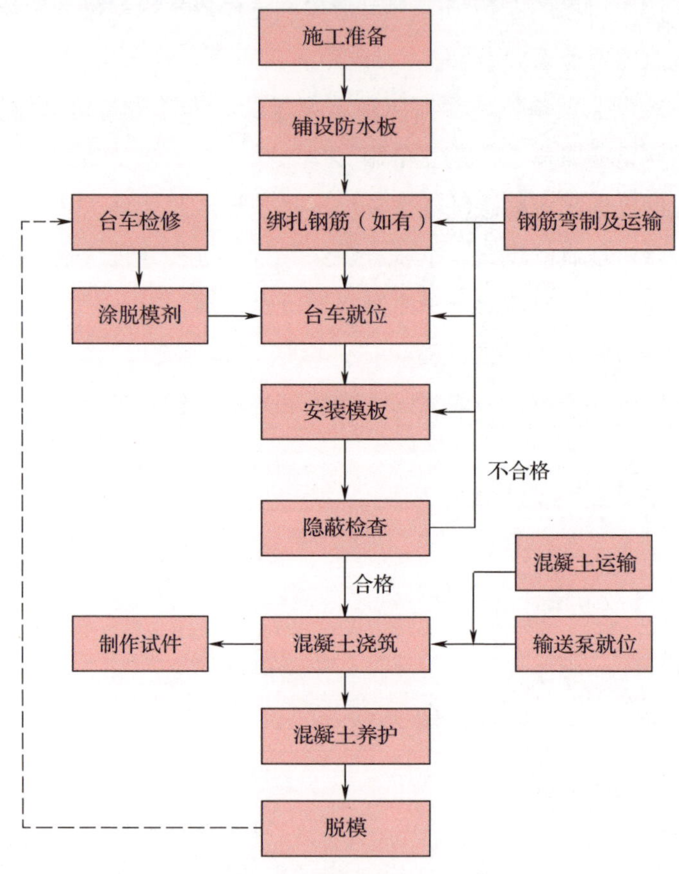

隧道二次衬砌施工工艺流程

## （四）验收依据及表格

### 1. 验收依据

(1)《地下铁道工程施工及验收规范（2003 年版）》(GB 50299—1999)。

(2)《地下防水工程质量验收规范》(GB 50208—2011)。

(3)《混凝土结构工程施工质量验收规范》(GB 50204—2015)。

(4) 设计施工图纸。

### 2. 验收表格

采用《轨道交通工程质量技术资料统一用表（土建分册)》中 D 验收 –80、D 质检 –54、D 质检 –55。

## （五）隧道二次衬砌施工控制重点

(1) 专项施工方案及专项安全方案要按规定要求进行审批，并经监理工程师批准。

(2) 按照审批的专项施工方案对施工作业人员进行技术、安全交底，驻地监理要监督并参加。

(3) 检查监理单位是否按照规定要求的频率和数量对进场原材料、半成品构件见证取样，并建立台账。

(4) 对隧道的中线、水平、断面和净空尺寸进行检查、复核，要符合设计要求。

(5) 对混凝土原材料进行检验，材料的规格、标准满足设计和规范要求。

(6) 衬砌不得侵入隧道建筑界面，并做到表面圆、顺、直、滑。

(7) 隧道衬砌厚度严禁小于设计厚度，衬砌混凝土结构表面应密实、平整、颜色均匀，严禁露筋，不得有蜂窝、孔洞、麻面和缺棱掉角。

(8) 模板安装检查：稳定性检查、结构限界、拱顶预留量等。

(9) 钢筋隐蔽验收：钢筋型号、规格、连接、保护层厚度等。

(10) 混凝土浇筑监理要安排人员旁站：浇筑顺序、振捣、坍落度检测、试块留置。

(11) 拆除模板检查：满足强度要求，及时养护，检查外观和尺寸偏差等。

## 八、隧道防排水施工

### (一) 工作目标

隧道防排水施工期间安全无事故，杜绝隧道结构渗漏水的发生，满足隧道防排水设计和规范要求，工程验收合格率100%。

### (二) 工作内容

(1) 隧道防排水施工主要工作包括隧道基面检查及处理、纵向和环向排水盲管的安装、水平施工缝安装止水条、隐蔽检查、铺设防水板、混凝土浇筑、混凝土养护。

(2) 检查监理单位、施工单位是否按照审批的隧道防排水专项施工方案组织开展工作。

(3) 检查施工单位、监理单位是否及时组织工序验收、施工记录齐全，并按照要求上传一体化管理平台的资料，上传旁站记录及工程照片等相关监理资料。

## （三）工艺流程

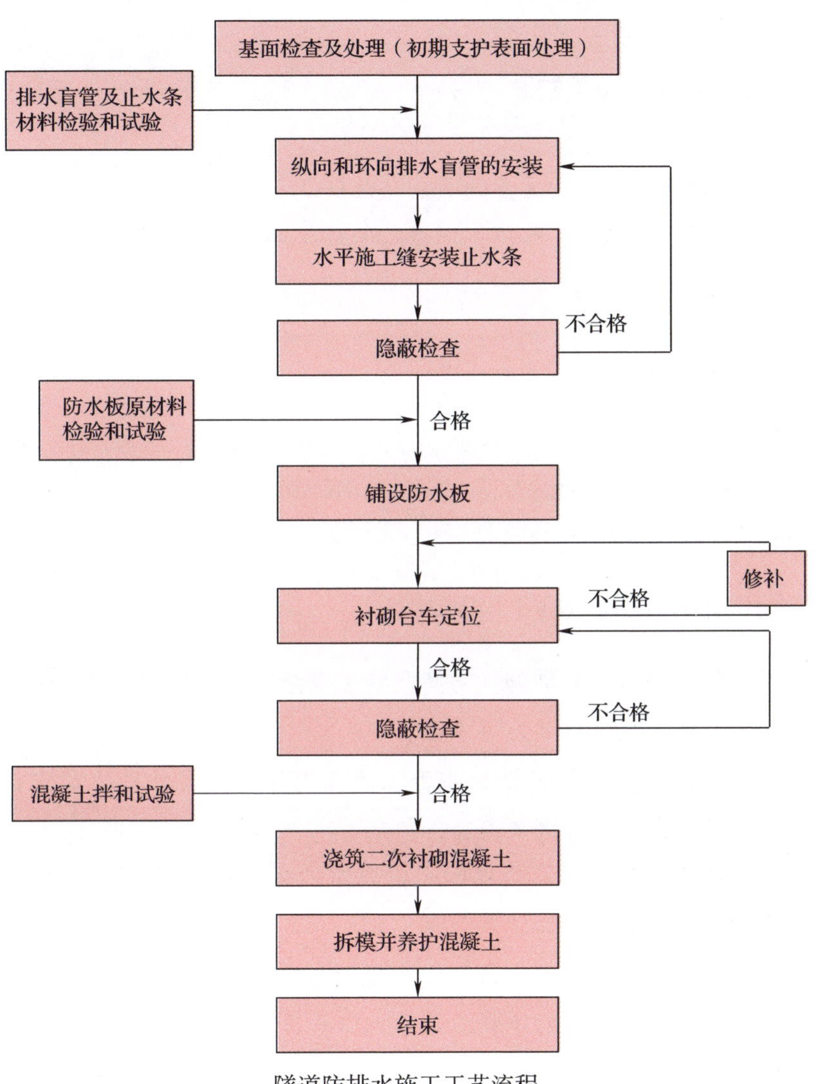


隧道防排水施工工艺流程

## （四）验收依据及表格

### 1. 验收依据

（1）《地下铁道工程施工及验收规范（2003 年版）》（GB 50299—1999）。

（2）《地下防水工程质量验收规范》（GB 50208—2011）。

（3）《混凝土结构工程施工质量验收规范》（GB 50204—2015）。

（4）设计施工图纸。

### 2. 验收表格

采用《轨道交通工程质量技术资料统一用表（土建分册）》中 D 验收 –36、D 验收 –82、D 验收 –83、D 验收 –84、D 验收 –85、D 验收 –86、D 验收 –87、D 验收 –88、D 验收 –89、D 验收 –92、D 质检 –36、D 质检 –61。

## （五）隧道防排水施工控制重点

（1）隧道防排水专项施工方案及专项安全方案要按规定要求进行审批，并经监理工程师批准方可施工。

（2）按照审批的隧道防排水专项施工方案对施工作业人员进行技术、安全交底，驻地监理要监督并参加。

（3）检查监理单位是否按照规定要求的频率和数量对进场原材料、半成品构件见证取样，并建立台账。

（4）混凝土衬砌不渗水，结构表面无湿渍。

（5）混凝土的抗压强度和抗渗压力符合设计要求。

（6）铺贴面隐蔽检查：坚实、平整、圆滑、无漏水；铺贴质量检查：平顺、牢固。

（7）防水层如有破损，按要求及时进行修补。

(8) 防水板与其他防水材料的连接符合设计要求。

(9) 防水板连接紧密，无渗水现象，里面拐角的防水板无空鼓和皱褶。

## §3—3 高架区间工程施工管理

高架桥是指在一系列狭窄钢筋混凝土或圬工拱上，具有高支撑的塔或支柱，跨过山谷、河流、道路或其他低处障碍物的桥梁。随着城市发展，交通拥挤，建筑物密集，而街道又难以拓宽，在城市轨道交通中采用这种桥可以疏散交通密度，提高运输效率。此外，在城市间可避免与其他线路平面交叉，节省用地，减少路基沉陷，也可不用路堤，而采用高架桥。

### 一、桩基础施工

#### (一) 工作目标

桩基础施工质量应符合设计规范和验收规范，施工期间安全无事故。

#### (二) 工作内容

(1) 桩基础施工主要工作包括测量定位、埋设钢护筒、安装钻机、泥浆制备、钻进、验孔、清孔、安装钢筋笼、安装导管、浇筑水下混凝土、检桩。

(2) 检查监理单位、施工单位是否按照审批的桩基础专项施工方案组织开展工作。

(3) 检查施工单位、监理单位是否及时组织工序验收、施工记录齐全，并按照要求上传一体化管理平台的资料，上传旁站记录及工程照片等相关监理资料。

## （三）工艺流程

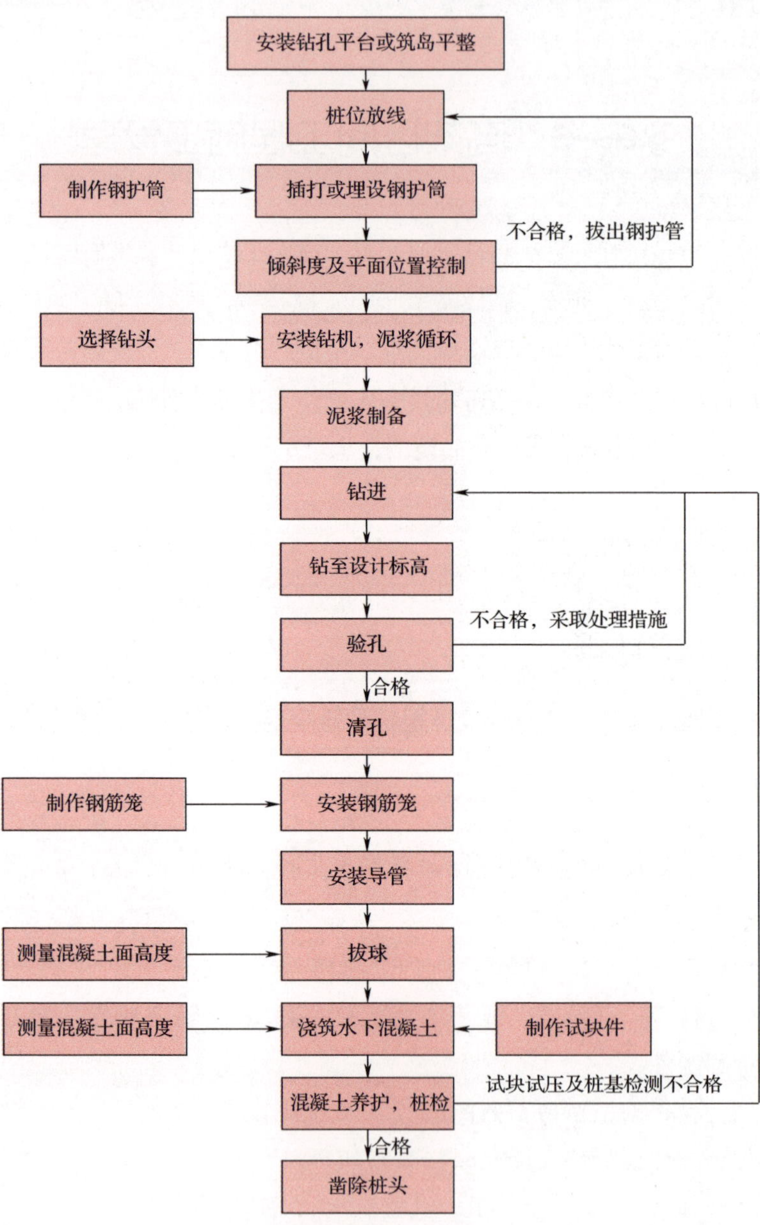


桩基础施工工艺流程

### （四）验收依据及表格

#### 1. 验收依据

(1)《地下铁道工程施工及验收规范（2003 年版）》(GB 50299—1999)。

(2)《建筑地基基础工程施工质量验收规范》(GB 50202—2002)。

(3)《混凝土结构工程施工质量验收规范》(GB 50204—2015)。

(4) 设计施工图纸。

#### 2. 验收表格

采用《轨道交通工程质量技术资料统一用表（土建分册）》中 D 验收 –01、D 验收 –12、D 验收 –13、D 质检 –03。

### （五）桩基础施工控制重点

(1) 桩基础专项施工方案及专项安全方案要按规定要求进行审批，并经监理工程师批准方可施工。

(2) 应按审批的专项施工方案对施工作业人员进行技术、安全交底，驻地监理要监督并参加。

(3) 检查监理单位是否按照规定要求的频率和数量对进场原材料、半成品构件见证取样，并建立台账。

(4) 严格控制桩位的测量定位，要相关单位分别进行复查，确保准确无误。

(5) 严格控制钻孔桩的质量，重点控制钻孔的垂直度、孔深、沉渣厚度、钢筋笼制作、混凝土及浇筑质量。成孔检查内容和允许偏差见下表。

**成孔检查内容和允许偏差**

| 项目 | 允许偏差 | 备注 |
|---|---|---|
| 孔位偏差 | 50 mm | 与设计桩相比 |
| 孔倾斜度 | ＜1% | 直桩 |
| 孔径 | 不小于设计值 | 检孔器 |
| 孔深 | 不小于设计值 | 测锤 |
| 孔底沉渣 | 柱桩≤5 cm，摩擦桩≤20 cm | 沉渣盒 |

钢筋笼制作允许偏差和检验方法见下表。

**钢筋笼制作允许偏差和检验方法**

| 序号 | 项目 | 允许偏差 | 检验方法 |
|---|---|---|---|
| 1 | 钢筋骨架长度 | ±100 mm | 尺量检查 |
| 2 | 钢筋骨架直径 | ±10 mm | 尺量检查<br>不少于5处 |
| 3 | 主钢筋间距 | ±10 mm | |
| 4 | 加强筋间距 | ±20 mm | |
| 5 | 箍筋间距或螺旋筋间距 | ±20 mm | |
| 6 | 钢筋骨架垂直度 | 骨架长度1% | 吊线、尺量检查 |

## 二、承台及扩大基础施工

### （一）工作目标

承台及扩大基础质量应符合设计规范和验收规范，工程验收合格率100%，施工期间安全无事故。

## （二）工作内容

(1) 承台及扩大基础施工主要工作包括测量放样、基坑开挖支护、凿除桩头、检测桩基、基底处理、绑扎钢筋、安装模板、浇筑混凝土。

(2) 检查监理单位、施工单位是否按照审批的承台及扩大基础专项施工方案组织开展工作。

(3) 检查施工单位、监理单位是否及时组织工序验收、施工记录齐全，并按照要求上传一体化管理平台的资料，上传旁站记录及工程照片等相关监理资料。

## （三）工艺流程

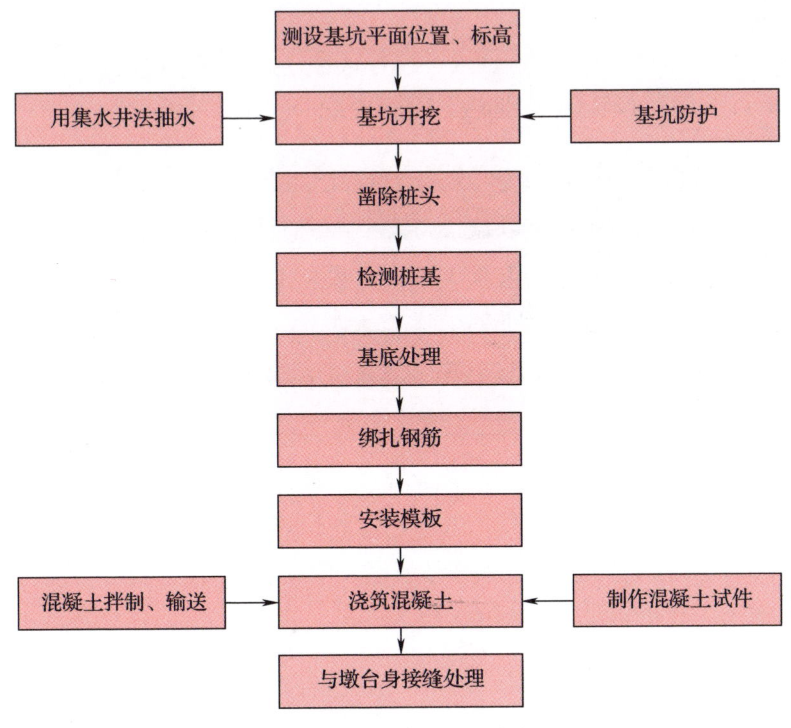


承台及扩大基础施工工艺流程

## （四）验收依据及表格

### 1. 验收依据

（1）《地下铁道工程施工及验收规范（2003 年版）》（GB 50299—1999）。

（2）《混凝土结构工程施工质量验收规范》（GB 50204—2015）。

（3）设计施工图纸。

### 2. 验收表格

采用《轨道交通工程质量技术资料统一用表（土建分册）》中 D 验收 –135、D 验收 –136、D 验收 –137、D 验收 –138、D 质检 –71、D 质检 –72。

## （五）承台及扩大基础施工控制重点

（1）承台及扩大基础专项施工方案及专项安全方案应按规定要求进行审批，基础基坑开挖专项施工方案要组织专家论证。

（2）要按审批的承台及扩大基础专项施工方案对施工作业人员进行技术、安全交底，驻地监理要监督并参加。

（3）检查监理单位是否按照规定要求的频率和数量对进场原材料、半成品构件见证取样，并建立台账。

（4）要对桩基进行检测，合格后方可进入下道工序。

（5）对基底要进行相应的处理，清除松碎石块、淤泥。

（6）做好钢筋、模板的制作、安装及混凝土质量的检查和验收工作。

承台质量检查标准和要求见下表。

承台质量检查标准和要求

| 序号 | 控制项目 | 质量检查标准和要求 | 备注 |
| --- | --- | --- | --- |
| 1 | 场地平整 | 承台上的淤泥等废弃物清理干净 | |
| 2 | 测量放样 | 定出承台四角，地面抄平，确定开挖尺寸和深度，精度 ±50 mm | |
| 3 | 基坑支护 | 基坑开挖方法和支护形式必须符合施工技术方案的要求，基坑支护满足强度、刚度、稳定性要求 | |
| 4 | 基坑开挖 | 基坑的平面位置和坑底尺寸必须满足设计与施工要求，基坑无积水，底部高程允许偏差：（土）±50 mm、（石）+50~200 mm | |
| 5 | 桩基检测 | 做无损检测，合格后进入下道工序施工 | |
| 6 | 砂浆垫层 | 垫层强度、厚度和尺寸满足设计要求，平整度偏差为 10 mm，高程偏差为 ±20 mm | |
| 7 | 承台模板 | 尺寸允许偏差为 ±10 mm | |

## 三、墩台帽施工

### （一）工作目标

墩台帽质量应符合设计标准和验收规范，施工期间安全无事故。

### （二）工作内容

(1) 墩台帽施工主要工作包括测量放线、浇筑墩身混凝土、顶帽测量放样、安装顶帽模板、绑扎顶帽钢筋、安装预埋件、浇筑顶帽混凝土。

(2) 检查监理单位、施工单位是否按照审批的墩台帽专项施工方案组织开展工作。

(3) 检查施工单位、监理单位是否及时组织工序验收、施工记录齐全，并按照要求上传一体化管理平台的资料，上传旁站记录及工程照片等相关监理资料。

（三）工艺流程

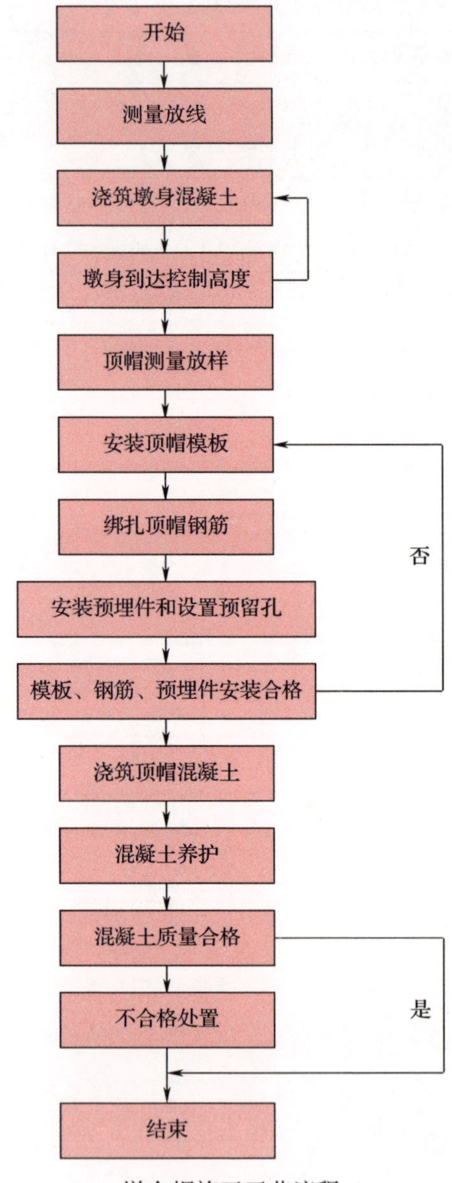


墩台帽施工工艺流程

## （四）验收依据及表格

### 1. 验收依据

(1)《地下铁道工程施工及验收规范（2003 年版）》(GB 50299—1999)。

(2)《混凝土结构工程施工质量验收规范》(GB 50204—2015)。

(3) 设计施工图纸。

### 2. 验收表格

采用《轨道交通工程质量技术资料统一用表（土建分册）》中 D 验收 –137、D 验收 –138、D 质检 –100、D 质检 –101。

## （五）控制重点

(1) 墩台帽专项施工方案及专项安全方案应按规定要求进行审批，脚手架专项施工方案要组织专家论证。

(2) 要按审批的墩台帽专项施工方案要求对施工作业人员进行技术、安全交底，驻地监理要监督并参加。

(3) 检查监理单位是否按照规定要求的频率和数量对进场原材料、半成品构件见证取样，并建立台账。

(4) 督促施工单位按照施工方案进行模板的加固、固定和脚手架的搭设，要求监理单位组织检查验收，并对脚手架实施监测。

(5) 严格控制钢筋的制作、安装质量和混凝土的浇筑质量。

钢筋的安装及钢筋的保护层厚度允许偏差和检验方法见下表。

**钢筋的安装及钢筋的保护层厚度允许偏差和检验方法**

<table>
<tr><th>序号</th><th colspan="2">名称</th><th>允许偏差（mm）</th><th>检查方法</th></tr>
<tr><td>1</td><td colspan="2">受力钢筋排距</td><td>±5</td><td>尺量，两端、中间各 1 处</td></tr>
<tr><td>2</td><td colspan="2">同一排中受力钢筋间距</td><td>±10</td><td rowspan="4">尺量，连续 3 处</td></tr>
<tr><td>3</td><td colspan="2">分布筋间距</td><td>±20</td></tr>
<tr><td rowspan="2">4</td><td rowspan="2">箍筋间距</td><td>绑扎骨架</td><td>±20</td></tr>
<tr><td>焊接骨架</td><td>±10</td></tr>
<tr><td>5</td><td colspan="2">弯起点位置</td><td>30</td><td>尺量</td></tr>
<tr><td rowspan="3">6</td><td rowspan="3">钢筋保护层厚度<br>$C$（mm）</td><td>$C \geq 35$</td><td>+10、-5</td><td rowspan="3">尺量，两端、中间各 2 处</td></tr>
<tr><td>$25 < C < 35$</td><td>+5、-2</td></tr>
<tr><td>$C \leq 25$</td><td>+3、-1</td></tr>
</table>

## 四、支座安装施工

### （一）工作目标

支座安装精度和质量应符合设计标准和验收规范，施工期间安全无事故。

### （二）工作内容

(1) 支座安装施工主要工作包括垫石顶面凿毛及清理、测量放样、找平修补、拌制环氧砂浆、安装支座。

(2) 检查监理单位、施工单位是否按照审批的支座安装专项施工方案组织开展工作。

(3) 检查施工单位、监理单位是否及时组织工序验收、施工记录齐全，并按照要求上传一体化管理平台的资料，上传旁站记录及工程照片等相关监理资料。

## （三）工艺流程

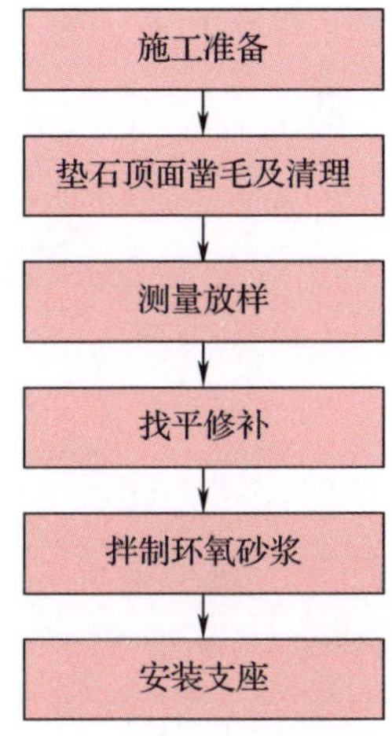


支座安装施工工艺流程

## （四）验收依据及表格

### 1. 验收依据

(1)《地下铁道工程施工及验收规范（2003 年版）》(GB 50299—1999)。

(2)《混凝土结构工程施工质量验收规范》(GB 50204—2015)。

(3) 设计施工图纸。

### 2. 验收表格

采用《轨道交通工程质量技术资料统一用表（土建分册）》中 D 质检 –83。

### （五）控制重点

(1) 支座安装专项施工方案及专项安全方案应按规定要求进行审批，并经监理工程师批准方可施工。

(2) 要按审批的专项施工方案要求对施工作业人员进行技术、安全交底，驻地监理要监督并参加。

(3) 检查监理单位是否按照规定要求对进场支座材料进行检验和存放，并建立台账。

(4) 对预制梁架设支座、桥梁支座的安装质量要严格控制和检测。质量控制及检验标准如下：

1) 支座中心线与墩台的纵向错动量≤ 15 mm。

2) 支座中心线与墩台的横向错动量≤ 10 mm。

3) 每块支座板边缘高差≤ 1 mm。

4) 支座螺栓中心位置偏差≤ 2 mm。

5) 同一端两支座横向中心线的相对错位≤ 5 mm。

6) 螺栓垂直于梁底板。

7) 4 个支座顶面相对高差≤ 2 mm。

## 五、支架法现浇连续箱梁施工

### （一）工作目标

支架法现浇连续箱梁质量应符合设计规范和验收规范，工程验收合格率 100%，施工期间安全无事故。

### （二）工作内容

(1) 支架法现浇连续箱梁施工主要工作包括支架基础施工、支架搭设、安装底模及外模、支架预压、安装及绑扎钢筋、安装内模、浇筑混凝土、预应力施工、支架下落及拆除。

(2) 检查监理单位、施工单位是否按照审批的支架法现浇箱梁专项施工方案组织开展工作。

(3) 检查施工单位、监理单位是否及时组织工序验收，施工记录齐全，并按照要求上传一体化管理平台的资料，上传旁站记录及工程照片等相关监理资料。

## (三) 工艺流程

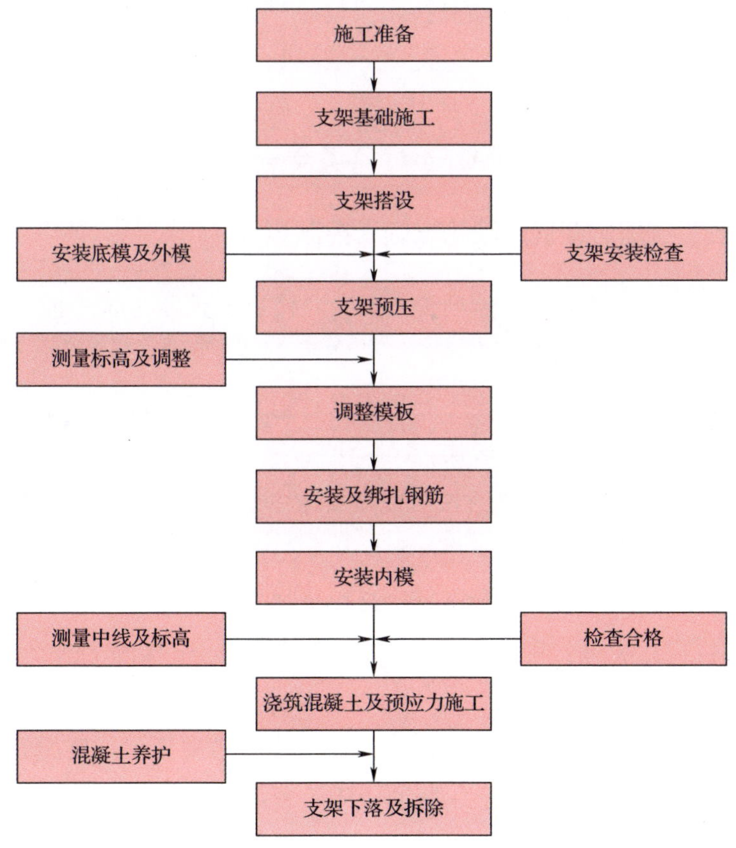


支架法现浇连续箱梁施工工艺流程

## （四）验收依据及表格

### 1. 验收依据

(1)《地下铁道工程施工及验收规范（2003 年版)》(GB 50299—1999)。

(2)《混凝土结构工程施工质量验收规范》(GB 50204—2015)。

(3) 设计施工图纸。

### 2. 验收表格

采用《轨道交通工程质量技术资料统一用表（土建分册)》中 D 验收 –137、D 验收 –138、D 验收 –139、D 验收 –140、D 验收 –141、D 验收 –142、D 质检 –76、D 质检 –77、D 质检 –78、D 质检 –79、D 质检 –80、D 质检 –81、D 质检 –82、D 质检 –86。

## （五）支架法现浇连续箱梁施工控制重点

(1) 专项施工方案及专项安全方案应按规定要求进行审批，并经监理工程师批准方可施工。

(2) 按照审批的专项施工方案要求对施工作业人员进行技术、安全交底，驻地监理要监督并参加。

(3) 检查监理单位是否按照规定要求的频率和数量对进场原材料、半成品构件见证取样，并建立台账。

(4) 对支架的拼装质量进行检查和验收，验收合格后对支架进行预压，以检查支架的承载能力，减少和消除支架体系的非弹性变形及地基的沉降。

(5) 支座安装前，要检查桥梁跨距、支座位置及预留锚栓孔位置、尺寸和支座垫石顶面高程、平整度，应符合设计要求。

(6) 支座与梁底及垫石之间要密贴、无空隙，垫层材料质量及强度要符合设计要求。

(7) 模板制作要满足设计要求，保证截面尺寸和板面平整、光洁，模板安装偏差要符合规范要求。

(8) 混凝土浇筑顺序要严格按照施工方案执行，由底板到腹板再到顶板，上下游基本对称。

## 六、移动模架法现浇连续箱梁施工

### （一）工作目标

移动模架法现浇连续箱梁质量应符合设计标准和验收规范，施工期间安全无事故。

### （二）工作内容

(1) 移动模架法现浇连续箱梁施工主要工作包括安装移动模架系统、加载试验、安装底模和外模、绑扎底板和腹板钢筋及预应力管道、安装内模及顶模、绑扎顶板钢筋、安装预应力预埋件、浇筑混凝土、混凝土养护、预应力张拉、孔道压浆。

(2) 检查监理单位、施工单位是否按照审批的移动模架法现浇连续箱梁专项施工方案组织开展工作。

(3) 参与并监督监理单位组织召开安全风险分析会，监理单位应监督施工单位落实安全工作措施。

(4) 对施工质量和现场的安全文明施工进行巡视及检查，如有不合格或不符合要求处，要施工单位和监理单位进行整改。

(5) 检查施工单位、监理单位是否及时组织工序验收、施工记录齐全，并按照要求上传一体化管理平台的资料，上传旁站记录及工程照片等相关监理资料。

（三）工艺流程

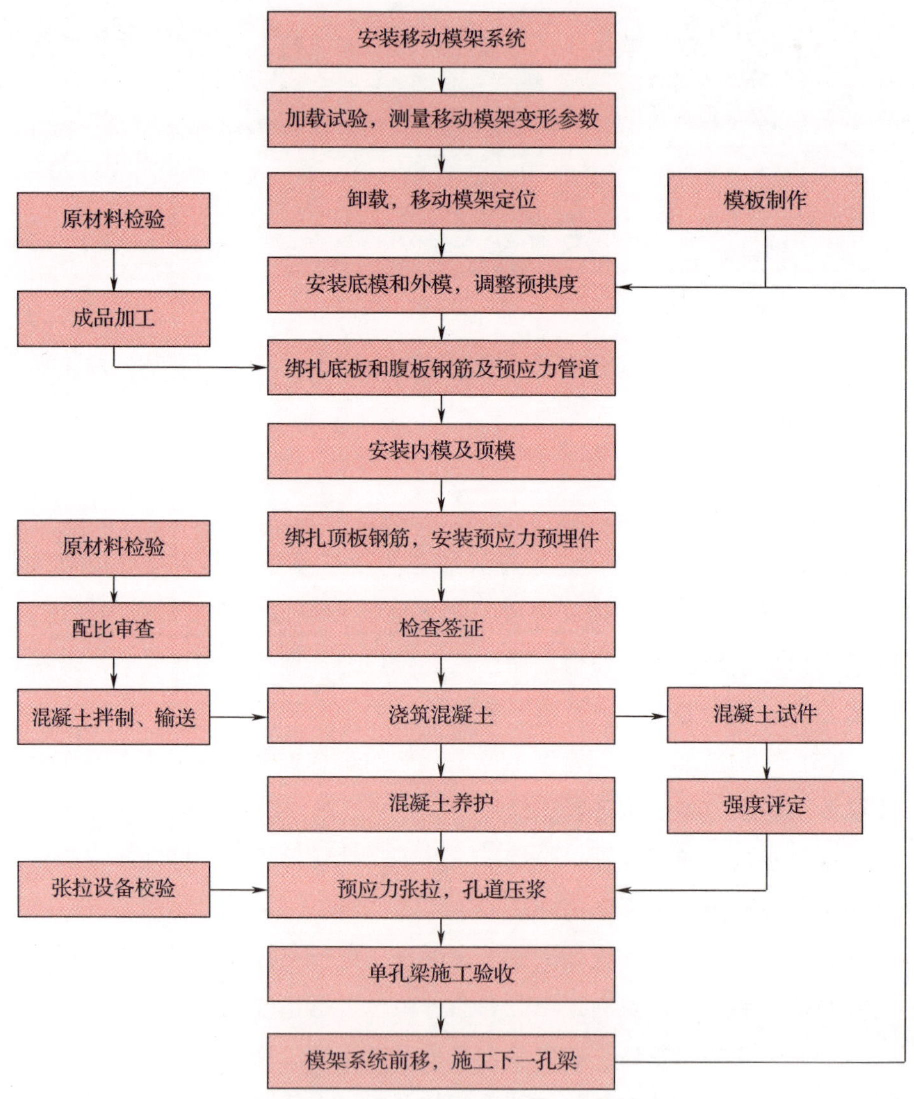


移动模架法现浇连续箱梁施工工艺流程

## （四）验收依据及表格

### 1. 验收依据

(1)《地下铁道工程施工及验收规范（2003 年版）》(GB 50299—1999)。

(2)《混凝土结构工程施工质量验收规范》(GB 50204—2015)。

(3) 设计施工图纸。

### 2. 验收表格

采用《轨道交通工程质量技术资料统一用表（土建分册）》中 D 验收 –137、D 验收 –138、D 验收 –139、D 验收 –140、D 验收 –141、D 验收 –142、D 质检 –77、D 质检 –78、D 质检 –79、D 质检 –80、D 质检 –81、D 质检 –82、D 质检 –86。

## （五）移动模架法现浇连续箱梁施工控制重点

(1) 专项施工方案及专项安全方案应按规定要求进行审批，专项安全方案要组织专家论证，并经监理工程师批准方可施工。

(2) 要按审批的专项施工方案要求对施工作业人员进行安全技术交底，驻地监理要监督并参加。

(3) 检查监理单位是否按照规定要求的频率和数量对进场原材料、半成品构件见证取样，并建立台账。

(4) 移动模架拼装完成后要进行预压，通过预压确定移动模架在生产箱梁过程中发生的弹性变形值，确定移动模架的预拱度及对模板进行调整。

(5) 支架安装前认真核对支座规格、型号及安装方向。

(6) 要对移动模架过孔的结构进行检查，重点检查主梁各接头的连接螺栓，卷扬机运转情况，支脚抄点是否稳固、牢靠。

(7) 对支腿、轨道进行检查，支腿检查标高及安装位置，轨道要保证位置准确、直顺。

## 七、连续梁悬臂浇筑施工

### (一)工作目标

连续梁悬臂浇筑质量应符合设计标准及验收规范要求，施工期间安全无事故。

### (二)工作内容

(1) 连续梁悬臂浇筑施工主要工作包括0#块支架搭设、预压及调整，安装永久支座，浇筑临时支座，0#块施工，箱梁固结锁定，挂篮拼装，挂篮荷载试验(压重)，循环施工全部悬浇梁段，拆除挂篮，安装边跨合拢段支架及底模，配重、合拢段锁定，解除两边T构临时支座固结，边跨合拢段安装钢筋，立模浇筑混凝土、张拉、压浆，安装中跨合拢段吊架及底模，中跨合拢段配重，中跨合拢段安装钢筋，立模浇筑混凝土、张拉、压浆。

(2) 检查监理单位、施工单位是否按照审批的连续梁悬臂浇筑专项施工方案组织开展工作。

(3) 参与并监督监理单位组织召开安全风险分析会，监理单位应监督施工单位落实安全工作措施。

(4) 对施工质量和现场的安全文明施工进行巡视及检查，如有不合格或不符合要求处，要施工单位和监理单位进行整改。

(5) 检查施工单位、监理单位是否及时组织工序验收、施工记录齐全，并按照要求上传一体化管理平台的资料，上传旁站记录及工程照片等相关监理资料。

## （三）工艺流程

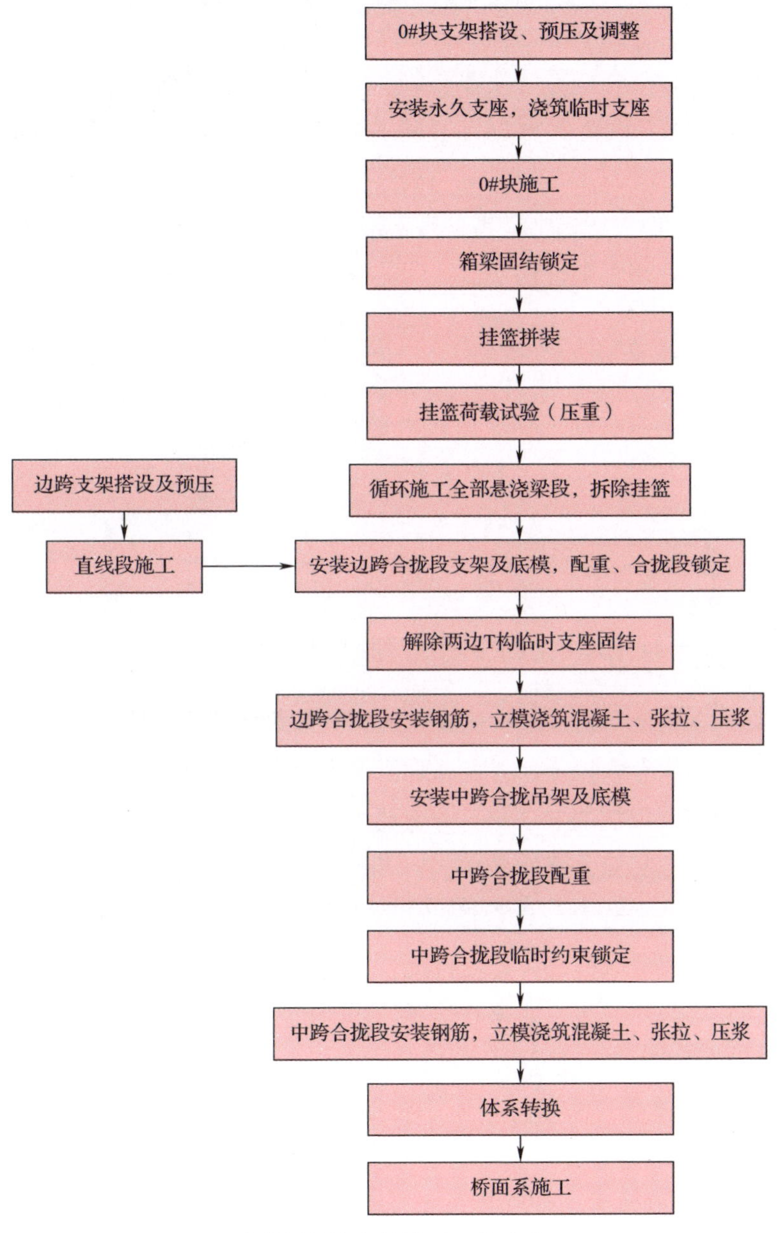


连续梁悬臂浇筑施工工艺流程

## （四）验收依据及表格

### 1. 验收依据

(1)《地下铁道工程施工及验收规范（2003 年版）》(GB 50299—1999)。

(2)《混凝土结构工程施工质量验收规范》(GB 50204—2015)。

(3) 设计施工图纸。

### 2. 验收表格

采用《轨道交通工程质量技术资料统一用表（土建分册）》中 D 验收 –137、D 验收 –138、D 验收 –139、D 验收 –140、D 验收 –141、D 验收 –142、D 质检 –77、D 质检 –78、D 质检 –79、D 质检 –80、D 质检 –81、D 质检 –82、D 质检 –86。

## （五）连续梁悬臂浇筑施工控制重点

(1) 专项施工方案及专项安全方案应按规定要求进行审批，专项安全方案要组织专家论证，并经监理工程师批准方可施工。

(2) 按照审批的专项施工方案要求对施工作业人员进行技术、安全交底，驻地监理要监督并参加。

(3) 检查监理单位是否按照规定要求的频率和数量对进场原材料、半成品构件见证取样，并建立台账。

(4) 组织测量人员对垫石标高、墩跨进行复核。

(5) 对支架及挂篮加工进行质量验收。

(6) 支架及挂篮施工完成后要进行荷载试验，为预拱度的设置提供依据。

(7) 对按照设计要求埋设的各种预埋件进行严格检查，必须采取可靠措施定位，确保定位准确。

(8) 梁体张拉时混凝土的强度、龄期要满足要求，张拉顺序要满足设计要求。

## 八、连续梁预应力束安装、张拉作业

### （一）工作目标

连续梁预应力束安装、张拉质量应符合设计标准及验收规范要求，工程验收合格率 100%，作业期间安全无事故。

### （二）工作内容

(1) 连续梁预应力束安装、张拉作业主要工作包括清理锚具、锚垫板，割除多余波纹管，钢绞线除锈、下料、编束、做束头、穿束，切除多余钢绞线，安装工作锚、千斤顶及工具锚，张拉，割除多余钢绞线，封锚，压浆。

(2) 检查监理单位、施工单位是否按照审批的连续梁预应力束安装、张拉作业专项施工方案组织开展工作。

(3) 参与并监督监理单位组织召开安全风险分析会，检查监理单位应监督施工单位落实安全工作措施。

(4) 对施工质量和现场的安全文明施工进行巡视及检查，如有不合格或不符合要求处，要施工单位和监理单位进行整改。

(5) 检查施工单位、监理单位是否及时组织工序验收、施工记录齐全，并按照要求上传一体化管理平台的资料，上传旁站记录及工程照片等相关监理资料。

## （三）工艺流程

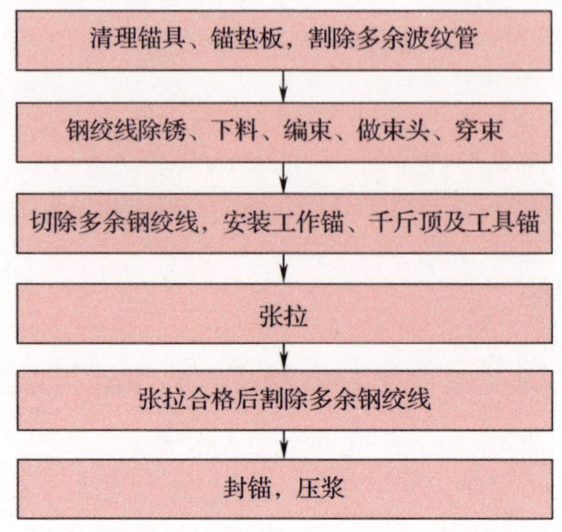

连续梁预应力束安装、张拉作业工艺流程

## （四）验收依据及表格

### 1. 验收依据

(1)《地下铁道工程施工及验收规范（2003 年版）》(GB 50299—1999)。
(2)《混凝土结构工程施工质量验收规范》(GB 50204—2015)。
(3) 设计施工图纸。

### 2. 验收表格

采用《轨道交通工程质量技术资料统一用表（土建分册）》中 D 验收 –139、D 验收 –140、D 验收 –141、D 验收 –142、D 质检 –77、D 质检 –78、D 质检 –79、D 质检 –80、D 质检 –81、D 质检 –82。

## （五）连续梁预应力束安装、张拉作业控制重点

(1) 专项施工方案及专项安全方案应按规定要求进行审批，专项安全方案要组织专家论证，并经监理工程师批准方可施工。

(2) 按照审批的专项施工方案要求对施工作业人员进行技术、安全交底，驻地监理要监督并参加。

(3) 检查监理单位是否按照规定要求的频率和数量对进场原材料、半成品构件见证取样，并建立台账。

(4) 使用前对张拉机具进行配套检查和校验，千斤顶与压力表要配套校验，确定张拉力与压力表读数之间的关系曲线。

(5) 对钢绞线和锚具等材料要按照规定进行检查及验收，合格后方能投入使用。

(6) 混凝土强度、弹性模度和龄期等满足设计和规范要求后方可实施张拉。

(7) 张拉前要对梁外观尺寸、锚垫板的位置进行检查，对孔道内的杂物进行清理。

(8) 严格按照设计与规范控制张拉力和伸长值的误差值。

(9) 张拉两端钢绞线线束的外露长度要大致相等并满足施工工艺的要求。

## 九、预制箱梁施工

### (一) 工作目标

预制箱梁质量应符合设计标准及验收规范要求，施工期间安全无事故。

### (二) 工作内容

(1) 预制箱梁施工主要工作包括梁体钢筋安装、检查，模板安装，桥面钢筋及附属件成型安装，混凝土浇筑、养护，初张，吊至终张压浆台位，终张，压浆及封锚，出厂检验、后期修补，发运桥梁。

(2) 检查监理单位、施工单位是否按照审批的预制箱梁专项施工方案组织开展工作。

(3) 参与并监督监理单位组织召开安全风险分析会，检查监理单位应监督施工单位落实安全工作措施的落实情况。

(4) 对施工质量和现场的安全文明施工进行巡视及检查，如有不合格或不符合要求处，要施工单位和监理单位进行整改。

(5) 检查施工单位、监理单位是否及时组织工序验收、施工记录齐全，并按照要求上传一体化管理平台的资料，上传旁站记录及工程照片等相关监理资料。

## （三）工艺流程

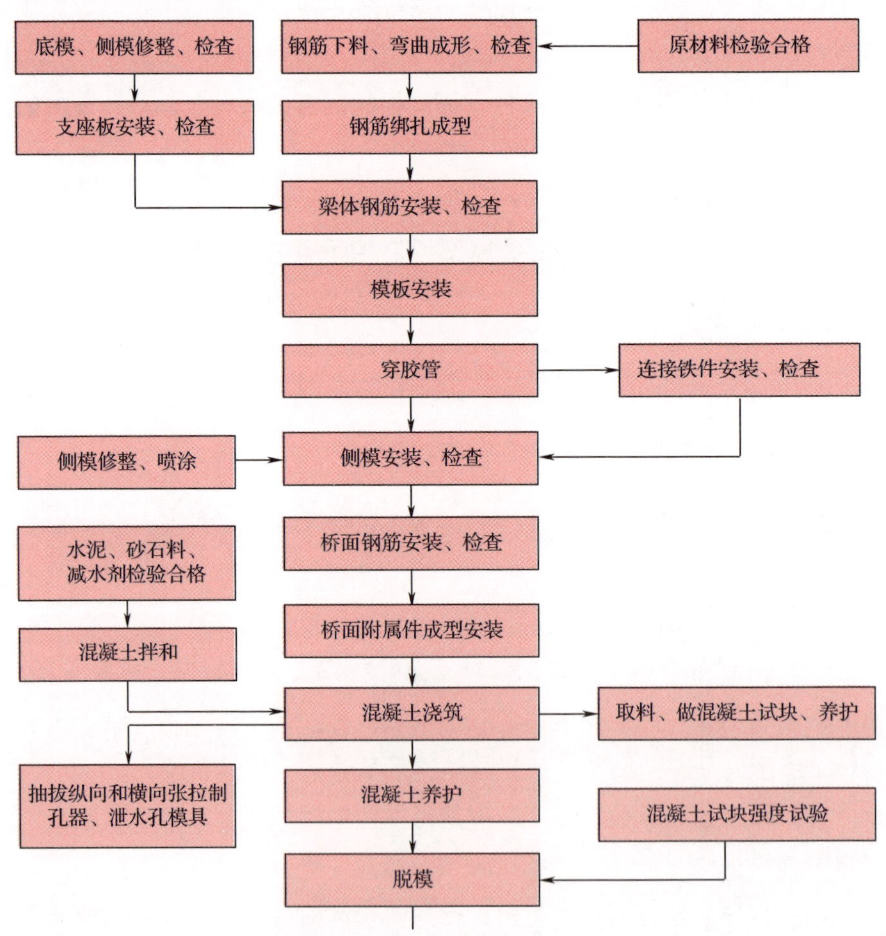

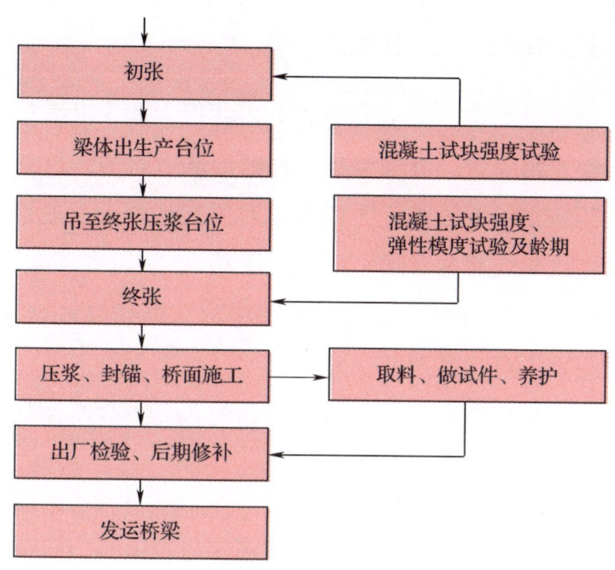


预制箱梁施工工艺流程

## （四）验收依据及表格

### 1. 验收依据

(1)《地下铁道工程施工及验收规范（2003 年版）》(GB 50299—1999)。

(2)《混凝土结构工程施工质量验收规范》(GB 50204—2015)。

(3) 设计施工图纸。

### 2. 验收表格

采用《轨道交通工程质量技术资料统一用表（土建分册）》中 D验收 –138、D验收 –139、D验收 –140、D验收 –141、D验收 –142、D验收 –143、D验收 –144、D验收 –145、D验收 –146、D质检 –77、D质检 –78、D质检 –79、D质检 –80、D质检 –81、D质检 –82、D质检 –86、D质检 –91、D质检 –92、D质检 –93、D质检 –94、D质检 –95、D质检 –96、D质检 –97、D质检 –98、D质检 –99。

### （五）预制箱梁施工控制重点

(1) 专项施工方案及专项安全方案应按规定要求进行审批，专项安全方案要组织专家论证，并经监理工程师批准方可施工。

(2) 按照审批的专项施工方案要求对施工作业人员进行技术、安全交底，驻地监理要监督并参加。

(3) 检查监理单位是否按照规定要求的频率和数量对进场原材料、半成品构件见证取样，并建立台账。

(4) 混凝土的强度、刚度、抗裂度、耐久性等技术指标要满足设计和规范要求。

(5) 钢筋等原材料必须有出厂合格证，进场后经检测合格方能投入使用。

(6) 钢筋和预应力管道安装完毕，要对其位置、尺寸进行检查，保证位置准确、孔道平顺。

## 十、预制梁架设施工

### （一）工作目标

预制梁架设质量应符合设计标准及验收规范要求，施工期间安全无事故。

### （二）工作内容

(1) 预制梁架设施工主要工作包括梁地面运输、提升站提升上桥、梁体运输至待架墩位、喂梁、前天车提梁、梁纵移、后天车提梁、梁纵移和横移、梁体就位、临时支撑、焊接梁体之间横向连接钢板。

(2) 检查监理单位、施工单位是否按照审批的预制梁架设专项施工方案组织开展工作。

(3) 参与并监督监理单位组织召开安全风险分析会，检查监理单位应监督施工单位落实安全工作措施。

(4) 对施工质量和现场的安全文明施工进行巡视及检查，如有不合格或不符合要求处，要施工单位和监理单位进行整改。

(5) 检查施工单位、监理单位是否及时组织工序验收、施工记录齐全，并按照要求上传一体化管理平台的资料，上传旁站记录及工程照片等相关监理资料。

## （三）工艺流程

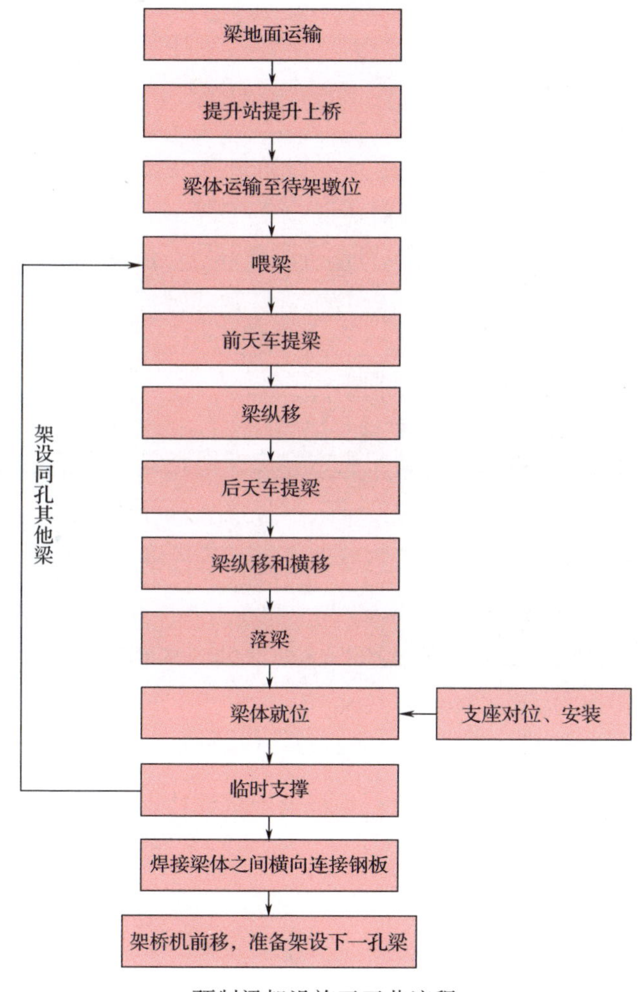


预制梁架设施工工艺流程

### （四）验收依据及表格

#### 1. 验收依据

(1)《地下铁道工程施工及验收规范（2003 年版）》(GB 50299—1999)。

(2)《混凝土结构工程施工质量验收规范》(GB 50204—2015)。

(3) 设计施工图纸。

#### 2. 验收表格

采用《轨道交通工程质量技术资料统一用表（土建分册）》中 D 验收 –143、D 验收 –144、D 验收 –145、D 验收 –146、D 验收 –152、D 验收 –153、D 验收 –154、D 验收 –155、D 质检 –91、D 质检 –92。

### （五）预制梁架设施工控制重点

(1) 专项施工方案及专项安全方案应按规定要求进行审批，专项安全方案要组织专家论证，并经监理工程师批准方可施工。

(2) 按照审批的专项施工方案要求对施工作业人员进行技术、安全交底，驻地监理要监督并参加。

(3) 检查监理单位是否按照规定要求的频率和数量对进场原材料、半成品构件见证取样，并建立台账。

(4) 对用于架梁的龙门吊、架桥机等大型设备进行检查、验收，要有出厂合格证等质量证明文件，并经当地质量技术监督局鉴定合格后方能投入使用。

(5) 所有吊具、扁担梁均应经过检查、重载试验，吊梁时的梁体强度、起吊点及跨装运输支点均应满足设计要求。

(6) 对支座进行检查、验收，要有出厂合格证，并对其外观进行检查，符合要求后方能进行安装。

(7) 架梁前组织测量人员对梁墩台前后、左右距及设计中心线的尺寸和支撑垫石的高程进行复核。

## 十一、桥面附属工程施工

### (一) 工作目标

桥面附属工程质量应符合设计标准及验收规范要求，施工期间安全无事故。

### (二) 工作内容

(1) 桥面附属工程施工主要工作包括桥面基层清理、涂刷涂料、粘防水卷材、检查及验收。

(2) 检查监理单位、施工单位是否按照审批的桥面附属工程专项施工方案组织开展工作。

(3) 参与并监督监理单位组织召开安全风险分析会，检查监理单位应监督施工单位落实安全工作措施的落实情况。

(4) 对施工质量和现场的安全文明施工进行巡视及检查，如有不合格或不符合要求处，要施工单位和监理单位进行整改。

(5) 检查施工单位、监理单位是否及时组织工序验收、施工记录齐全，并按照要求上传一体化管理平台的资料，上传旁站记录及工程照片等相关监理资料。

## （三）工艺流程

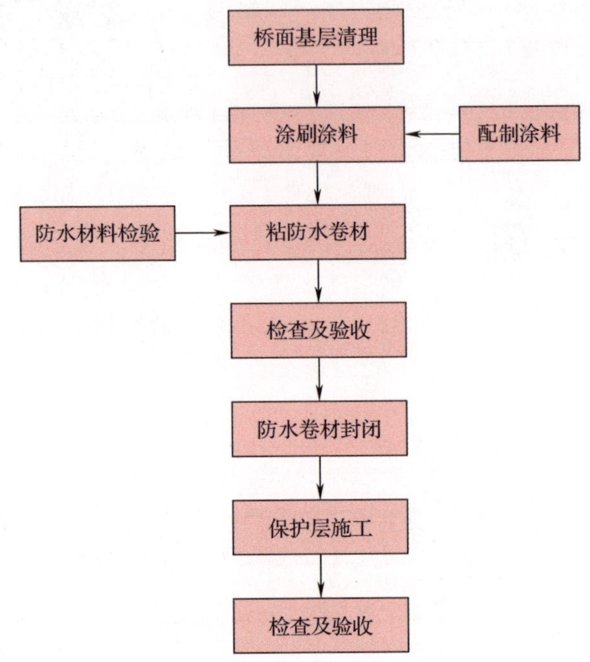


桥面附属工程施工工艺流程

## （四）验收依据及表格

### 1. 验收依据

（1）《地下铁道工程施工及验收规范（2003 年版）》（GB 50299—1999）。

（2）《混凝土结构工程施工质量验收规范》（GB 50204—2015）。

（3）设计施工图纸。

### 2. 验收表格

采用《轨道交通工程质量技术资料统一用表（土建分册）》中 D 验收 –156、D 验收 –157、D 验收 –158、D 验收 –159、D 质检 –89。

### （五）桥面附属工程施工控制重点

(1) 专项施工方案及专项安全方案应按规定要求进行审批，专项安全方案要组织专家论证，并经监理工程师批准方可施工。

(2) 按照审批的专项施工方案要求对施工作业人员进行技术、安全交底，驻地监理要监督并参加。

(3) 检查监理单位是否按照规定要求的频率和数量对进场原材料、半成品构件见证取样，并建立台账。

(4) 对混凝土基层面进行检查、验收，基面应平整、清洁、干燥，无空鼓、松动和油污。

(5) 对防水卷材的铺设质量进行检查，应粘贴牢固，搭接封口正确，坡度平顺，排水顺畅。

# §3—4 明挖法区间工程施工管理

明挖区间一般作为暗挖隧道的施工通道和提升口，施工方法与车站基坑明挖施工方法基本类似。

## 一、工作目标

安全无事故，质量符合设计标准及验收规范要求。

## 二、工作内容

(1) 基坑开挖及支撑施工包括土方开挖、支撑施工、基坑监测。

1) 基坑土方开挖施工工作中基坑开挖和支撑安装要紧密配合，随挖随撑，先撑后挖。

2）支撑施工工作包括混凝土支撑、混凝土腰梁、钢支撑、钢立柱、钢围檩。

3）基坑监测工作内容。由于围护结构施工和主体土方开挖及降水时对地层产生扰动，可能引起地表周边建筑物变形或沉降，危及附近建筑物的安全。因此，在施工过程中必须进行监测。

监测主要范围及监测项目：支护结构墙顶水平位移、支护结构（墙体）变形、支撑轴力、支撑立柱沉降、地下水位、土体侧向位移、周边建筑物沉降、裂缝监测、爆破振速等。

（2）检查监理单位是否按照审批的专项施工方案和设计图纸要求施工单位开展工作。

（3）督促监理单位及时进行工序验收，其间不定期进行检查。

（4）不定期巡视工地现场，检查施工单位是否按图施工，督促监理单位按设计图纸验收。

（5）检查施工单位、监理单位是否及时组织工序验收，上传一体化管理平台的资料，并按照规定上传旁站记录及工程照片等相关监理资料。

## 三、工艺流程

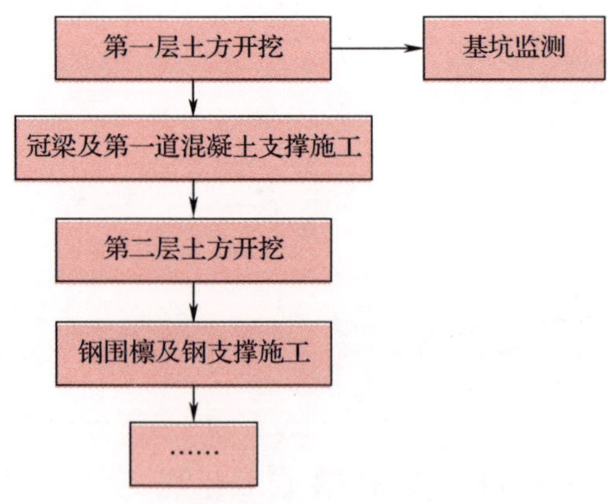


基坑开挖施工工艺流程

## 四、验收依据及表格

### （一）验收依据

（1）《地下铁道工程施工及验收规范（2003 年版）》（GB 50299—1999）以及相关工序规范和建筑施工强制性条文。

（2）设计施工图纸以及图纸会审记录。

### （二）验收表格

（1）基坑土方开挖施工验收采用《轨道交通工程质量技术资料统一用表（土建分册）》中 D 质检 –27、D 验收 –10。

（2）支撑施工验收采用《轨道交通工程质量技术资料统一用表（土建分册）》中 D 验收 –17、D 验收 –18。

（3）基坑监测无验收表格。

## 五、控制重点

### （一）基坑开挖施工

#### 1. 重点关注

（1）专项施工方案应按规定要求进行审批，特别是深基坑土方开挖及支护体系专项施工方案，必须要求承包商组织满足规定人数的专家组进行论证，通过后报监理、业主审批。

（2）按照审批的专项施工方案落实施工作业技术、安全交底，驻地监理应监督并参加。

（3）检查监理单位是否对进场设备、特种作业人员证件按照规定进行检查，并建立台账。

#### 2. 基坑开挖施工控制重点

(1) 基坑开挖必须在围护结构、冠梁、坑底加固均达到设计强度及第一道混凝土支撑达设计强度的 75% 以后方可进行。

(2) 土方开挖过程中不得超挖，必须及时架设支撑，确保基坑安全。

(3) 土方开挖过程中需合理组织基底抽、排水，避免基底土方长时间浸泡水中。

(4) 基坑开挖应分段分层进行，严格控制分段开挖时两头的土体坡度，确保土坡稳定。每段长度为 20 ~ 30 m，每层厚度不得大于 3 m，严禁挖成锅底状；每开挖一小段 (6 ~ 8 m) 后及时架设支撑。基坑开挖和支撑安装要紧密配合，随挖随撑，先撑后挖。

(5) 在开挖至基坑底面标高以上 300 mm 处应进行基坑验收，并改用人工开挖至基底，及时封底，以尽量减少对基底地基土的扰动。挖出的土必须及时运走，严禁在基坑 1 倍深度范围内堆放弃土，基坑开挖必须严格按照《建筑基坑支护技术规程》(JGJ 120—2012) (基坑开挖) 中的要求施工。

(6) 采用机械挖土时，严禁挖土机械碰撞支撑、井点管和围护墙，作用于支撑顶面的施工活动载荷不大于 2 kPa。

### (二) 支撑施工

#### 1. 重点关注

(1) 专项施工方案是否按规定要求进行审批。

(2) 按照审批的专项施工方案落实施工作业技术交底、安全技术交底，驻地监理应监督并参加。

(3) 检查监理单位是否按照规定要求的频率和数量对进场原材料、半成品构件见证取样，并建立台账。

(4) 检查监理单位是否对混凝土配比进行审批，混凝土配比是否能满足设计图纸和规范要求。

## 2. 支撑施工控制重点

(1) 督促监理单位对施工单位支撑位置测量标高、坐标数据复核、复测，严格控制土方开挖面，不得超挖，及时架设支撑。

(2) 混凝土支撑施工控制重点

1) 钢筋制作及安装

①对钢筋焊接人员培训、持证上岗情况进行核查。

②检查钢筋隐蔽工程，监理应仔细核对图纸，检查钢筋型号、规格、排距、间距、绑扎、焊接质量是否符合设计要求与验收标准，以保证不发生遗漏及错埋、错留问题。

③钢筋焊接及安装时杂散电流施工应符合设计及规范要求，确保车站电气连接贯通。

2) 模板安装。检查支撑梁或腰梁宽度、钢筋保护层、钢筋垫块等是否符合规范要求，检查模板支撑的牢固度、可靠性及模板的平整度，检查模板拼装是否存在缝隙而产生漏浆现象。

3) 混凝土浇筑及养护

①严格审查承包商编制的混凝土浇筑专项施工方案。

②混凝土浇筑施工前，首先应检查进场混凝土的配比、坍落度、和易性、温度及是否存在离析现象等，并应不定期到混凝土拌和站进行检查，对原材料质量及拌和质量进行控制。

③混凝土浇筑施工应连续进行，不得造成冷缝。混凝土浇筑应遵循分层、分段、有序浇筑的原则。混凝土振捣应均匀、密实，不得漏振或过振。混凝土浇筑施工监理应全过程旁站，并做好旁站记录。

④混凝土浇筑过程中应按规定比例留存标准养护和同条件养护试件。

⑤混凝土浇筑施工完成后，监理应督促承包商及时养护，特别是夏季气温较高更应加强混凝土的养护。

### 3. 钢支撑施工控制重点

(1) 钢支撑安装紧随挖土进度进行，基坑开挖和支撑安装要紧密配合，随挖随撑，先撑后挖。基坑开挖中，钢支撑必须在开挖至标高后，8 h内加设完毕并施加预加力。支撑应有复加预应力装置。

(2) 钢支撑安装人员必须持证上岗，吊放支撑时有专人负责指挥。

(3) 钢支撑需按设计要求及时施加支撑预应力。千斤顶预加轴力必须对称同步，以平衡横撑自重下落的可能和初期开挖预放的初应变。预加轴力完成后，活动头滑移槽采用钢板、楔块塞紧，并焊接固定，防止泵出松动。第一次预加应力后12 h观测预应力损失及墙体位移，并复加预应力至设计值。由于温差过大导致钢支撑预应力损失时，立即在当天低温段复加应力至设计值。

(4) 钢支撑与地下连续墙之间的缝隙必须用快硬细石混凝土浇筑密实。

(5) 所有支撑连接处均应垫紧、贴密，防止钢管支撑偏心受压。

(6) 端头斜撑处钢围檩及支撑头必须严格按设计尺寸和角度加工、焊接、安装，保证支撑为轴心受力。

(7) 钢管支撑安装技术标准见下表。

**钢管支撑安装技术标准**

| 项目 | 横撑中心标高及层顶面的标高差 | 支撑两端的标高差 | 支撑挠曲度 | 主柱垂直度 | 横撑与立柱的轴线偏差 | 横撑水平轴线偏差 |
|---|---|---|---|---|---|---|
| 允许值 | ±30 mm | ≤ 20 mm<br>≤ 1/600 $L$ | ≤ 1/1 000 $L$ | ≤ 1/3 000 $H$ | ±30 mm | ≤ 30 mm |

注：$L$ 为支撑长度，$H$ 为基坑开挖深度。

## （三）基坑监测

### 1. 重点关注

（1）第三方监测单位和施工单位专项监测方案应按规定要求进行审批。

（2）按照审批的专项施工方案落实施工作业技术交底、安全技术交底，驻地监理应监督并参加。

（3）检查监理单位是否对第三方监测单位监测数据和施工单位监测数据进行对比分析，并建立台账。

（4）检查监理单位是否对基坑周边各监测点进行巡查，检查各监测点是否处于正常状态，督促施工单位对监测点进行保护。

### 2. 基坑监测控制重点

监测主要范围及监测项目：支护结构墙顶水平位移、支护结构（墙体）变形、支撑轴力、支撑立柱沉降、地下水位、土体侧向位移、周边建筑物沉降、裂缝监测、爆破振速等，监测频率见下表：

**基坑监测项目及监测频率**

| 序号 | 监测项目 | 仪器设备 | 监测精度 | 监测频率（开挖） | 控制值 |
|---|---|---|---|---|---|
| 1 | 基坑周边建（构）筑物沉降 | 电子水准仪 | 1.0 mm | 2 次 / 天 | 10 mm |
| 2 | 基坑围护结构变形 | 测斜仪 | 1.0 mm | 2 次 / 天 | 20 mm |
| 3 | 基坑围护结构顶部位移 | 全站仪 | $(1+1\times10^{-3})$ mm | 2 次 / 天 | 20 mm |
| 4 | 基坑周边土体变形 | 测斜仪 | 1.0 mm | 2 次 / 天 | 20 mm |
| 5 | 支撑轴力监测 | 频率读数仪 | ≤ 1/100 | 2 次 / 天 | 不同的位置根据图纸 |
| 6 | 基坑周边水位变化 | 水位计 | 1.0 mm | 2 次 / 天 | 100 cm |
| 7 | 基坑周边土体沉降 | 电子水准仪 | 1.1 mm | 2 次 / 天 | 30 mm |

(1) 沉降观测一般采用精密水准测量方法，按国家二等水准测量的技术要求进行观测。沉降观测的基准点应埋设于施工影响及变形范围之外。

(2) 位移监测一般采用极坐标法，监测前应布设独立的变形监测网，按国家二等平面控制网的技术要求进行施测，工作基点应位于变形影响范围之外，并能长久保存。

(3) 观测地下水位、分层沉降时，首次必须测取水位管管口和分层沉降管管口的标高，从而可测得地下水位和地下各土层的初始标高。在施工过程中，可按需要的周期和频率测得地下水位和地下各土层标高的每次变化量和累计变化量。地下水位和分层沉降的报警值应由设计人员根据地质水文条件确定。

(4) 测斜管的管口必须每次用经纬仪测取位移量，再用测斜仪测取地下土体的侧向位移量，与管口位移量比较即可得出地下土体的绝对位移量。位移方向一般应取直接的或经换算过的垂直基坑边方向的分量。应力、水压力、土压力的报警值同样由设计人员确定。

(5) 地面沉降值应控制在 −30 mm 以内，最大允许隆起量为 +10 mm，建筑物的不均匀沉降在 1/500 内。

(6) 监测数据必须填写在为该项目专门设计的表格上，所有监测的内容都须写明初始值、本次变化量、累计变化量。工程结束后，应对监测数据尤其是对报警值的出现进行分析，绘制曲线图，并编写工作报告。因此，记录好工程施工中的重大事件是监测人员必不可少的工作。

(7) 发现地面沉降有异常时，应立即督促监理单位及施工单位采取有效防止措施，防止措施必须报请监理批准后方可执行。

# 附属工程施工阶段工程管理

## §4—1 出入口通道施工管理

出入口通道是车站的附属工程，施工工艺、内容、控制重点与明挖车站相类似，工作内容可参考车站施工内容、控制重点。

### 一、工作目标

出入口通道质量应符合设计标准及验收规范要求，施工期间安全无事故。

### 二、工作内容

(1) 出入口通道施工主要工作包括围护结构施工、基坑开挖及支撑体系施工、与主体连接处围护结构凿除、结构外防水施工、主体结构施工、变形缝施工、人防门预埋件安装、楼梯施工。

(2) 检查监理单位是否按照审批的专项施工方案和设计图纸要求施工单位开展工作。

(3) 督促监理单位及时进行工序验收，其间不定期进行检查。

(4) 不定期巡视工地现场，检查施工单位是否按图施工，督促监理单位按设计图纸验收。

(5) 检查施工单位、监理单位是否及时组织工序验收，上传一体化管理平台的资料，并按照规定上传旁站记录及工程照片等相关监理资料。

(6) 检查监理单位、施工单位是否按照业主管理办法进行安全管理。

## 三、工艺流程

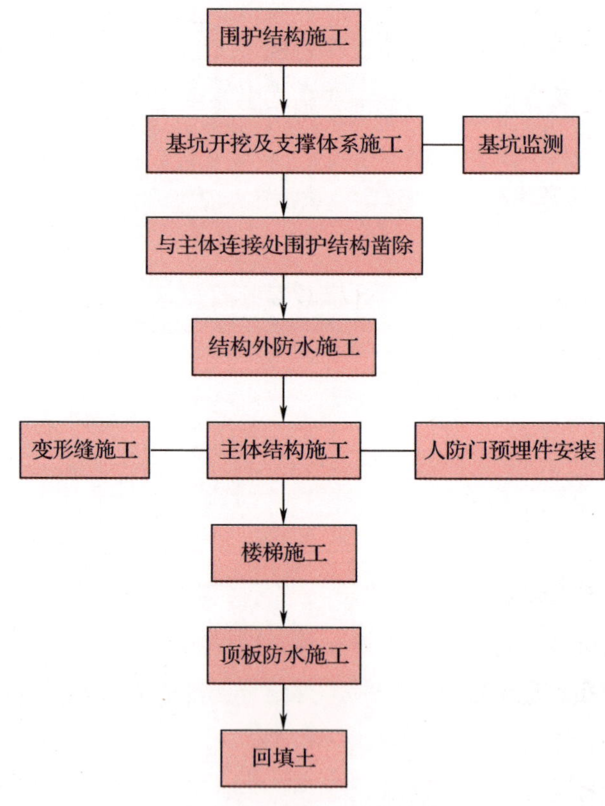


出入口通道施工工艺流程

## 四、验收依据及表格

### （一）验收依据

（1）《地下铁道工程施工及验收规范（2003 年版）》（GB 50299—1999）以及相关工序规范和建筑施工强制性条文。

（2）设计施工图纸以及图纸会审记录。

### （二）验收表格

采用《轨道交通工程质量技术资料统一用表（土建分册）》中围护结构和地基基础工程检查证及检验批验收记录用表、主体结构工程检查证及检验批验收记录用表、防水工程检查证及检验验收记录用表中相应表格。

## 五、重点关注

（1）专项施工方案应按规定要求进行审批。

（2）按照审批的专项施工方案落实施工作业技术交底，安全技术交底，驻地监理应监督并参加。

（3）检查监理单位是否按照规定要求的频率和数量对进场原材料见证取样，并建立台账。

（4）检查监理单位是否对混凝土配比进行审批，混凝土配比是否能满足设计图纸和规范要求。

## 六、出入口通道施工控制重点

（1）出入口通道施工与车站施工工艺、内容和控制重点基本一致，工序控制重点可参考车站内容。

(2) 通常在出入口通道与主体结构连接处设有一道变形缝，变形缝施工控制重点如下：

1) 变形缝止水带必须准确就位，中心气孔必须放置在变形缝中间。

2) 变形缝中置式止水带必须密封成环，橡胶止水带接缝采用小型硫化机现场硫化，PVC 止水带接缝须进行焊接。

3) 缝间衬垫材料可用聚氨酯发泡板，它具有一定的防水能力。

4) 在浇筑变形缝一侧的混凝土时，为防止另一侧止水带受到破坏，模板的挡头板应做成箱型，同时止水带部位的混凝土应振捣密实，以保证变形缝部位的防水效果。

5) 边墙及顶板内侧必须留 30 mm×250 mm 的凹槽，待结构施工完毕，安装不锈钢接水槽。

6) 在混凝土浇筑前应检查止水带有无破损，如破损应进行修补。

7) 变形缝两侧各 2.5 m 范围内结构厚度应不小于 500 mm。

8) 变形缝两侧的沉降差：车站与人行通道（风道）之间不得超过 10 mm，否则结构应采取有效措施控制其沉降差，如设置剪力钢筋或对结构底板下地基进行加固处理。

(3) 通常在出入口通道处设有人防门，在结构通道施工时需安装人防门预埋件，以满足人防要求。在出入口通道施工时需及时与人防专业施工单位联系进行安装。

(4) 预埋件、预留孔洞的留置

1) 督促监理认真核对预埋件、预留孔洞的数量和位置，不发生遗漏和错位现象。

2) 对施工图纸预留孔洞、预埋件进行统计造册，施工前交设计单位、咨询单位、施工单位以及监理进行四方签认，确认无误后监督承包商施工。

(5) 出入口通道回填土施工时需及时通知防治白蚁施工单位及时到

现场喷洒防白蚁药剂。

## §4—2 风亭施工管理

风亭也是车站的附属工程，施工工艺、内容、控制重点与明挖车站、出入口通道相类似，工作内容可参考车站、出入口通道施工内容、控制重点。

### 一、工作目标

风亭质量符合设计标准及验收规范要求，施工期间安全无事故。

### 二、工作内容

(1) 风亭施工主要工作包括围护结构施工、基坑开挖及支撑体系施工、与主体连接处围护结构凿除、结构外防水施工、主体结构施工、变形缝施工、人防门预埋件安装、楼梯施工。

(2) 检查监理单位是否按照审批的专项施工方案和设计图纸要求施工单位开展工作。

(3) 督促监理单位及时进行工序验收，其间不定期进行检查。

(4) 不定期巡视工地现场，检查施工单位是否按图施工，督促监理单位按设计图纸验收。

(5) 检查施工单位、监理单位是否及时组织工序验收，上传一体化管理平台的资料，并按照规定上传旁站记录及工程照片等相关监理资料。

(6) 检查监理单位、施工单位是否按照业主管理办法进行安全管理。

## 三、工艺流程

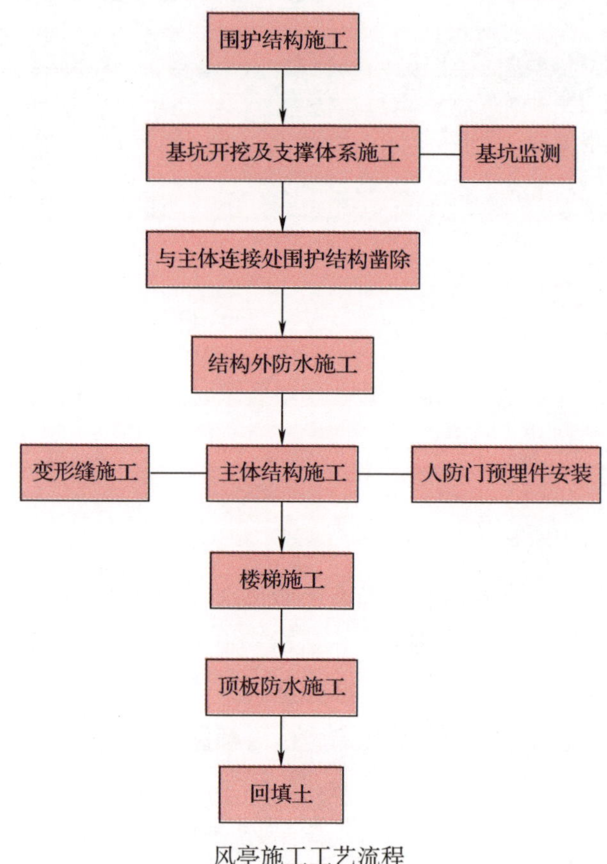


风亭施工工艺流程

## 四、验收依据及表格

### （一）验收依据

（1）《地下铁道工程施工及验收规范（2003 年版）》（GB 50299—

1999）以及相关工序规范和建筑施工强制性条文。

（2）设计施工图纸以及图纸会审记录。

### （二）验收表格

采用《轨道交通工程质量技术资料统一用表（土建分册）》中围护结构和地基基础工程检查证及检验批验收记录用表、主体结构工程检查证及检验批验收记录用表、防水工程检查证及检验验收记录用表中相应表格。

## 五、重点关注

（1）专项施工方案应按规定要求进行审批。

（2）按照审批的专项施工方案落实施工作业技术交底、安全技术交底，驻地监理应监督并参加。

（3）检查监理单位是否按照规定要求的频率和数量对进场原材料、半成品构件见证取样，并建立台账。

（4）检查监理单位是否对混凝土配比进行审批，混凝土配比是否能满足设计图纸和规范要求。

## 六、风亭施工控制重点

（1）风亭施工与车站、出入口通道施工工艺、内容和控制重点基本一致，工序控制重点可参考车站、出入口通道内容。

（2）通常在风亭与主体结构连接处设有一道变形缝，变形缝施工控制重点如下：

1）变形缝止水带必须准确就位，中心气孔必须放置在变形缝中间。

2）变形缝中置式止水带必须密封成环，橡胶止水带接缝采用小型硫化机现场硫化，PVC 止水带接缝须进行焊接。

3）缝间衬垫材料可用聚氨酯发泡板，它具有一定的防水能力。

4）在浇筑变形缝一侧的混凝土时，为防止另一侧止水带受到破坏，模板的挡头板应做成箱型，同时止水带部位的混凝土应振捣密实，以保证变形缝部位的防水效果。

5）边墙及顶板内侧必须留 30 mm×250 mm 的凹槽，待结构施工完毕，安装不锈钢接水槽。

6）在混凝土浇筑前应检查止水带有无破损，如破损应进行修补。

7）变形缝两侧各 2.5 m 范围内结构厚度应不小于 500 mm。

8）变形缝两侧的沉降差：车站与车站之间不得超过 5 mm，车站与人行通道（风道）之间不得超过 10 mm，否则结构应采取有效措施控制其沉降差，如设置剪力钢筋或对结构底板下地基进行加固处理。

(3) 通常在风亭处设有人防门，在结构通道施工时需安装人防门预埋件，以满足人防要求。在风亭施工时需及时与人防专业施工单位联系进行安装。

(4) 预埋件、预留孔洞的留置

1）督促监理认真核对预埋件、预留孔洞的数量和位置，不发生遗漏和错位现象。

2）对施工图纸预留孔洞、预埋件进行统计造册，施工前交设计单位、咨询单位、施工单位以及监理进行四方签认，确认无误后监督承包商施工。

(5) 风亭回填土施工时需及时通知防治白蚁施工单位及时到现场喷洒防白蚁药剂。

# §4—3 过街通道施工管理

## 一、明挖法施工

明挖法施工过街通道施工工艺、工作内容以及控制重点与明挖车站、出入口通道或风亭施工大致相同，可参考明挖车站、出入口通道或风亭施工部分。

## 二、暗挖法施工

暗挖法施工过街通道施工工艺、工作内容以及控制重点与暗挖车站、矿山法（暗挖）区间施工大致相同，可参考暗挖车站、矿山法（暗挖）区间施工部分。

## 三、顶管法施工

### （一）工作目标

顶管法施工过街通道质量符合设计标准及验收规范要求，施工期间安全无事故。

### （二）工作内容

(1) 顶管法施工主要工作包括测量放线、工作竖井施工、顶管施工、注浆施工。

(2) 检查监理单位是否按照审批的专项施工方案和设计图要求施工单位开展工作。

(3) 检查监理单位是否落实样板验收制度，督促监理单位及时进行工序验收，其间不定期进行检查。

(4) 不定期巡视工地现场，检查施工单位是否按图施工，督促监理单位按设计图样验收。

(5) 检查施工单位、监理单位是否及时组织工序验收，上传一体化管理平台的资料，并按照规定上传旁站记录及工程照片等相关监理资料。

(6) 检查监理单位、施工单位是否按照业主管理办法进行安全管理。

## （三）工艺流程

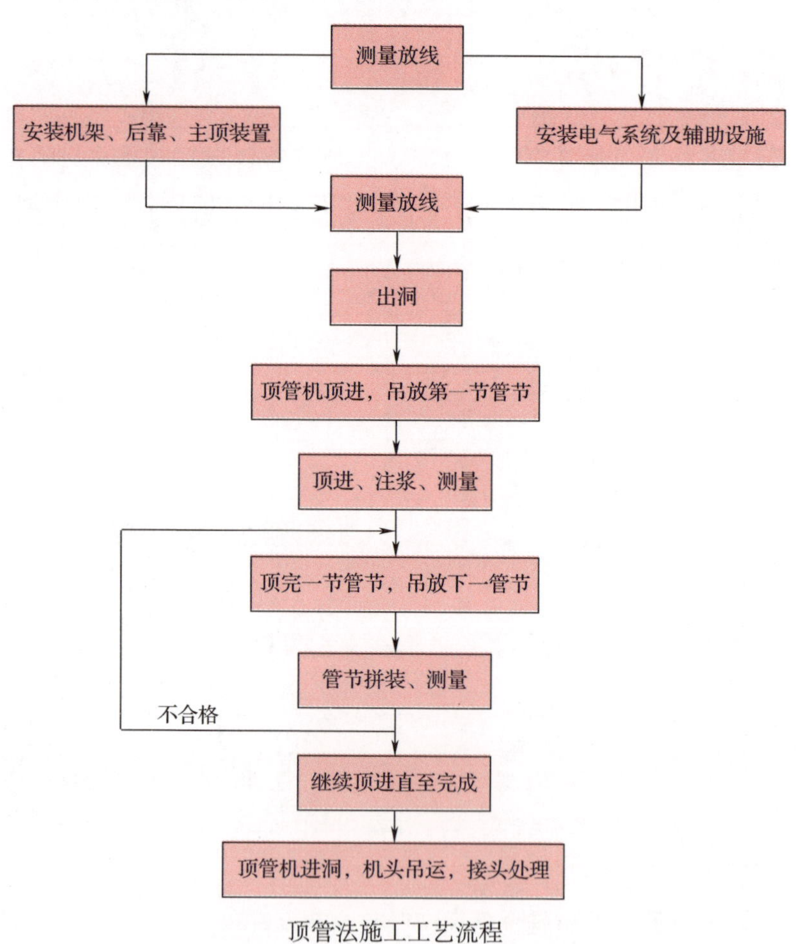


顶管法施工工艺流程

### （四）验收依据及表格

#### 1. 验收依据

(1)《地下铁道工程施工及验收规范（2003年版）》(GB 50299—1999) 以及相关工序规范和建筑施工强制性条文。

(2) 设计施工图纸以及图纸会审记录。

#### 2. 验收表格

可参考市政工程相关表格。

### （五）重点关注

(1) 专项施工方案应按规定要求进行审批。

(2) 按照审批的专项施工方案落实施工作业技术交底、安全技术交底，驻地监理应监督并参加。

(3) 检查监理单位是否按照规定要求的频率和数量对进场原材料、半成品构件见证取样，并建立台账。

(4) 检查监理单位是否对混凝土配比进行审批，混凝土配比是否能满足设计图纸和规范要求。

### （六）顶管法施工控制重点

(1) 必须对线路中心线、设备姿态和管片状态进行人工复核测量。顶进过程中的测量应严格按照《广州轨道交通施工测量管理细则》要求开展工作。

(2) 加强对工作竖井位移和地表沉降的监测工作，对监测数据要进行分析、统计。

# 工程质量验收阶段管理

## §5—1 单位工程、分部工程、分项工程划分

由施工单位在工程开工前申报单位工程、分部工程、分项工程划分及相应的验收计划，见下表。

**土建工程单位工程、分部工程及分项工程划分表**

| 单位（子单位）工程 | 施工工法或工程类型 | 分部工程 | 子分部工程 | 分项工程（包含但不仅限于） |
|---|---|---|---|---|
| 车站工程 | 明（盖）挖车站 | 地基与基础 | | 混凝土垫层、土石方开挖、接地装置、降水与排水等 |
| | | 基坑围护 | | 地下连续墙、钻孔灌注桩、人工挖孔桩、旋喷桩、深层搅拌桩、SMW 工法桩、土钉墙、桩顶冠梁、钢管及钢筋混凝土支撑、桩间网喷混凝土、腰梁（围檩） |
| | | 防水工程 | | 水泥砂浆防水层、卷材防水层、涂料防水层、塑料板防水层、细部构造 |
| | | 主体结构 | | 模板、钢筋、防水混凝土/混凝土、土方回填 |

续表

| 单位（子单位）工程 | 施工工法或工程类型 | 分部工程 | 子分部工程 | 分项工程（包含但不仅限于） |
|---|---|---|---|---|
| 车站工程 | 明（盖）挖车站 | 附属工程 | 围护结构 | 地下连续墙、钻孔桩、搅拌桩、桩间网喷混凝土、土钉墙、冠梁、钢支撑及混凝土支撑 |
| | | | 地基与基础 | 混凝土垫层、土石方开挖、降水与排水等 |
| | | | 主体结构 | 钢筋、模板、防水混凝土 / 混凝土、土方回填 |
| | | | 防水工程 | 水泥砂浆防水层、卷材防水层、涂料防水层、塑料板防水层、细部构造 |
| | 暗挖车站 | 洞身开挖与初期支护 | | 洞身开挖、钢架（格栅钢架、型钢钢架）、钢筋网、喷射混凝土、初期支护背后回填注浆 |
| | | 二次衬砌 | | 模板及支架、钢筋、防水混凝土、施工缝及变形缝、衬砌背后回填注浆 |
| | | 防水 | | 水泥砂浆防水层、卷材防水层、涂料防水层、金属板防水层、塑料板防水层、其他类型防水层、细部构造 |
| | | 附属结构 | | 分项工程划分见“明（盖）挖车站附属工程划分表” |
| | 高架车站 | 基础 | 钻（冲）孔灌注桩 | 钢筋、混凝土 |
| | | | 承台 | 模板和支架、钢筋、混凝土 |
| | | 下部结构 | 现浇混凝土墩台 | 模板和支架、钢筋、混凝土、预应力混凝土 |
| | | | 支座 | 模板和支架、钢筋、混凝土、安装支架 |

续表

<table>
<tr><th>单位（子单位）工程</th><th>施工工法或工程类型</th><th>分部工程</th><th>子分部工程</th><th>分项工程（包含但不仅限于）</th></tr>
<tr><td rowspan="11">车站工程</td><td rowspan="11">高架车站</td><td rowspan="2">上部结构</td><td>轨道梁</td><td>模板和支架、钢筋、混凝土、预应力混凝土</td></tr>
<tr><td>站台梁</td><td>模板和支架、钢筋、混凝土、预应力混凝土</td></tr>
<tr><td>主体结构</td><td></td><td>模板和支架、钢筋、混凝土</td></tr>
<tr><td>防水工程</td><td></td><td>涂料防水、钢纤维混凝土防水</td></tr>
<tr><td>附属工程</td><td></td><td>排水设施、伸缩装置、天桥</td></tr>
<tr><td rowspan="6">护坡挡墙</td><td>土方工程</td><td>土石方（挖、填方）</td></tr>
<tr><td>锚杆格构梁</td><td>模板和支架、钢筋、混凝土、锚杆施工、植草护坡</td></tr>
<tr><td>板肋式锚杆挡墙</td><td>模板和支架、钢筋、混凝土、锚杆施工</td></tr>
<tr><td>边坡平台</td><td>模板和支架、钢筋、混凝土</td></tr>
<tr><td>排水沟、截水沟</td><td>模板、钢筋、混凝土</td></tr>
<tr><td>急流槽</td><td>模板、钢筋、混凝土</td></tr>
<tr><td rowspan="2">区间工程</td><td rowspan="2">区间明挖工程</td><td>围护结构</td><td></td><td>地下连续墙、钻孔灌注桩、人工挖孔桩、旋喷桩、深层搅拌桩、钢板桩、SMW 工法桩、土钉墙、桩顶冠梁、钢管及钢筋混凝土支撑、桩间网喷混凝土、腰梁（围檩）</td></tr>
<tr><td>地基与基础</td><td></td><td>混凝土垫层、土石方开挖、降水与排水、灰土地基、砂和砂石地基、碎砖三合土地基、土工合成材料地基、粉煤灰地基、重锤夯实地基、强夯地基等</td></tr>
</table>

续表

| 单位（子单位）工程 | 施工工法或工程类型 | 分部工程 | 子分部工程 | 分项工程（包含但不仅限于） |
|---|---|---|---|---|
| 区间工程 | 区间明挖工程 | 防水工程 | | 水泥砂浆防水层、卷材防水层、涂料防水层、金属板防水层、塑料板防水层 |
| | | 主体结构 | | 模板、钢筋、防水混凝土/混凝土 |
| | | 附属工程 | 联络通道 | 钻孔灌注桩、土钉墙及网喷混凝土等基坑围护，土方开挖，模板及支架、钢筋、混凝土 |
| | | | 泵房 | 钻孔灌注桩、土钉墙及网喷混凝土等基坑围护，土方开挖，模板及支架、钢筋、混凝土 |
| | | | 风井、风道 | 钻孔灌注桩、土钉墙及网喷混凝土等基坑围护，土方开挖，模板及支架、钢筋、混凝土 |
| | 区间暗挖工程 | 竖井及联络通道 | 竖井 | 基坑围护（地下连续墙、钻孔灌注桩、旋喷桩、钢格栅喷射混凝土、钢管/型钢支撑、锚杆/索等）、锁口圈梁、降水及排水、土方开挖、衬砌（模板及支架、钢筋、防水混凝土/混凝土）、竖井回填 |
| | | | 联络通道 | 降水及排水、超前小导管、地层加固注浆、管棚及注浆、旋喷加固、洞身开挖、钢架（格栅钢架、型钢钢架）、钢筋网、喷射混凝土、初期支护背后回填注浆、连通道回填 |
| | | 防水工程 | | 水泥砂浆防水层、卷材防水层、涂料防水层、金属板防水层、塑料板防水层、其他类型防水层、细部构造 |

续表

| 单位（子单位）工程 | 施工工法或工程类型 | 分部工程 | 子分部工程 | 分项工程（包含但不仅限于） |
| --- | --- | --- | --- | --- |
| 区间工程 | 区间暗挖工程 | 主体结构 | 开挖及支护 | 降水及排水，超前小导管、地层加固注浆、管棚及注浆、旋喷加固，洞身开挖，格栅钢架及型钢钢架、钢筋网、锁脚锚杆、喷射混凝土、初期支护背后回填注浆 |
| | | | 二次衬砌 | 模板及支架、钢筋、防水混凝土、施工缝及变形缝、衬砌背后回填注浆 |
| | | 附属工程 | 联络通道 | 超前小导管、管棚、地层加固注浆、旋喷加固，土方开挖，模板及支架，钢筋、防水混凝土/混凝土、施工缝及变形缝、回填注浆 |
| | | | 泵房 | 超前小导管、管棚、地层加固注浆、旋喷加固，土方开挖，模板及支架，钢筋、防水混凝土、施工缝及变形缝、回填注浆 |
| | | | 风井、风道 | 地下连续墙、钻孔灌注桩、钢格栅喷射混凝土等基坑围护，超前小导管、管棚、地层加固注浆、旋喷加固，土方开挖，模板及支架、钢筋、防水混凝土/混凝土、施工缝及变形缝、回填注浆 |
| | 盾构工程 | 管片制作 | | 管片钢筋制作及安装、管片模具安装、管片混凝土 |
| | | 掘进与管片拼装 | | 盾构掘进、管片拼装、壁后注浆 |
| | | 防水工程 | | 管片自防水、管片接缝防水、螺栓孔防水、柔性接头和变形缝等特殊结构处防水 |

续表

| 单位（子单位）工程 | 施工工法或工程类型 | 分部工程 | 子分部工程 | 分项工程（包含但不仅限于） |
|---|---|---|---|---|
| 区间工程 | 盾构工程 | 附属工程 | 联络通道 | 降水及排水、超前小导管、管棚、地层加固注浆、旋喷加固、土方开挖、初期支护背后回填注浆、模板及支架、钢筋、防水混凝土/混凝土、施工缝及变形缝、二衬背后回填注浆 |
| | 桥梁工程 | 地基与基础 | 土方工程 | 降水及排水、支护、土方开挖、土方回填 |
| | | | 地基处理 | 局部地基处理（如夯实、换填）、地基加固（如强夯、水泥粉煤灰碎石桩）等 |
| | | | 沉入桩 | 混凝土沉入桩、钢管沉入桩等 |
| | | | 混凝土灌注桩 | 成孔、钢筋、混凝土灌注、桩头处理 |
| | | | 沉井基础 | 沉入就位、基底处理、封底、填充 |
| | | | 扩大基础 | 垫层、砌体基础、混凝土基础 |
| | | | 混凝土承台 | 钢筋、模板、混凝土 |
| | | 下部结构工程 | 砌筑墩、台 | 桥梁墩、台砌筑 |
| | | | 钢筋混凝土墩、台、柱、墙 | 钢筋、模板、混凝土 |
| | | | 预制钢筋混凝土墩、柱 | 预制混凝土墩、柱的安装 |

续表

| 单位（子单位）工程 | 施工工法或工程类型 | 分部工程 | 子分部工程 | 分项工程（包含但不仅限于） |
|---|---|---|---|---|
| 区间工程 | 桥梁工程 | 下部结构工程 | 钢筋混凝土盖梁 | 现浇钢筋混凝土盖梁、预制钢筋混凝土盖梁的安装 |
| | | | 支座安装 | 安装支座（如板式支座、盆式支座、球形支座等） |
| | | 上部结构工程 | 钢筋混凝土（梁、板）结构 | 钢筋、模板、混凝土 |
| | | | 预制钢筋混凝土（梁、板）结构 | 安装预制钢筋混凝土梁、板 |
| | | | 预应力混凝土（梁、板）结构 | 钢筋、模板、混凝土、施加预应力 |
| | | | 钢（箱）梁结构 | 安装钢（箱）梁、施工及测量 |
| | | | 联合梁、叠合梁结构 | 安装钢、板、梁，混凝土主梁、混凝土桥面板浇筑，施工及测量等 |
| | | 桥面系工程 | 桥面防水 | 找平层、防水层（水泥砂浆防水层、涂料防水层、卷材防水层等）、防水保护层 |
| | | | 伸缩装置 | 安装伸缩装置 |
| | | | 桥面铺装 | 沥青混凝土桥面、水泥混凝土（加强筋网片）桥面、钢纤维混凝土桥面等 |

续表

<table>
<tr><th>单位（子单位）工程</th><th>施工工法或工程类型</th><th>分部工程</th><th>子分部工程</th><th>分项工程（包含但不仅限于）</th></tr>
<tr><td rowspan="4">区间工程</td><td rowspan="4">桥梁工程</td><td rowspan="4">桥面系工程</td><td>人行道</td><td>铺装人行道</td></tr>
<tr><td>栏杆、地袱、挂板</td><td>安装栏杆、地袱、挂板</td></tr>
<tr><td>隔离墩、防撞墩、缘石</td><td>安装隔离墩、防撞墩、缘石</td></tr>
<tr><td>锥坡</td><td>锥坡基础填筑、砖和石护砌</td></tr>
<tr><td rowspan="10">道路工程</td><td rowspan="10"></td><td colspan="2">路基</td><td>土石方路基、路基处理（水泥搅拌桩、素混凝土桩、碎石砂垫层、土工格栅）、路肩</td></tr>
<tr><td colspan="2">基层</td><td>水泥稳定石屑基层、水泥稳定级配碎石基层、混凝土基层</td></tr>
<tr><td rowspan="2">面层</td><td>沥青混合料面层</td><td>粘层、基层、热拌沥青混合料面层</td></tr>
<tr><td>水泥混凝土面层</td><td>混凝土面板、钢筋工程</td></tr>
<tr><td colspan="2">人行道</td><td>人行道砖</td></tr>
<tr><td rowspan="3">挡土墙</td><td rowspan="2">现浇钢筋混凝土挡土墙</td><td>地基、基础、墙（模板、钢筋、混凝土）</td></tr>
<tr><td>滤层、泄水孔、回填土、帽石、栏杆</td></tr>
<tr><td>框格梁/肋柱锚杆墙</td><td>钻孔注浆、锚杆安装、钢筋、模板、混凝土、框格填土、种草</td></tr>
<tr><td colspan="2">附属构筑物</td><td>路缘石、侧平石、压条、后座、车止石、排（截）水沟、护坡、栏杆、雨水支管与雨水口</td></tr>
</table>

# §5—2 样板工程验收管理

广州市轨道交通工程对重要部位或分项工程实行样板引路的验收制度，对以下重要部位或环节分项工程进行样板验收：工程桩试桩，第一批桩终孔验收，底板钢筋，防水施工，预应力张拉，其他重要部位或环节分项工程（根据分部分项工程的内容确定）。

## 一、工作目标

工程质量满足设计及规范要求，验收合格，能对后续的工程施工起到示范指导作用。

## 二、工作内容

(1) 验收由监理单位组织监督机构、业主代表、勘察单位、设计单位、驻地监理及施工单位在监理单位的主持下进行。

(2) 施工单位、监理单位向与会人员介绍工程概况及工程的质量控制情况，与会人员进行实体和资料的检查并提出验收意见，监理单位负责编写验收会议纪要，将要求整改的问题记录在案，并负责整改问题的跟踪检查。

(3) 样板工程经验收合格后，相同工序即由驻地监理按样板工程的要求进行检查和验收。

(4) 业主代表参与此项工作，并及时督促监理和施工方严格按照样板工程的要求开展后续工程的施工。

## 三、验收依据及表格

### （一）验收依据

（1）《建筑工程施工质量验收统一标准》（GB 50300—2013）。

（2）《地下铁道工程施工及验收规范（2003 年版）》GB 50299—1999）。

（3）设计图纸及设计文件。

（4）《建设工程质量管理条例》（国务院令第 279 号）。

（5）《城市轨道交通工程安全质量管理暂行办法》（建质〔2010〕5 号）。

（6）《建筑地基基础工程施工质量验收规范》（GB 50202—2002）。

（7）《混凝土结构工程施工质量验收规范》（GB 50204—2015）。

（8）《地下防水工程质量验收规范》（GB 50208—2011）。

（9）《盾构法隧道施工与验收规范》（GB 50446—2008）。

（10）相关设计交底和图纸会审。

### （二）验收表格

参考使用业主的相关表格。

## 四、验收流程

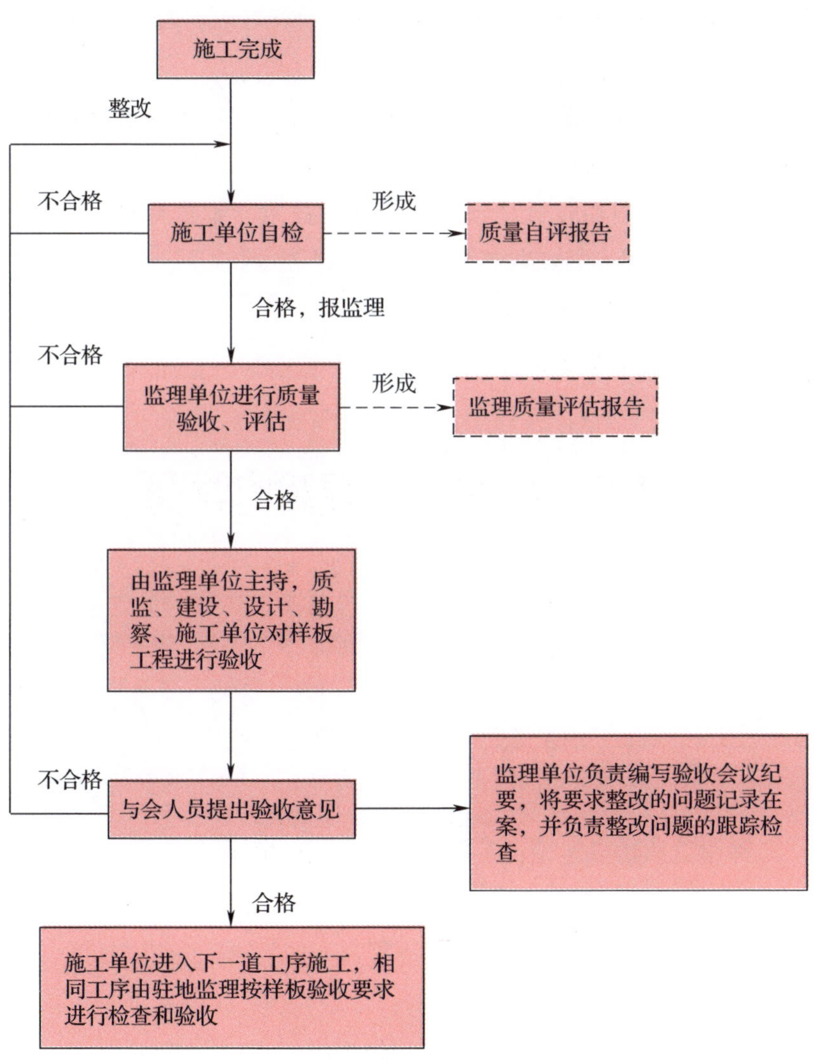


样板工程质量验收流程

## 五、样板工程验收控制重点

(1) 督促监理单位对工程质量进行检查和验收，应全部符合设计、施工及验收规范。

(2) 要求监理对施工质量检查记录和材料抽检记录进行检查及验收，均应完整且记录准确。

(3) 对监理组织设计图纸会审、施工技术方案的审批工作进行检查，并督促施工单位进行技术交底。

(4) 对完成的工程实体部位进行抽查。

(5) 参加监理单位组织的样板工程验收会。

# §5—3 分项工程验收管理

按工种、工序、材料、施工工艺、设备类型等划分的工程实体为分项工程。

## 一、工作目标

工程施工质量满足设计及规范的要求，验收合格。

## 二、工作内容

(1) 验收由监理单位组织，在监理单位的主持下进行。

(2) 分项工程质量应在班组自检的基础上，由施工单位技术负责人组织有关人员进行评定，专职质量检查员核定。监理单位对施工单位核定的分项工程质量进行审查认可。

(3) 分项工程经验收合格后方可移交下一道工序施工。

## 三、验收依据及表格

### （一）验收依据

(1)《建筑工程施工质量验收统一标准》(GB 50300—2013)。

(2)《地下铁道工程施工及验收规范（2003 年版）》GB 50299—1999)。

(3) 设计图纸及设计文件。

(4)《建设工程质量管理条例》(国务院令第 279 号)。

(5)《城市轨道交通工程安全质量管理暂行办法》(建质〔2010〕5 号)。

(6)《建筑地基基础工程施工质量验收规范》(GB 50202—2002)。

(7)《混凝土结构工程施工质量验收规范》(GB 50204—2015)。

(8)《地下防水工程质量验收规范》(GB 50208—2011)。

(9) 相关设计交底和图样会审。

### （二）验收表格

参考业主的相关表格。

## 四、验收流程

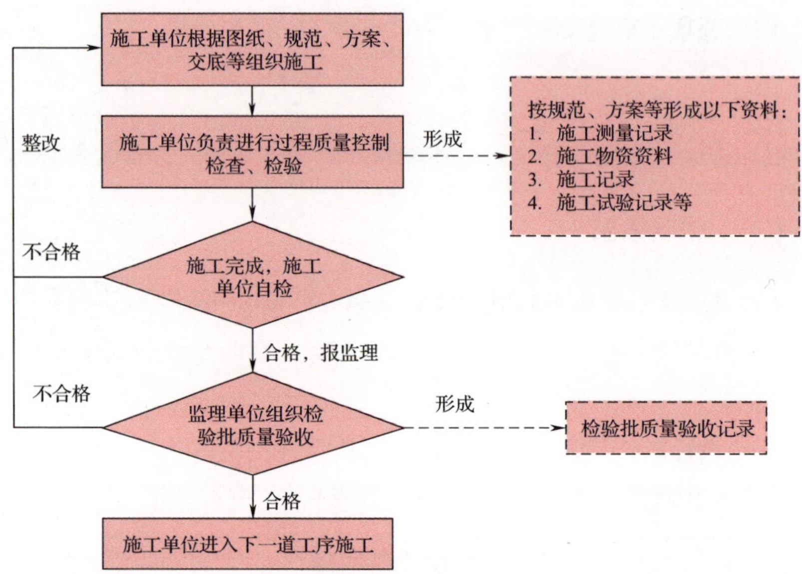


检验批质量验收流程

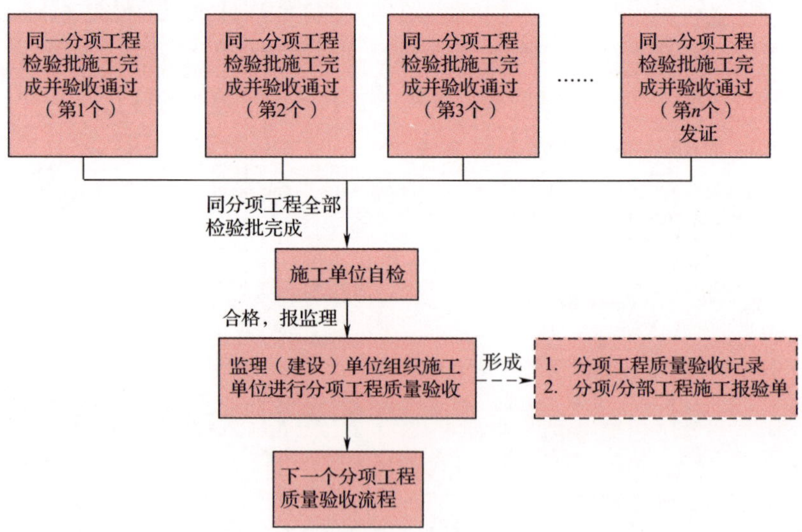


分项工程质量验收流程

### 五、分项工程验收控制重点

(1) 督促监理单位对分项工程所含的检验批进行检查和验收，均应符合设计、规范要求，则质量验收合格。

(2) 要求监理单位对分项工程所含检验批的质量验收记录进行检查，应完整、准确。

(3) 对监理组织设计图纸会审、施工技术方案的审批工作进行检查，并督促施工单位进行技术交底。

(4) 对分项工程中检验批的部位、区段是否全部覆盖分项工程的范围进行确认，构成分项工程各检验批的验收资料文件要完整，并且均已验收合格，则分项工程验收合格。

## §5—4 分部工程验收管理

分部工程是按专业性质、建（构）筑物的一个完整部位或主要结构及施工阶段划分的工程实体。

### 一、工作目标

分部工程质量应满足设计及规范的要求、验收合格，施工记录及资料齐全、准确、整齐，验收一次通过。

### 二、工作内容

#### （一）准备工作

(1) 分部工程完工后，在计划验收日期前 30 个工作日内，施工单位应按照国家有关验收标准及规范全面检查工程质量，整理工程技术资料，填写“分部（分项）工程质量验收申请表”，一式六份，连同工程技术资料提交监理单位审核。

(2) 监理单位在 5 个工作日内对工程技术资料进行审核，并对工程实体进行检查。检查合格后，总监理工程师签署意见，向业主项目部递交“分部（分项）工程质量验收申请表”申请验收。若属中间验收监督管理的分部工程，施工单位还应将“分部（分项）工程质量验收申请表”连同工程技术资料送该工程的质量监督机构抽查，进行步骤 (3)。若不属中间验收监督管理的分部工程，则直接进行步骤 (4)。

(3) 质量监督机构在规定时间内对工程技术资料进行抽查，在“分部（分项）工程质量核查记录表”上填写资料抽查意见，并将抽查意见书面通知监理单位。

(4) 监理单位通知勘察单位（土建工程中的桩分项工程及地基基础分部工程、开挖初支分部工程验收时参加）、设计单位、施工单位、业主进行验收，并须提前将验收时间、地点书面通知质量监督机构到场实施验收监督。

(5) 施工单位、监理单位在工程验收前还必须准备好分部工程质量自评报告、分部工程质量评估报告（文字），在验收会议时发放给各参加单位。

### （二）验收组织

(1) 组织：监理单位。

(2) 主持：业主项目部经理。

(3) 参加单位：质量监督机构、业主（项目部、中心技术部、资料档案部）、监理单位（总监理工程师）、设计单位（工程项目负责人）、勘察单位（参加土建工程验收）、施工单位（项目经理和技术、质量负责人）等。在车站主体结构、隧道二次衬砌分部工程验收时还需通知业主运营事业总部参加。

### （三）验收程序

(1) 施工单位做分部工程质量自评报告，简单介绍工程概况、工程实体及资料整理完成情况、质量控制情况、分部工程及各分项工程的自检和自评情况、目前遗留的工程和问题等。

(2) 监理单位做分部工程质量评估报告，介绍工程监理情况、质量控制及分部工程质量验收核定情况、目前遗留的问题等。

(3) 与会人员分组检查（各检查组由主持人指定专人负责）

1) 工程实体组：按不同专业分组进行现场检查，主要对实体进行观感质量检查，必要时进行现场实测、实量。

2) 文件资料组：由业主建设事业总部资料档案部牵头，对施工单位提交的工程档案（包括科技档案、声像档案）进行检查。

(4) 设计单位介绍设计和施工配合情况，指出施工单位的施工是否满足设计要求及仍存在的问题，并对该分部工程的质量是否通过验收提出意见。

(5) 各检查组负责人汇报小组检查情况，指出必须整改的问题，并安排专人做记录，整理后将意见填入“××× 工程验收记录表”。

(6) 土建工程的地基与基础、初期支护分部工程验收时还需勘察单位介绍工程施工中地质变化情况，阐明实际地质情况与原地质报告的描述是否一致以及工程施工对持力层是否满足要求等，并对该分部工程的质量是否通过验收提出意见。

(7) 主持人综合各检查组意见，对工程质量和各管理环节等方面做出全面评价。如能达成统一意见，验收人员共同签署分部（分项）工程质量验收记录质量验收纪要，业主代表由会议主持人签字，施工单位由项目经理签认，监理单位由总监理工程师签认，设计、勘察单位由项目负责人亲自签认。验收记录和验收纪要等表格所盖印章应为法人单位章。若参与验收的各方不能形成一致意见时，应协商提出解决方法，待意见一致后，重新组织验收。

(8) 质量监督机构对工程质量验收的组织形式、验收程序、执行验收标准等情况实施监督。

(9) 监理单位负责编写验收会议纪要，将要求整改的问题记录在案，负责整改问题的跟踪检查。

(10) 验收通过后，业主建设事业总部项目经理、监理工程师应检查及督促承包商及时将属中间验收监督管理的分部工程各方确认盖章的验收纪要和验收记录送质量监督部门，完成对重要分部工程的中间验收登记工作。承包商应将质量监督部门出示的质量验收登记表复印件一份送业主建设事业总部质量安全部备案。

## 三、验收依据及表格

### （一）验收依据

(1)《建筑工程施工质量验收统一标准》(GB 50300—2013)。

(2)《地下铁道工程施工及验收规范（2003 年版）》(GB 50299—1999)。

(3) 设计图纸及设计文件。

(4)《建设工程质量管理条例》(国务院令第 279 号)。

(5)《城市轨道交通工程安全质量管理暂行办法》(建质〔2010〕5 号)。

### （二）验收表格

参考业主的相关表格。

## 四、验收流程

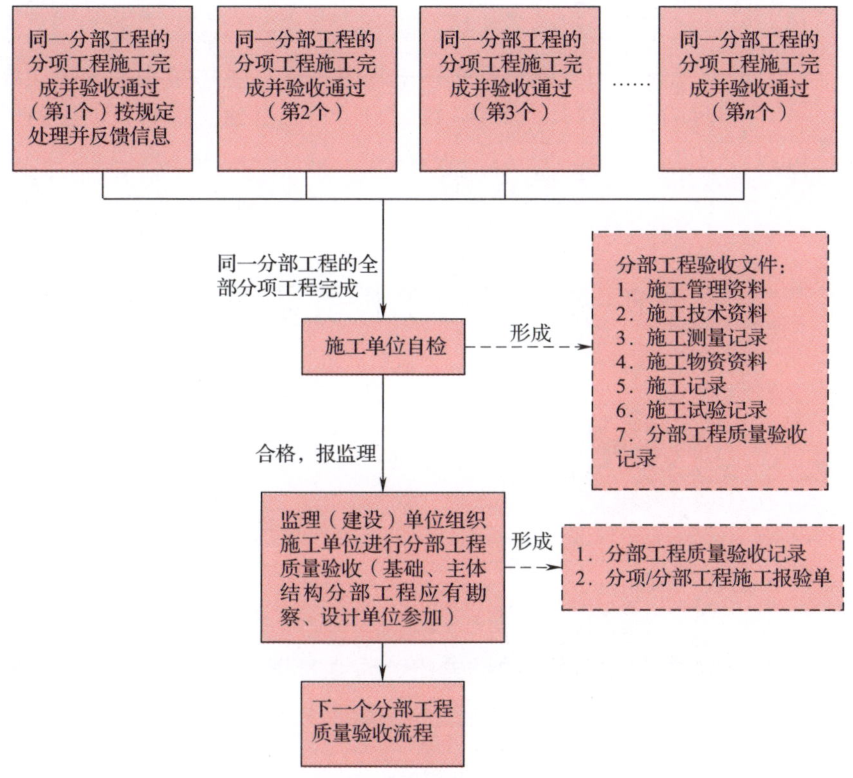


分部工程质量验收流程

## 五、分部工程验收控制重点

(1) 对分部（子分部）工程所含分项工程的质量进行检查，均应验收合格。

(2) 对质量控制资料进行检查，均应完整、齐全、准确。

(3) 对地基与基础、主体结构等分部工程有关安全及使用功能的检验和检测结果进行检查，应符合有关规定，并报政府监督部门备案［按《广州市城市轨道交通工程质量监督与验收管理办法》（穗建质〔2011〕357号文执行）］。

（4）对分部工程的观感质量进行验收，并应符合要求。

（5）对涉及安全和重要使用功能的地基基础、主体结构等分部工程进行有关见证取样、送样试验或抽样检测，对观感差的检查点应通过返修处理等措施补救。

## §5—5 单位工程验收管理

单位工程为具备独立施工条件并能形成独立使用功能的建筑物和构造物。

### 一、工作目标

工程质量满足设计及规范的要求、验收合格，完成竣工验收备案，资料满足向市城市建设档案馆和业主档案部移交的要求，工程实体达到向后续工程移交的条件。

### 二、工作内容

#### （一）工程验收前检查工作

单位（子单位）工程验前检查目的是检查各分部工程整改完成情况、工程实体现状质量、资料整理情况及有关单位执行《建设工程竣工验收及备案管理意见》所做的准备工作，为工程质量竣工验收做好充分准备。

### 1. 准备工作

(1) 单位（子单位）工程完工后，在计划验收日期前30个工作日内，施工单位应按照国家有关验收标准及规范全面检查工程质量，整理工程技术资料及施工安全管理资料，向监理单位申请验前检查，填写“单位（子单位）工程质量控制资料核查记录”“单位（子单位）工程安全和功能检验资料核查及主要功能抽查记录”“单位（子单位）工程观感质量核查记录”，各一式六份，连同工程技术资料及安全资料提交监理单位审核。

(2) 监理单位在5个工作日内对工程技术资料、安全资料及重要分部（子分部）的中间验收登记手续完成情况进行审核，并对工程实体进行检查。检查合格后，总监理工程师签署同意验前检查意见。

### 2. 验前检查的组织

(1) 组织：监理单位。

(2) 主持：业主验收专业工作组的专业负责人（工程部副经理）。

(3) 参加单位：质量监督机构、施工单位、监理单位、设计单位、勘察单位（参加土建工程验收）、业主建设事业总部（项目部、质量安全部、前期部、资料档案部）、运营事业总部、市城市建设档案馆。

### 3. 验前检查的程序

(1) 施工单位介绍工程概况、单位（子单位）工程实体及资料整理完成情况、分部工程验收后遗留问题的整改情况、目前遗留的工程问题、竣工资料整理存在的问题等。

(2) 监理单位介绍工程监理情况、工程实体及资料的整改完成情况、重要分部工程中间验收登记完成情况及工程验收执行政府备案制度的准备情况、目前遗留的问题等。

(3) 与会人员分组检查（各检查组由主持人指定专人负责）

1) 工程实体组：按不同专业分组现场检查工程实体完成情况、整改情况。

2) 文件资料组：对施工单位提交的竣工资料（包括竣工档案及声像、电子档案）进行检查。业主建设事业总部资料档案部参与此项检查。

3) 各检查组须安排专人记录，将意见整理后填入“工程验收检查记录表”中。

(4) 设计单位应明确指出施工单位的施工是否满足设计要求和仍存在的问题，对设计变更手续是否完善和完成、有无遗留工程等做出说明。勘察单位（土建）对实际地质情况与勘察报告的差异等发表意见。

(5) 各检查组负责人汇报小组检查情况，指出该单位（子单位）工程须整改的问题。

(6) 主持人综合检查组的意见，落实竣工验收前的工程实体、资料整改的范围和完成时间，提请各单位按备案制度做好备案前的准备工作，对工程是否可以申报竣工验收提出意见。

(7) 监理单位负责编写会议纪要，将检查要求整改的问题记录在案，负责整改问题的跟踪检查。

### （二）工程质量验收工作内容

#### 1. 准备工作

(1) 监理单位应具备完整的监理资料，并对监理的工程质量进行评估，编写“工程质量评估报告”，经总监理工程师与法人代表审核签名并加盖公章和监理注册章后提交施工单位汇总。

(2) 勘察、设计单位对勘察、设计文件及施工过程中由设计单位签署的设计变更通知单进行检查，编写“工程勘察文件质量检查报告”和

“工程设计文件质量检查报告”。质量检查报告应经该项目勘察、设计单位负责人审核签名并加盖公章后一式六份提交施工单位汇总。

(3) 施工单位应对工程验收前业主及质量安全监督部门在验收前检查提出的问题整改完毕，并经监理单位检查合格。施工单位将“工程质量验收申请表”一式六份以及“单位工程竣工安全评价申报表”“工程竣工施工安全评价申报资料目录表”“专业工程施工安全评价申报资料目录表”各一式三份，连同整改好的技术及安全资料提交监理单位审核。

(4) 监理单位在 5 个工作日内对工程技术资料及安全资料的整改进行审核，并对工程实体进行检查。检查合格后，总监理工程师签署意见，承包商将一份经总监理工程师批准的“工程质量验收申请表”“单位（子单位）工程质量控制资料核查记录”“单位（子单位）工程安全和功能检验资料核查及主要功能抽查记录”“单位（子单位）工程观感质量核查记录”“工程质量评估报告”“工程勘察文件质量检查报告”“工程设计文件质量检查报告”“施工图设计审查合格书”及一套工程技术资料送质量监督机构抽查，将“单位工程竣工安全评价申报表”“工程竣工施工安全评价申报资料目录表”“专业工程施工安全评价申报资料目录表”和一套工程安全管理资料送市安全监督站审查并取得安全评价书。

(5) 施工单位收集“工程勘察文件质量检查报告”“工程设计文件质量检查报告”“工程质量评估报告”各一式两份及安全评价书、质量保修书各一份，连同工程质量验收申请表送业主项目部审查无异议后，交业主质量安全部编写“工程质量验收计划书”并上报有关工程质量监督部门，业主项目部和监理单位、施工单位根据验收计划及时做好与质量监督部门的沟通和验收安排的落实工作，质量安全部配合做好有关验收的协调工作。

(6) 质量监督机构在 7～15 个工作日内对工程技术资料进行抽

查，结合质量验收前工程现场核查情况，将意见书面通知监理单位和施工单位。对未达到质量验收条件及违反有关强制性标准的工程，质量监督机构将发出质量整改通知书，待整改完毕，方可进行工程竣工验收。如验收前对资料及实体的检查达到可验收的条件，质量监督机构将发出建设工程验收前质量抽查情况通知书，批准工程组织验收。

(7) 施工单位应准备好三套完整的竣工档案（包括声像、电子文件档案）供验收检查，并按验收备案制度准备并填写好有关验收备案表格。

(8) 施工单位负责布置会场等会务工作。

### 2. 验收组织

(1) 组织：业主质量安全部。

(2) 主持：地铁新线验交委员会委派的验收专业组组（副组）长。

(3) 参加单位：质量监督部门、市城市建设档案馆、地铁新线验交委员会办公室、施工单位、监理单位、设计单位、设计总体单位、设计咨询单位、勘察单位（参加土建工程验收）、广州地铁集团有限公司运营事业总部、广州地铁集团有限公司办公室档案资料部、建设总部合同预结算部。

### 3. 验收程序

(1) 施工单位做单位（子单位）工程质量自评报告，介绍工程概况、工程验收前检查问题的整改情况、自检自评质量情况、目前遗留工程情况、本次验交工作要移交的工程实体范围、施工合同履行情况。

(2) 监理单位做单位（子单位）工程质量评估报告，介绍工程监理情况、整改问题复查情况、质量等级核定情况、目前遗留问题、监理合同履行情况。

(3) 设计单位做设计工作质量报告，明确施工单位的施工是否满足设计要求及存在的问题、设计变更手续是否完善、设计合同履行情况、对照初步设计的未完工程等。

(4) 勘察单位做勘察工作质量报告，介绍工程施工中地质变化情况，阐明实际地质情况与原地质报告的差异以及工程施工对持力层是否满足要求等。

(5) 业主项目经理做工程合同完成情况报告。

(6) 与会人员分组检查（各检查组由主持人指定专人负责）

1) 工程实体组：按土建结构和装修及风、水、电等专业分组进行现场检查，主要检查初验时提出整改问题的整改完成情况，并对工程实体进行观感质量检查，必要时进行现场实测、实量。

2) 文件资料组：由广州地铁集团有限公司办公室档案资料部牵头，市城市建设档案馆、业主建设事业总部和运营事业总部、监理单位、施工单位参加，对施工单位提交的竣工资料进行检查验收。

3) 各检查组须安排专人做记录，移交清单要签字认可并纳入工程管理档案。

(7) 各检查组负责人汇报检查情况，指出存在的问题，提出是否具备交接条件。

(8) 对各小组提出的问题逐一讨论，需要进行整改的应确定整改期限，填写“工程验收记录表”。

(9) 与会人员如能达成统一意见，施工单位、监理单位、设计单位、地铁新线验交委员会代表共同签署“单位（子单位）工程质量验收记录”及验收备案表，各单位项目负责人要亲自签字，并加盖法人公章。建设单位签字栏由地铁新线验交委员会代表（会议主持人）签字，盖“广州地铁集团有限公司”章。

(10) 对工程实体是否按合同最后完工、移交的工程实体范围、使用起始日期、使用前限期完成的工程实体部分、需要整改的工程实体部分、使用期间须继续完善的工程实体部分及限定日期——确认后，与会各方在“单位工程实体交付使用接管确认书”上签字。

(11) 质量监督部门负责对工程质量验收的组织形式、验收程序、执行验收标准等情况进行现场监督。

(12) 监理单位负责起草会议纪要，送业主建设事业总部工程部审查修改后，报地铁新线验交办公室签发。业主建设事业总部工程部、监理单位负责整改问题的跟踪检查。整改完成后须经业主运营事业总部确认并提交一份地铁新线验交委员会办公室建设事业总部验收工作组（质量安全部）备查。

(13) 施工单位的“单位（子单位）工程质量自评报告”、监理单位的“工程质量评估报告”及单位工程原材料、混凝土试块统计报表还应提供电子文件交业主建设事业总部质量安全部。

## 三、验收依据及表格

### 1. 验收依据

(1)《建筑工程施工质量验收统一标准》(GB 50300—2013)。

(2)《地下铁道工程施工及验收规范（2003 年版)》GB 50299—1999)。

(3) 设计图纸及设计文件。

(4)《建设工程质量管理条例》(国务院令第 279 号)。

(5)《城市轨道交通工程安全质量管理暂行办法》(建质〔2010〕5 号)。

### 2. 验收表格

参考业主的相关表格。

## 四、验收流程

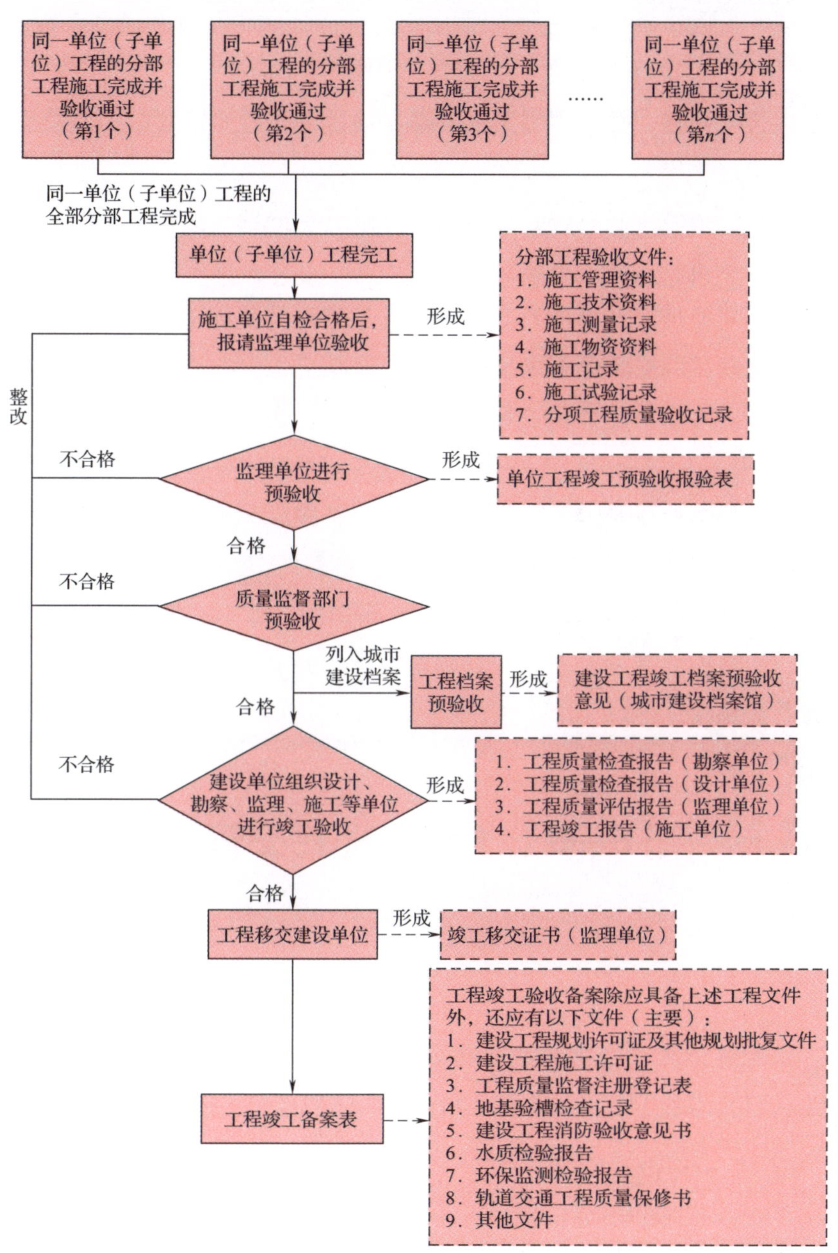


单位工程验收管理流程

## 五、控制重点

(1) 对单位（子单位）工程所含分部（子分部）工程的质量进行检查，验收合格，并对单位工程的观感质量进行检查及验收，应符合要求。

(2) 对单位（子单位）工程所含分部（子分部）工程质量控制资料进行检查及验收，均应完整、准确。

(3) 对单位（子单位）工程所含分部工程有关安全和功能的检测资料进行检查，均应满足要求。

(4) 对主要功能项目进行抽查，结果应符合相关专业质量验收规范的规定。

(5) 督促施工单位及时完成竣工验收备案。

(6) 督促施工单位和监理单位及时将竣工资料向城市建设档案馆、业主档案管理部门移交。

(7) 对检查要求整改的问题跟踪检查，并督促监理单位和施工单位负责落实整改。

# §5—6　土建工程移交管理

## 一、工程实体移交管理

工程实体移交是指地铁工程新线竣工验收、“三权”移交业主运营事业总部前的各工点、各专业之间工程实体的移交、接收等一系列工作。

### （一）工作目标

满足工程实体移交的条件，顺利完成移交工作，并将工程相关的整改工作落实到位。

## （二）工作内容

### 1. 组织机构

（1）成立工程实体移交小组

1）组长：业主建设事业总部总体信息部部门经理。

2）组员：业主建设事业总部总体信息部、质量安全部、移交管理的土建工程中心、接收管理的机电工程中心与车辆段及后续工程中心室经理（段长）、设计总包总体单位、各工点设计单位专业负责人、交接双方施工单位项目经理和监理单位。

（2）各中心之间的工程实体移交由建设事业总部总体信息部主持，组织工作统一由移交方的建设事业总部土建工程中心负责。各中心内部的工程实体移交由中心综合管理部主持。

（3）盾构始发井由结构施工单位移交给盾构施工单位，由盾构施工单位完成后续剩余工程的移交。涉及 2 条或 2 条以上线路的盾构始发井移交，若为同一土建工程中心管理，则由其土建工程中心综合管理部主持，若为不同土建工程中心管理，则由总体信息部主持。

### 2. 移交的程序和要求

（1）移交前的准备。移交前移交双方对需要进行移交的内容进行预验，土建承包商将孔洞、预埋件、施工场地、基标坐标、接地极等相关资料交给即将进场的机电施工单位。机电施工单位及其监理单位在两周内按照移交检查表的要求组织检查，并将结果反馈给土建施工单位及其监理单位，土建施工单位根据反馈的检查情况对需要进行整改的问题在移交前整改完毕，并由移交双方监理单位确认整改情况后，方可进行实体移交工作。

(2) 移交的要求。原则上工程实体一次性完全移交，即车站（车站主体结构、出入口、风亭）、冷站、轨行区（车站、区间轨行区）及区间附属结构（区间泵房、联络通道）、轨排井实体土建工程全部完成施工和验收，工完场清。但如确实因工期安排的需要，也可实行分期移交，但必须满足移交标准。

(3) 移交工作程序

1) 由组长主持移交工作，负责移交管理的土建工程中心土建项目部组织移交，移交双方的施工承包商及其总监理工程师与负责接收管理的机电工程中心、车辆段及后续工程中心工程项目部参加，土建承包商向即将进场的机电承包商和总监理工程师及负责接收管理的机电工程中心、车辆段及后续工程中心项目部如实介绍工程完成情况和现状，土建施工监理单位应做好会议纪要，并由土建工程中心发文会签，在接收部门会签同意后分送有关各方备案。同时由组长主持移交工程实体的相关文件、资料、图片及区间的贯通测量内容等。

2) 机电承包商及其总监理工程师对工程实体的现场和移交的文件、资料、图片及区间的贯通测量内容进行检查和验收，移交的双方和相关部门进行签字交接。

3) 工程实体现场的管理权由接收方承包商负责。

若参与移交的各方不能形成一致意见时，应协商提出解决方法，待意见一致后，重新组织移交。

### （三）工作依据

《广州市轨道交通新线建设工程实体移交管理办法》。

## （四）工作流程

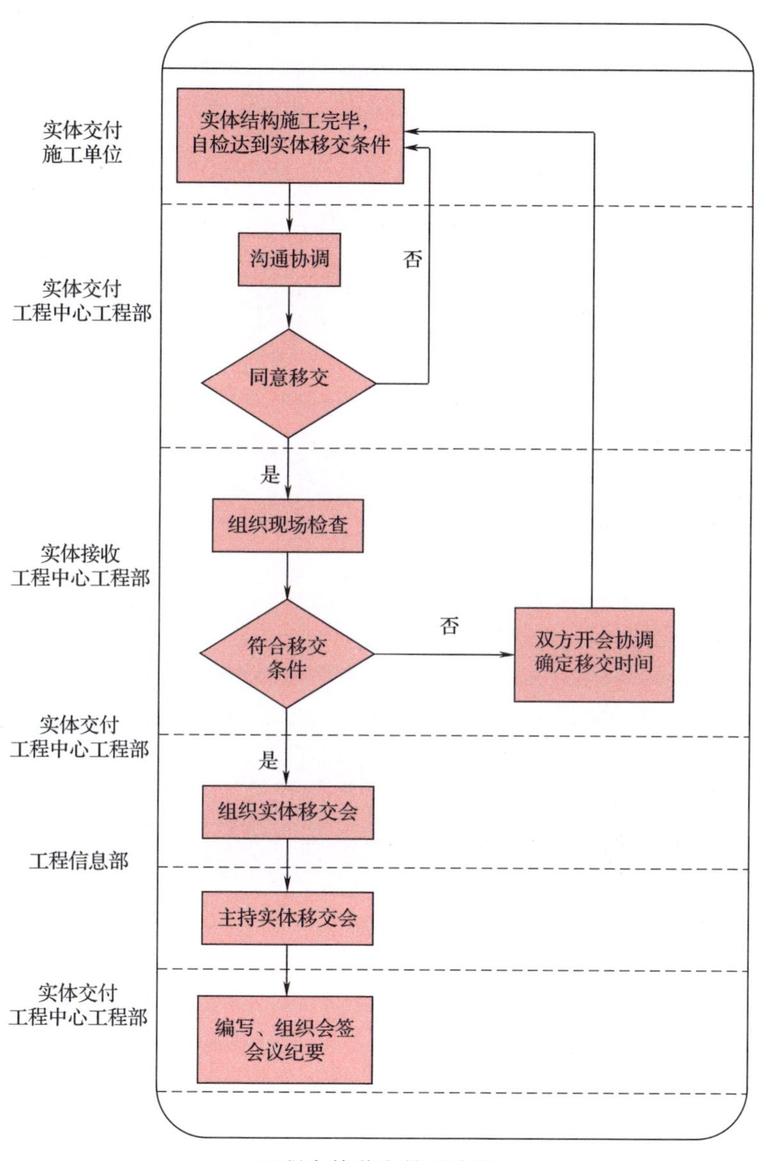


工程实体移交管理流程

### （五）工作重点

(1) 对各类专业相关文件和图片资料等进行审核，要求各类相关文件和图片齐全、完整。

(2) 实体工程移交应满足接收方进场后具备施工条件的要求，移交后的剩余工作可列为遗留问题。移交后的遗留问题、处理意见及整改时间应作为附件，附在移交表和会议纪要后面。

(3) 督促移交单位及时对工程缺陷进行整改，在遗留问题整改完成后，移交方、接收方签署“实体移交遗留问题整改表”。

## 二、施工临时用地移交管理

### （一）工作目标

做好临时用地的各项恢复工作，具备移交的条件后，顺利完成临时用地的移交工作。

### （二）工作内容

(1) 前项工程退场地移交给后项工程承包商的设施保留及场地恢复事宜协商完成后，由后项工程承包商向前期部书面申请办理场地移交。会议由前期部主持，相关项目经理、监理和承包商参加，前项工程承包商应向后项工程承包商如实介绍该用地初始状况、现况和恢复用地标准，现场移交有关用地资料。前期部形成场地移交会议纪要。

(2) 工程承包商要在工程竣工前1个月书面报告前期部，前期部项目经理须书面通知区征地拆迁实施单位向原用地单位办理退地手续。

(3) 因工程尚未竣工而延长借地期限的，工程承包商须在原借地期限到期前2个月提出书面申请，经项目监理、工程部加具意见后报前期部办理用地延期手续。如借地时间超过工程合同总工期，土建工程中心土建项目部须上报业主建设事业总部合同管理例会审定。

(4) 工程（含管线设施恢复）竣工后可退还用地进行移交时，由工程承包商先与原用地单位进行用地恢复验收，原用地单位确认后出具证明，再由前期部项目经理主持退地现场会，区征地拆迁实施单位及工程承包商、监理单位和工程部项目经理参加会议，由前期部负责出会议纪要，由最终工程承包商向原用地单位移交用地。

(5) 各工程部做好工程承包商的场地移交管理协调工作。

## （三）工作依据

《广州市轨道交通工程临时借用地移交管理办法》(穗铁建总前期〔2011〕116号)。

## （四）工作流程

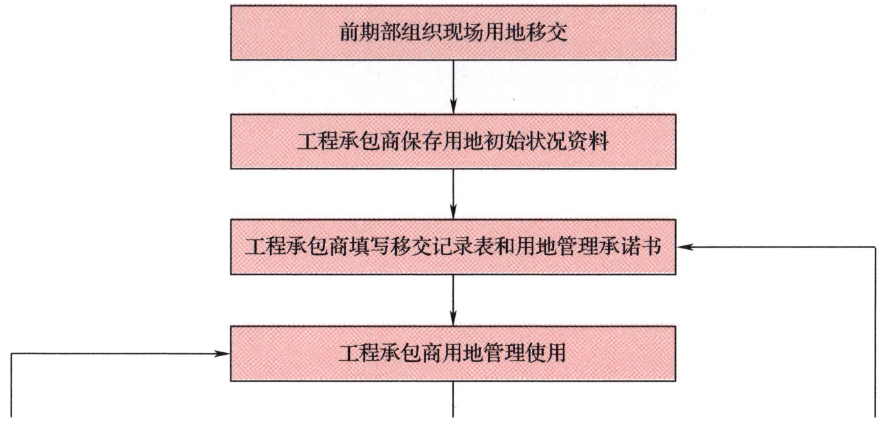

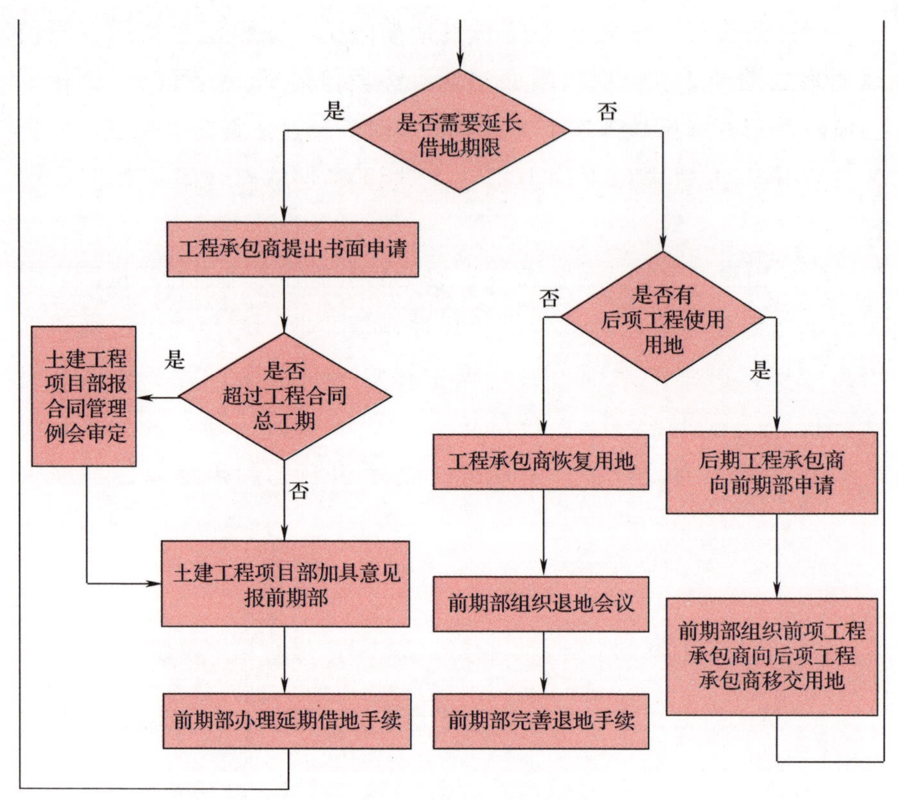


临时用地移交工作流程

## （五）工作重点

(1) 督促各方做好移交前的各项准备工作，具备临时用地移交条件。

(2) 检查移交方提交的各类图片、资料，要求齐全、完整。

(3) 要对临时用地的恢复情况进行验收、确认。

(4) 督促各方办理临时用地移交手续。

(5) 各工程部做好工程承包商临时用地的移交管理协调工作。

## 三、临时用电工程移交管理

### （一）工作目标

做好临时用电移交的各项准备工作，完成设施的检查、验收工作，督促使用单位交清电费，具备移交的条件，顺利完成临时用电工程移交工作。

### （二）工作内容

（1）工程完工前 3 个月，工程部书面通知前期部。前期部组织相关工程部及监理、承包商开会确定临时用电是否需继续使用，对于需继续使用或不能单独先行拆除的，向后项工程承包商办理移交手续，由其负责管理。如后项工程承包商未具备进场条件，临时用电设备由前项工程承包商负责管理，产生的空耗费由业主承担。

（2）对不需使用的临时用电设备，由中心技术部向供电部门发函申请退运行，临时用电施工单位负责拆除。对收到工作联系单后 3 个月未能按期拆除的临时用电设备，产生的空耗费由业主承担。

（3）对临时用电从通电到退运行未超过 3 年的工点，中心技术部负责办理接电费退还工作。超过 3 年的工点，按国家发展改革委及省物价局关于收取接电费的规定，不予退还。

### （三）工作依据

《广州市轨道交通项目临时用电工程管理办法》（穗铁建总前期〔2012〕970 号）。

## （四）工作流程

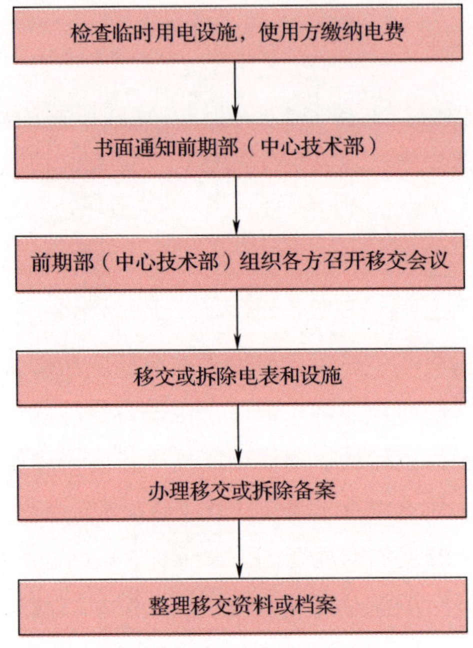

临时用电工程移交工作流程

## （五）工作重点

(1) 督促各方做好移交前的各项准备工作，具备临时用电移交条件。

(2) 检查移交方提交的各类图片、资料，要求齐全、完整、准确。

(3) 督促相关使用单位将电费交清。

(4) 检查并督促移交单位将电表、电控柜等设施移交给后续的施工单位。

(5) 各工程部做好工程承包商临时用电工程的移交管理协调工作。

## 四、临时用水工程移交管理

### （一）工作目标

做好临时用水移交的各项准备工作，具备移交的条件，顺利完成临时用水工程移交工作。

### （二）工作内容

（1）工程部督促承包商按时交清水费。

（2）前项工程部在承包商完工并结清水费后，书面通知前期部。前期部组织前项工程部、后项工程部及监理和承包商召开会议，确定水表是否需要继续使用，对于不需使用的，由前项工程承包商负责按自来水公司的要求拆除水表并报前期部、工程部备案；对于需继续使用的，向后项工程承包商办理移交使用手续。后项工程承包商在工程完工并结清水费后，按自来水公司的要求拆除水表并报前期部、工程部备案。

（3）后项工程承包商负责临时用水水表移交后的相关管理工作。

### （三）工作依据

《广州市轨道交通项目临时用水工程管理办法》（穗铁建总前期〔2011〕587号）。

（四）工作流程

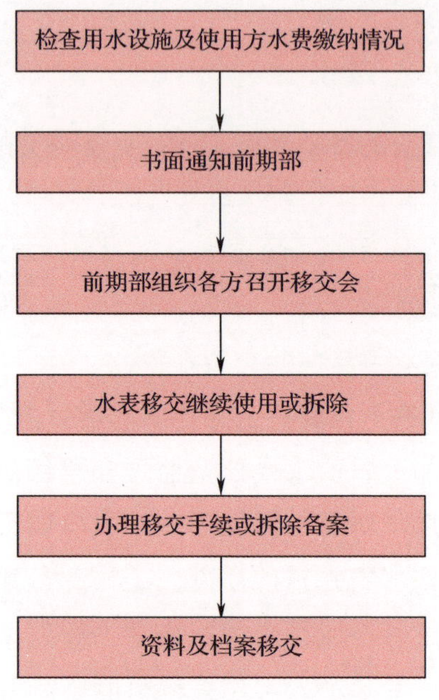


临时用水工程移交工作流程

## 五、工作重点

(1) 督促各方做好移交前的各项准备工作，具备临时用水工程移交的条件。

(2) 检查移交方提交的各类图片、资料，要求齐全、完整、准确。

(3) 各工程部做好工程承包商临时用水工程的移交管理协调工作。

(4) 督促前项工程承包商结清水费，及时将相关的用水设施移交给后项使用单位，并办理移交手续。

# 工程结算管理

工程结算是指工程承包方按照承包合同和已完成工程量向建设单位（业主）办理工程价清算的经济文件。工程结算管理分为工程经济文件的整理、审核、修改、定案和支付等步骤，工程部门主要涉及的是工程类、服务类以及部分前期类三大类合同。

## §6—1 前期类工程合同（占道及开挖）结算管理

### 一、结算资料的编制及审核

#### （一）工作目标

督促配合完成占道及开挖费结算的编制及审核工作。

#### （二）工作内容

根据地铁建设工程合同及预结算管理操作手册中的结算手册和支付手册，督促施工单位编制结算资料，监理单位审核后报业主审核。

1. 公路占道及开挖

根据占道证、挖掘证、占道合同及延期合同，督促编制结算资料并做好核实工作，牵头与占道审批单位复核确定好工程量及费用。

#### 2. 市政占道（只限于行政收费类）及开挖

根据占道证、挖掘证、缴款通知单及延期缴款通知单，督促编制结算资料并做好核实工作，牵头与占道审批单位复核确定好工程量及费用。

### （三）工作依据

(1) 占道合同与协议、延期合同与协议。
(2) 结算手册。
(3) 支付手册。

### （四）重点关注

(1) 注意分清占道及开挖各自的面积。
(2) 对于有合同或协议的要取得道路恢复工程的验收证明。
(3) 对于行政收费类项目需确定各项费用的支付依据。
(4) 结算资料一般分为合同／协议、面积范围及时间跨度的证明(如申报资料、现场确认、疏解道施工图纸等)、缴费票据或证明三大类，根据各工点项目的不同，会略有差异。

## 二、结算的支付或退补

### （一）工作目标

完成占道及开挖结算的支付或退补工作。

### （二）工作内容

#### 1. 公路占道及开挖

牵头协调好公路行政部门与业主合同预结算部门、财务部门的费用核对，做好末次付款或补缴工作，完成结算手续。

2. 市政占道（只限于行政收费类）及开挖

牵头协调好区政府的行政部门与业主合同预结算部门、财务部门的费用核对，做好末次付款或退补工作，完成结算手续。

### （三）工作依据

(1) 占道合同及延期合同。
(2) 结算手册。
(3) 支付手册。
(4) 以结算工作实施时间起算，政府近三年下发的相关要求及文件。

### （四）重点关注

(1) 在协调工作中，先要明确财务流程，尽可能按照较为简单的纯费用结算流程开展工作。

(2) 根据政府及相关部门最新的要求与规定，区分好费用是否一款一协议，如属于一份协议分多次交款的，则需增加财务决算流程（详见土建工程合同结算管理中的财务决算流程）才能实施支付或退补。

(3) 之前交清的款项一定要明晰且依据充分。

(4) 根据该结算工作的特性，表格及依据多参照支付手册。

# §6—2　土建工程合同结算管理

## 一、结算资料的审核

### （一）工作目标

督促施工单位完成结算资料编制工作，经监理单位审核后，完成业主审核工作。

## （二）工作内容

根据结算手册中的表格，督促审核结算资料。

### 1. 结算文件构成

(1) 竣工结算书一式十份（自成一册）。

(2) 工程计算书一式三份（自成一册）。

(3) 招投标文件及中标通知书（招标项目）、合同文件、补充协议、甲招乙供材料的供货合同、合同外变更、工程竣工验收资料、工程设计变更记录、图纸会审记录、工程洽商记录、施工组织设计、工程开工和竣工验收报告、竣工图纸各一式一份。

(4) 结算书电子版光盘一张。

### 2. 工程竣工结算书的组成（按装订顺序）

(1) 竣工结算书封面：承包商名称及所盖印章必须与施工合同一致。

(2) 工程竣工结算审批表。

(3) 竣工结算编制说明：主要包括编制原则、工程规模、合同价和结算价做对比、分析说明费用增减原因。

(4) 工程竣工结算汇总表。

(5) 工程竣工结算费用表。

(6) 材料价差计算汇总表。

(7) 材料价差计算表。

(8) 工程技术特征表。

### （三）工作依据

(1)《广州市轨道交通土建工程结算编制规定》。

(2) 结算手册。

(3) 工程合同。

### （四）重点关注

(1) 督促承包商编制好结算资料。

(2) 督促监理单位及时审核上报。

(3) 关键对工程数量、资料齐全有效性进行审核。

(4) 合同变更及材料调差的办理须完整且手续齐备。

(5) 结算工作量大，往返次数多，时间要求紧，要事先安排好计划并做好督促工作。

## 二、结算资料的内审及外审

### （一）工作目标

取得市财政局的评审报告。

### （二）工作内容

(1) 完成合同预结算、企管等部门的内审工作。

(2) 完成市财政局外委单位的第一阶段外审工作。

(3) 完成市财政局经办的第二阶段外审工作。

## （三）工作流程

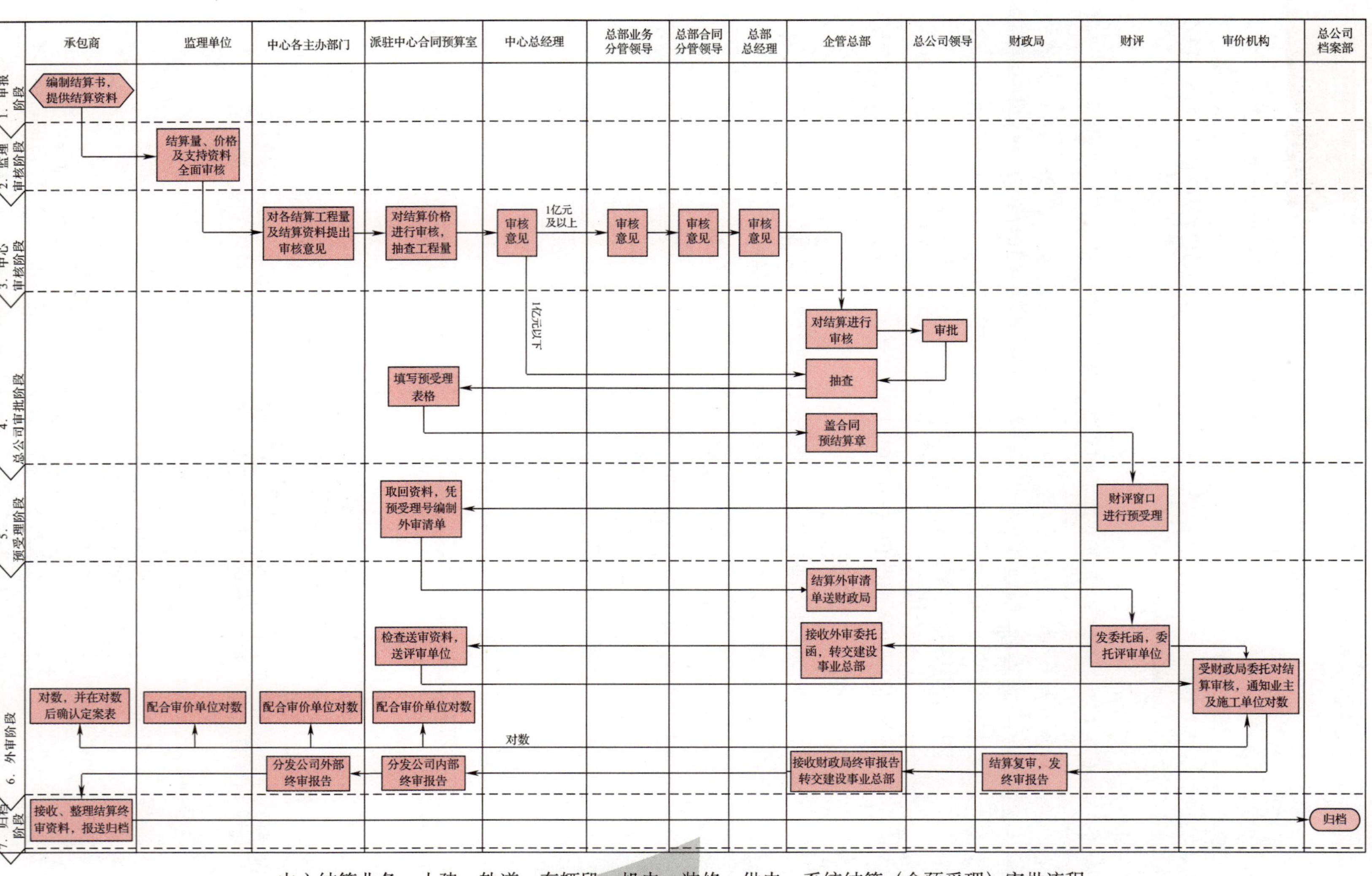


中心结算业务：土建、轨道、车辆段、机电、装修、供电、系统结算（含预受理）审批流程

## （四）工作依据

(1) 结算手册。

(2) 土建工程合同、补充协议及变更。

## （五）重点关注

(1) 做好“土建、轨道、车辆段下部工程结算送审资料签收表”的签收工作。

(2) 1亿元以下的结算项目由土建工程中心总经理审核后，企管总部抽查，合同预算室填写预受理表格，企管总部负责盖合同预结算章，财评窗口进行预受理，由合同预算室取回资料，凭预受理号填报外审清单。

(3) 1亿元及以上的结算项目由中心总经理、总部业务分管领导、总部合同分管领导、总部总经理审核后，企管总部抽查，合同预算室填写预受理表格，企管总部负责盖合同预结算章，财评窗口进行预受理，由合同预算室取回资料，凭预受理号填报外审清单。

(4) 配合合同预结算部与审价机构（财政局外委机构及财政局）对数，并通知施工单位、监理单位配合对数工作，施工单位需在对数后确认定案表。

(5) 送外审后，注意需先办理财政局外委单位的“广州市财政投资评审结果确认表”，有需要的话还需组织结算工作各方单位实地查看已竣工的现场。

(6) 由财政局结算复审，发结算报告，企管总部接收财政局终审报告后转交建设事业总部，合同预算室分发公司内部终审报告。

(7) 督促施工单位接收、整理结算终审资料，报送归档。

(8) 关注竣工资料归档工作的质量，这会直接影响到结算工作的各方面。

## 三、劳保金结算

### （一）工作目标

完成劳保金的结算工作。

### （二）工作内容

建设工程劳保金结算分为补缴（财政局终审金额大于合同金额）和退款（审结金额小于合同金额）两部分。

1. 劳保金的结算—补缴

| 序号 | 阶段 | 负责部门 | 具体要求 | 注意事项 |
| --- | --- | --- | --- | --- |
| 1 | 申报阶段 | 工程中心主办部门 | 1.1 收集支付 90% 劳保金的支持材料<br>(1) 财政局审结报告（复印件）<br>(2) 劳保金预缴时的相关资料（劳保金协议书等）<br>(3) 劳保金结算补缴通知书 | 1. 结算的补缴流程走纸质流程，送审纸质资料一式两份（财务一份，合同预结算部一份）<br>2. 工程中心主办部门送 1.1 (1) 和 (2) 资料到市人社局劳保办，核对取回 1.1 (3) 资料 |

续表

| 序号 | 阶段 | 负责部门 | 具体要求 | 注意事项 |
|---|---|---|---|---|
| 1 | 申报阶段 | 承包商 | 1.1 收集支付 90% 劳保金的支持材料<br>(4) 承包商出具的承诺函（承诺收到劳保金后专款专用）<br>(5) 承包商提供的银行账户<br>(6) 承包商收到 90% 的劳保金证明 | 承包商提供的银行账户必须是广州市辖区内的银行账号 |
| | | 工程中心主办部门 | 1.2 审核支持材料后，填写合同付款审核表，办理补缴劳保金 100% 的请款手续 | 上传 1.1 中（1）～（6）的资料作为附件，走 OA 流程（最终财务总部直接付给承包商 90%，剩余 10% 拨给劳保办） |
| | | 承包商及工程中心主办部门 | 1.3 去市人社局劳保办提取 10% 劳保金的支持材料<br>(1) 承包商收到 90% 劳保金的银行回单复印件 | 收到银行回单后才能去劳保办提取余下 10% 的劳保金 |
| 2 | 监理审核阶段 | 监理 | 审核支付资料、支付金额 | |
| 3 | 建设事业总部审核阶段 | 工程中心主办部门 | 审核支付资料、支付金额 | 收到合同预结算部派驻中心合同预算室审核后的纸质材料后，通知承包商补充 90% 劳保金的收款发票，然后直接送财务总部 |

续表

| 序号 | 阶段 | 负责部门 | 具体要求 | 注意事项 |
|---|---|---|---|---|
| 4 | 建设事业总部审核阶段 | 合同预结算部派驻中心合同预算室 | 审核支付资料、支付金额 | 纸质材料审核完成后，送至工程中心主办部门补充由承包商开具90%劳保金的收款发票，OA流程至财务总部 |
| 5 | 广州地铁集团有限公司审核阶段 | 财务总部 | 审核支付资料、支付金额并付款 | |

## 2．劳保金的结算—退款

| 序号 | 阶段 | 负责部门 | 具体要求 | 注意事项 |
|---|---|---|---|---|
| 1 | 申报阶段 | 承包商及工程中心主办部门 | （1）财政局审结报告（复印件）<br>（2）劳保金预缴时的相关资料（劳保金协议书等）<br>（3）劳保金结算退款通知书和劳保金收款证明 | 1. 结算的退款流程走纸质流程。送审纸质资料一式两份（财务一份，合同预结算部一份）<br>2. 工程中心主办部门送（1）和（2）资料到市人社局劳保办，核对取回（3）资料 |

续表

| 序号 | 阶段 | 负责部门 | 具体要求 | 注意事项 |
| --- | --- | --- | --- | --- |
| 1 | 申报阶段 | 承包商及工程中心主办部门 | （4）建设单位与承包商自行结算的说明 | 收到结算退款通知书后，工程中心主办部门办理有关的退款流程。按通知书所列的建设单位与承包商自行结算的金额在合同的末次付款中扣回 |
|  |  | 工程中心主办部门 | （5）劳保金收款证明（市人社局劳保办退还多收的劳保金给业主） | 1. 到财务总部和广州地铁集团有限公司办公室办理业主的收款证明书并盖章<br>2. 财务总部开具地铁公司收款的银行账户证明（转账用）<br>3. 收款证明书盖章后，到市人社局劳保办取回退还的劳保金，劳保金结算完成 |
| 2 | 监理审核阶段 | 监理 | 审核支付资料，支付金额 |  |
| 3 | 建设事业总部审核阶段 | 工程中心主办部门 | 审核支付资料，支付金额 |  |

续表

| 序号 | 阶段 | 负责部门 | 具体要求 | 注意事项 |
| --- | --- | --- | --- | --- |
| 4 | 建设事业总部审核阶段 | 合同预算部派驻中心合同预算室 | 审核支付资料，支付金额 | |
| 5 | 广州地铁集团有限公司审核阶段 | 财务总部 | 审核支付资料、支付金额并付款 | |

## （三）工作依据

（1）土建工程合同。

（2）支付手册。

## （四）重点关注

（1）财政局审核土建合同结算报告出来后，才能办理劳保金的结算工作。

（2）督促承包商协调好相关部门做好联动协调工作。

（3）分清补缴和退款程序及在每个阶段的注意事项。

## 四、财务决算

### （一）工作目标

完成财务决算工作。

### （二）工作内容

督促承包商编制财务决算表并补充完善附件资料，包括结算书、甲供材清算证明、财政局终审报告（含外委单位确认表）、劳保金结算证明、单位工程竣工验收证明、竣工档案归档证明（含市城市建设档案和广州地铁集团档案部）、合同结算归档证明、计量支付证明八大项。

### （三）工作依据

（1）《广州地铁总公司建设事业总部合同管理实施细则》（穗铁建总合同预结算〔2010〕967 号）。

（2）支付手册。

（3）结算手册。

### （四）重点关注

（1）在收到财政局终审报告后，需督促施工单位尽快将结算终审资料送业主档案部归档。

（2）督促施工单位尽快到业主财务总部核对计量支付的金额及剩余的合同价款。

## 五、结算的支付

### （一）工作目标

完成结算的支付工作。

### （二）工作内容

（1）在办理完成财务结算后，尽快办理末次付款。

（2）依据土建合同条款，在工程质保期内分阶段支付质保金。

### （三）工作依据

（1）土建工程合同。

（2）结算手册。

（3）支付手册。

### （四）重点关注

（1）不同的线路需根据各自的合同条款，对应分批支付质保金。

（2）末次与最终。注意区分合同变更办理完成后剩余的合同价款为末次付款。质保金一般分批次支付，待整条线路经国家验收后才支付最后一笔质保金，此为最终支付。

# §6—3 监理工程合同结算管理

## 一、结算资料的审核

### （一）工作目标

督促监理单位完成结算资料的编制工作，业主完成审核工作。

### （二）工作内容

根据结算手册中的表格，督促审核结算资料。

#### 1. 结算文件构成

(1) 结算资料签收表，一式三份。
(2) 随结算书提供电子版光盘，一式三份。

#### 2. 工程竣工结算书的组成（按装订顺序）

(1) 封面，一式八份。
(2) 结算审批表编制说明，一式八份。
(3) 合同结算汇总表，一式八份。
(4) 合同结算费用表，一式八份。
(5) 合同结算费用计算表，一式八份。
(6) 合同变更汇总表，一式八份。
(7) 合同结算工程量计算书，一式三份。

### （三）工作依据

(1)《广州地下铁道总公司新线服务类合同结算编制暂行规定》（穗铁企〔2009〕32号）。

(2) 监理合同、补充协议、合同外变更。

(3) 结算手册。

(4) 支付手册。

### （四）重点关注

(1) 督促监理单位在各施工标段验收且移交运营后，对于监理服务合同办理结算。

(2) 做好工程数量、资料齐全有效性的审核。

(3) 做好监理人员到位情况，特别是人数的统计与核实，如人员进场计划以及实际到位数等。

(4) 完善好监理服务期延期（如有）的有效证明材料。

## 二、结算资料的内审及外审

### （一）工作目标

完成结算资料的内审及外审的工作。

### （二）工作内容

(1) 完成合同预结算、企管等部门的内审工作。

(2) 完成市财政局外委单位的第一阶段外审工作。

(3) 完成市财政局经办的第二阶段外审工作。

## （三）结算流程

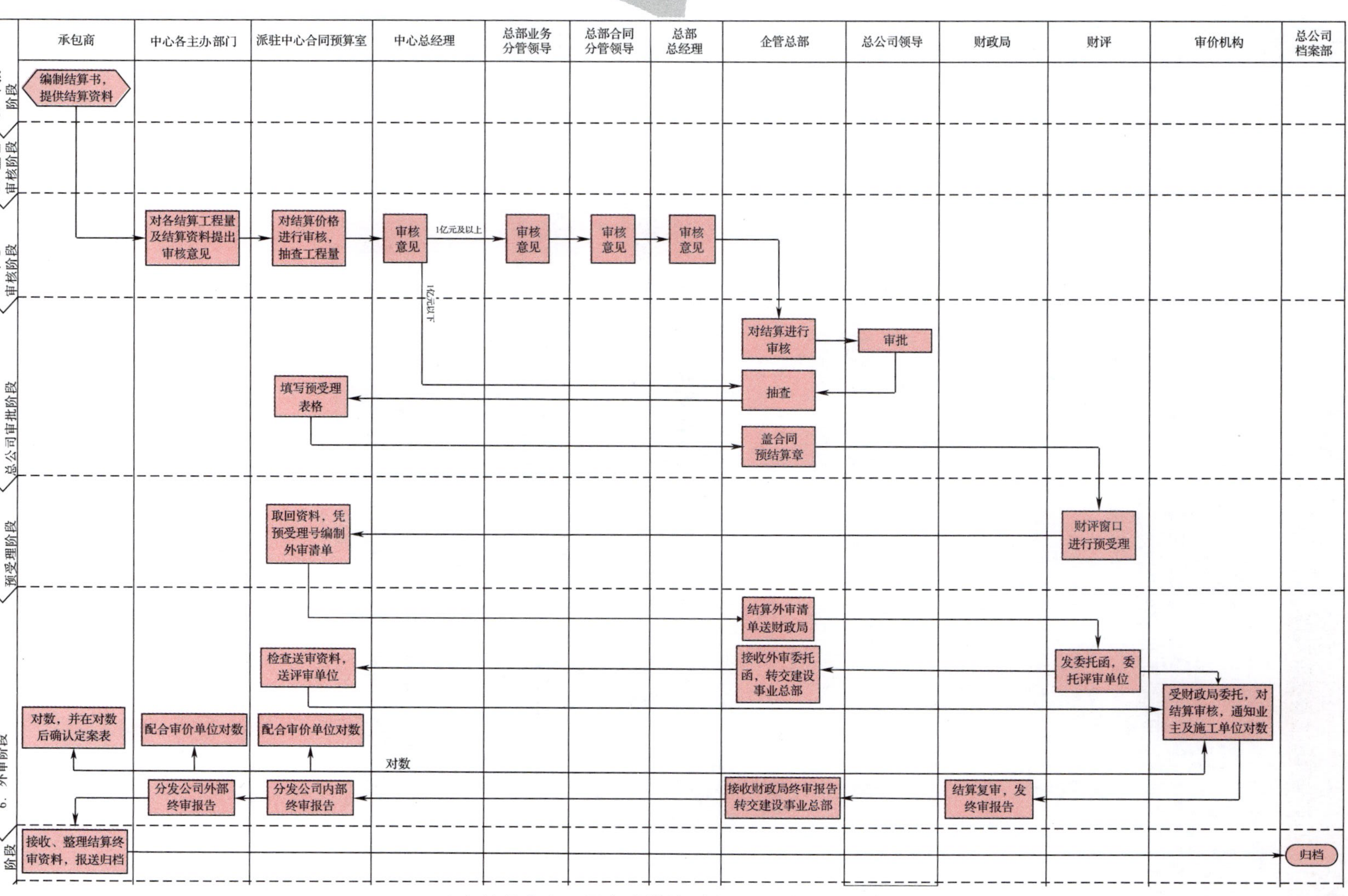


中心结算业务：服务类结算（含预受理）审批流程

### （四）工作依据

（1）结算手册。

（2）监理合同、补充协议及变更。

### （五）重点关注

（1）做好“服务项目结算送审资料签收表”的签收工作。

（2）1 亿元以下（基本属于该类）的结算项目由中心总经理审核后，企管总部抽查，合同预算室填写预受理表格，企管总部负责盖合同预结算章，财评窗口进行预受理，由合同预算室取回资料，凭预受理号填报外审清单。

（3）配合合同预结算部与审计机构（财政局外委机构及财政局）对数，并通知监理单位配合对数工作，监理单位需在对数后确认定案表。

（4）送外审后，注意先需办理财政局外委单位的“广州市财政投资评审结果确认表”。

（5）由财政局结算复审，发结算报告，企管总部接收财政局终审报告后，转交建设事业总部，合同预算室分发公司内部终审报告。

（6）督促监理单位接收、整理结算终审资料，报送归档。

## 三、财务决算

### （一）工作目标

完成财务决算工作。

### （二）工作内容

督促监理单位编制财务决算表并补充完善附件资料，包括结算书、监理合同、合同总结报告、财政局终审报告（含外委单位确认表）、各单位工程竣工验收证明、竣工档案归档证明（含市城市建设档案馆和业主档案部两部分）、合同结算归档证明、计量支付证明八大项。

### （三）工作依据

(1)《广州市地下铁道总公司建设事业总部合同管理实施细则》（穗铁建总合同预结算〔2010〕967号）。

(2) 支付手册。

(3) 结算手册。

### （四）重点关注

(1) 在收到财政局终审报告后，需督促监理单位尽快将结算终审资料送业主档案部归档。

(2) 督促监理单位尽快到业主财务总部核对计量支付的金额和剩余合同金额。

## 四、结算的支付

### （一）工作目标

完成结算的支付工作。

### （二）工作内容

督促并配合监理单位尽快完成结算的支付工作。

### （三）工作依据

（1）监理合同。
（2）结算手册。
（3）支付手册。

### （四）重点关注

（1）在办理完成财务结算后，尽快办理末次付款。
（2）不同的线路需根据各自的合同条款进行支付。

## §6—4 第三方监测合同结算管理

### 一、结算资料的审核

### （一）工作目标

督促第三方监测单位完成结算资料的编制工作，完成业主审核工作。

### （二）工作内容

根据结算手册中的表格，督促第三方监测单位配合完成结算资料。

1. 结算文件组成

（1）竣工结算书，一式八份（自成一册）。
（2）合同、补充协议、合同变更、工程竣工验收资料、成果验收报告，各一式一份。
（3）结算书电子版光盘，一张。

2. 工程竣工结算书的组成（按装订顺序）

(1) 结算书封面：承包商名称及所盖印章必须与合同一致。

(2) 结算文件。

(3) 合同结算审批表。

(4) 竣工结算编制说明：主要包括编制原则，工程规模，合同价和结算价做对比，分析说明费用增减原因。

(5) 合同结算汇总表。

(6) 合同结算费用表。

(7) 合同结算工程量计算书。

(8) 合同结算费用计算表。

(9) 合同支付明细表。

(10) 合同变更汇总表。

## （三）工作依据

(1)《广州市地下铁道总公司新线服务类合同结算编制暂行规定》(穗铁企〔2009〕32号)。

(2) 结算手册。

(3) 支付手册。

(4) 第三方监测合同、补充协议、合同外变更。

## （四）重点关注

(1) 工程量结算书中的数据应与工程竣工结算费用表的数据一致。

(2) 合同结算费用表备注栏须注明结算单价来源。

(3) 结算书装订顺序一定要复核。

## 二、结算资料的内审及外审

可参照 §6—3 监理工程合同结算管理。

## 三、财务决算

可参照 §6—3 监理工程合同结算管理。

## 四、结算的支付

可参照 §6—3 监理工程合同结算管理。

# §6—5　合建项目合同结算管理

## 一、结算资料的编制

可参照 §6—2 土建工程合同结算管理。

(1) 合建项目可能会形成数个合同或协议，土建项目部只负责土建部分的结算。

(2) 土建工程合同或协议应根据具体的合建合同来走相应的程序。

(3) 一般合建工程的合同均以该地铁工点的土建合同为大框架进行签署。结算资料的编制在 §6—2 土建工程合同结算管理的基础上，简化一些不必要的内容，具体简化到什么程度，视实际情况而定。

### 二、结算资料审核、财务决算以及支付

根据结算手册可分别参照 §6—2 土建工程合同结算管理的相应部分。

## §6—6　科研类项目合同结算管理

### 一、结算资料的编制和审核

根据结算手册可分别参照 §6—3 监理工程合同结算管理。

### 二、财务决算及支付

根据结算手册可分别参照 §6—3 监理工程合同结算管理，需与合同预结算部明确是否需要补充线路概算分解表。

## §6—7　零星合同结算管理

### 一、结算资料的编制和审核

根据零星工程的具体项目及合同或协议，分清楚属于结算手册中的分类。

（一）前期类

可参照 §6—1 前期类工程合同（占道及开挖）结算管理。

（二）土建类

可参照 §6—2 土建工程合同结算管理，或 §6—5 合建项目合同结算管理。

（三）服务类

可参照 §6—3 监理工程合同结算管理，或 §6—4 第三方监测合同结算管理。

### 二、结算的支付

按照结算手册走对应的支付程序。

## §6—8 结算资料的归档管理

### 一、结算资料归档内容

结算工作结束后，内审、外审项目的结算资料需按要求归档，方能进行尾款支付。具体归档范围为财政局评审报告、第三方评审报告（内审项目无此项文件）和结算书。

（一）内审项目

(1) 备案清单。

(2) 结算书。

### （二）外审项目

（1）财政局评审报告。

（2）第三方机构评审报告。

（3）结算书。

## 二、重点关注

前期类或服务类工程还需要提供所有施工过程文件的原件。